国家社会科学基金重大项目【全面提高边疆民族地区公共安全保障能力研究】（项目编号：21ZDA116）

部地区公共教育服务质量评价指标体系的构建

谢星全 / 著

四川大学出版社

前　言

习近平总书记在党的十九大报告中提出"优先发展教育事业""努力让每个孩子都能享有公平而有质量的教育"。教育是创造美好生活的根本途径。优先发展教育事业是坚持以人民为中心，实现"幼有所育、学有所教"的必然要求。党和国家始终坚持以人民为中心发展教育，办好人民满意的教育。人民满意的教育必然是兼顾教育公平与教育质量的教育。教育公平是社会公平的基础，是人生的起点公平；教育质量是经济社会高质量发展的强大支撑，是建设社会主义现代化强国的动力与保障。

建设优质均衡的基本公共教育服务体系是教育强国的基础性工程。建设高质量的基本公共教育服务体系，义务教育是重中之重。从2012年到2021年，我国义务教育在实现全面普及的基础上，进一步实现了县域基本均衡发展，成为我国义务教育发展史上又一个新的里程碑。目前，我国义务教育工作的重心已经由"基本均衡"转到"优质均衡"，中长期发展目标是到2035年全面实现义务教育优质均衡发展。

为巩固义务教育基本均衡发展成果，促进义务教育发展更加公平、更加包容、更有质量，教育部颁布了《县域义务教育优质均衡发展督导评估办法》，对县域义务教育优质均衡发展"评什么""怎么评""谁来评"等方面做了具体规定。教育评价事关公共教育发展方向，是树立正确办学导向的指挥棒，也是提高现代教育治理能力的关键点。

学术界对西部地区、农村地区和民族地区基础教育高质量发展的研究已有涉足，且形成了不少研究成果。但这些成果多数是从教育学的理论视角切入，即将教育教学服务等视为基本公共教育服务，故其评价指标主要测评的是教育质量，而不是服务质量。然而，从公共管理学科，尤其是从教育管理与教育政策视角实证研究基本公共服务质量的文献并不多见。即使少数研究回答了基本公共服务质量的相关问题，但仍然缺少对基本公共教育服务质量概念、基础理论、构成维度与评价指标构建的深入探讨与具体解析，而且缺少对西部农村地区与民族地区义务教育优质均衡发展问题的聚焦和思考。本书将针对这些薄弱环节进行探索，旨在回答"西部地区基本公共教育服务质量维度为何""西部地区基本公共教育服务质量评价指标体系如何构建"等问题。

本书遵循"提出问题—构建分析框架—分解构成维度—设计与筛选指标—指标的验证性分析"的研究思路，采用了规范分析、问卷调查与开放式访谈等多种研究方法，在整体上属于应用性研究。全书主要包括五章：第一章是提出问题。从义务教育优质均衡发展的目标与西部地区基本公共教育服务供给的困境等方面说明本书的选题意义。通过梳理国内外相关研究，总结既有研究的贡献与不足，引出本书的理论价值和研究起点。基于本书的研究意义与研究问题，提出拟解答的两个核心问题："西部地区基本公共教育服务质量由何构成？""西部地区基本公共教育服务质量评价指标体系如何构建？"第二章是核心概念和基础理论。本章通过概念辨析与科学论证，建立基本公共教育服务质量的概念共识，厘清了研究边界与问题指向。在此基础上，阐述了公共服务、全面质量管理、教育公平等基础理论对研究问题的适用性，为本书的开展铺垫基础理论。第三章是构建基本公共教育服务质量的平级维度。本书遵循"建立文献共识—梳理政策目标—了解公众感知"的研究思路，深度挖掘了西部地区基本公共教育服务质量维度的形成过程和逻辑关系。第四章是设计与筛选西部地区基本公共教育服务质量的评价指标体系。遵循前文的评价框架，结合四川义务教育发展的问题，拓展和修正了国际上广泛应用的CIPP评价模型。随后，结合专家咨询法、指标的鉴别力分析、隶属度分析、相关性分析等定性与定量方法增减指标，构建出一套具有西部地区特色且科学有效的基本公共教育服务质量评价指标体系。第五章是研究总结、研究不足与研究展望。

作为新时代的教育工作者，我们将以《深化新时代教育评价改革总体方案》为指引，探索教育综合评价改革，完善立德树人体制机制，坚持科学的教育评价导向，为提高教育治理能力和水平，促进义务教育优质均衡发展，加快推进教育现代化、建设教育强国、办好人民满意的教育贡献自己的力量。

目 录

第一章 绪论 (001)
第一节 研究背景与意义 (001)
一、研究背景 (001)
二、研究意义 (003)
第二节 文献述评 (005)
一、国内相关文献综述 (005)
二、国外相关文献综述 (011)
三、国内外相关文献述评 (017)
第三节 研究思路与内容 (019)
一、研究思路 (020)
二、研究内容 (021)
第四节 研究方法与技术路线 (022)
一、研究方法 (022)
二、技术路线 (024)
第五节 研究创新与研究不足 (025)
一、研究创新 (025)
二、研究不足 (028)

第二章 核心概念界定与基础理论 (030)
第一节 核心概念界定 (030)
一、西部地区 (030)
二、基本公共教育服务质量 (030)
三、评价指标体系 (037)
第二节 基础理论 (037)
一、公共服务理论 (037)
二、全面质量管理理论 (044)
三、教育公平理论 (047)

第三章　西部地区基本公共教育服务质量的构成维度 (053)
第一节　西部地区基本公共教育服务质量维度的构建思路 (053)
一、从国外文献归纳西部地区基本公共教育服务质量维度 (053)
二、扎根中国提出西部地区基本公共教育服务质量的维度 (054)
三、西部地区基本公共教育服务质量维度形成的具体思路 (056)
第二节　国外基本公共教育服务质量维度的参考框架与基本共识 (057)
一、UNESCO："投入—过程—结果"模型与教育服务质量三维度 (058)
二、Nikel："教育织物结构"模型与教育服务质量七维度 (062)
三、Tikly："良好公共教育"模型与教育服务质量三维度 (066)
四、Teeroovengadum："分层教育服务质量"模型与教育服务质量五维度 (070)
五、以上经典分析维度的比较与共识 (076)
第三节　西部地区基本公共教育服务质量维度的构建过程 (081)
一、基于国外文献归纳的基本公共教育服务质量维度形成过程 (081)
二、扎根西部地区的基本公共教育服务质量维度形成过程 (090)
第四节　西部地区基本公共教育服务质量的构成维度 (104)
一、提供充足性 (105)
二、配置均衡性 (106)
三、条件标准性 (107)
四、入学公平性 (108)
五、管理规范性 (109)
六、参与民主性 (110)
七、教学合规性 (111)
八、目标多元性 (112)
九、问责有效性 (113)
十、结果包容性 (115)

第四章　西部地区基本公共教育服务质量评价指标的设计与筛选 (117)
第一节　西部地区基本公共教育服务质量评价指标的设计 (117)
一、评价指标设计的原则与标准 (117)
二、CIPP模型的修正与拓展 (121)
三、评价指标设计的权重分配 (128)
第二节　西部地区基本公共教育服务质量评价指标的筛选 (130)
一、评价指标的初次筛选 (130)

二、评价指标的隶属度分析………………………………………（138）
　　三、评价指标的相关性分析………………………………………（141）
　　四、评价指标的鉴别力分析………………………………………（145）
　　五、评价指标的信度与效度分析…………………………………（147）
　第三节　西部地区基本公共教育服务质量评价指标的验证性分析……（151）
　　一、研究方法与抽样方案…………………………………………（151）
　　二、问卷设计与研究样本…………………………………………（154）
　　三、统计软件与样本特征…………………………………………（157）
　　四、评价指标的验证性因子分析…………………………………（158）

第五章　研究结论与研究展望………………………………………（170）
　第一节　研究结论………………………………………………………（170）
　第二节　研究展望………………………………………………………（172）
　　一、进一步完善西部地区的基本公共教育服务质量评价指标体系……（173）
　　二、进一步扩充西部地区的基本公共教育服务质量的评价资料……（173）
　　三、还需加强西部地区基本公共教育服务质量评价的理论内涵研究……（173）

参考文献……………………………………………………………（175）

后　记………………………………………………………………（198）

第一章 绪论

第一节 研究背景与意义

"就政治问题之各方面而论，教育殆均为其最重要之基础；因除非人民受有良好教育，否则国家殆无善治之可能。"[①] 因此维护国民受教育权不仅是个人全面发展的需要，更是国家达成善治的政治基础。受教育权是人生存发展的底线权利之一，在以公共服务为导向的政府治理中均以基本公共教育服务的方式被规定、保护和实现。新中国成立后的70多年里，党和政府一直把提高人民群众基本文化素质作为发展基本公共教育的重要目标，并取得了不少历史成绩。[②] 占中国国土总面积的72%的西部地区中，农村和少数民族地区的基本公共教育服务质量普遍较低。与经济发达地区相比，西部农村和少数民族地区基本公共服务较为滞后，教育欠发达与群众科学文化素质整体偏低的问题尚未得到根本解决，西部地区实现经济社会跨越式发展的目标任重而道远。如何让西部地区基础教育更加包容、更加公平和更有质量地发展，是十四五时期基础教育发展的内在目标。这是本研究的时代背景。

一、研究背景

首先，提高基本公共服务质量是党中央和国务院确立"质量强国"的五大政策着力点之一。近年来，基本公共服务质量不仅出现在学术文献中，也频繁出现在官方政策文件和话语中。例如，国家制定《"十三五"推进基本公共服务均等化规划》，明确将普惠性、保基本、均等化、包容性作为基本公共服务体系的改革方向。这些政策目标的实现情况也是检验公共服务质量的重要标准。除此之外，国家还制定了《公共服务质量监测技术指南（2016版）》《关

---

① 曾繁康. 比较宪法 [M]. 台北：三民书局股份有限公司，1993：136.
② 胡娟. 中国共产党的教育公平观 [J]. 中国教育学刊，2019（9）：6-10.

于建立健全基本公共服务标准体系的指导意见》《社会管理和公共服务标准化发展规划（2017—2020年）》等解释与评价基本公共服务质量的基本标准。尤其值得关注的是由国务院印发的《质量发展纲要（2011—2020年)》明确将公共服务质量作为质量强国战略的重要内容和举措。

其次，西部农村及民族地区基本公共教育服务均等化水平差距较大。陈·巴特尔（2021）调查发现，西部地区区域之间、城乡之间、校与校之间义务教育资源配置存在较大差距。[①] 随着义务教育"面"的普及，"质"的不公平成为现阶段我国义务教育发展中的突出问题，集中表现在区域差距、城乡差距和校际差距。《四川省县域义务教育优质均衡发展资源配置监测年度报告》显示，2020年全省约80％左右的小学和初中资源均衡配置尚未全部达到教育督导评估要求，不少学校县域义务教育均衡发展水平离国家标准还有距离。正如《国家中长期教育改革和发展规划纲要（2010—2020年）》指出，"西部偏远、农村、贫困和民族地区经济社会发展滞后，教学条件较差，办学成本较高，学校生活设施不足，教师队伍不够稳定，村小和教学点运转困难，学生辍学率较高，仍然是我国义务教育事业发展的薄弱环节"。义务教育优质均衡发展任重而道远。

最后，研究基本公共教育服务质量是适应政府公共服务职能转变与建设教育强国的需要。随着经济领域的市场化和社会领域自治化，政府职能由以经济建设为重心转变为以提供公共服务为重心的时机日趋成熟。许杰（2013）认为，在服务型政府建设背景下，我国政府对义务教育的管理开始从"官僚行政"向以公众为导向的"服务行政"的方向转变。[②] 与传统一元式教育行政管理相比，公共教育服务具有以下特点[③]：首先，以公众为导向。所谓公众为导向，是指政府提供的基本公共教育服务以公众意愿和真实需求为依归，而不是以行政计划、官员意志或精英意见为依据，体现了传统教育管理从"官本位"向"民本位"等治理思路的转变。其次是教育权力结构的改变。再次是以公益性为核心。公益性是基本公共教育服务的本质特征。《中华人民共和国义务教育法》第二条规定："义务教育是国家必须予以保障的公益性事业。"这说明，公共教育事业的投资、建设、运营过程必须坚持公益性。最后是以质量为目标。蒲蕊（2015）认为，传统教育管理向公共服务治理的转型，意味着政府公

---

① 陈·巴特尔,赵志军. 西部民族地区义务教育资源空间差异性及均衡性研究——基于国家义务教育均衡评估数据的实证分析[J]. 教育发展研究, 2021, 41(12): 61-70.
② 许杰. 试析均衡发展进程下公共教育权力变迁[J]. 中国教育学刊, 2013(6): 23-27.
③ 刘复兴. 公共教育权力的变迁与教育政策的有效性[J]. 教育研究, 2003(2): 10-14.

共服务职能要落脚于"服"而不是"管"的维度,即实现公共服务有效供给,提高服务质量与服务品质。[①] 另外,加快推进西部地区基础教育高质量发展是立足基本国情,实施科教兴国战略,坚持中国特色社会主义教育发展道路,遵循教育规律,坚持改革创新,培养德智体美劳全面发展的社会主义建设者和接班人,加快推进教育现代化、建设教育强国、办好人民满意的教育的发展需要。探索如何评价西部公共教育服务质量的问题,有助于破解教育质量难题,促进教育公平,优化教育结构,为实现第二个百年奋斗目标提供有力支撑。

二、研究意义

(一)有助于扩展基本公共服务质量的知识话语和应用范围

既有基本公共教育服务质量研究多是沿袭教育质量的研究思路,其研究路径主要是分析教育学原理在具体教育环境的应用和实践效果。从公共行政学的角度看,基本公共教育服务质量研究应当聚焦于政府在公共服务中的作用、职责与供给效益,其水平提升是政府为教育活动创造优质资源条件的结果。因此,应当将基本公共教育服务质量研究置于基本公共服务质量的分析框架。重构西部地区基本公共教育服务质量分析框架,要立足西部地区义务教育发展的区域特点,界定基本公共教育服务质量的核心内涵、评价维度,在此基础上构建西部地区的基本公共教育服务质量的评价指标体系。这些问题既涉及基本公共服务质量的基础理论问题,也涉及基本公共教育服务质量如何应用的问题。该问题的有效回答和解决,将是对基本公共服务质量评价理论的扩展与完善,也将是对基本公共服务质量的理论内涵与实践场域的扩充完善。

(二)有助于建构符合中国情境的基本公共服务质量评价指标体系

公共服务质量是西方的"舶来品",其解释逻辑在中国情境下有一定的局限性。[②] 中国场域的基本公共服务政策体系、运行条件、治理模式等宏观背景与西方国家存在较大差别,完全照搬西方基本公共服务质量分析框架及其评价体系未必能有效反映中国的基本公共教育服务质量问题及原因,存在"它山之石不能攻玉"的尴尬场景。例如,从国外引进的平衡记分卡、关键指标法、

[①] 蒲蕊,沈胜林.治理视角下的公共教育服务问题研究[J].现代教育管理,2015(6):36—40.
[②] 陈文博.公共服务质量评价与改进:研究综述[J].中国行政管理,2012(3):39—43.

360度反馈法、行为量表法、顾客满意度模型等评价工具，虽然能够测量中国公共服务绩效，但是实践中暴露的问题和挑战也不少。其中最大的挑战就是如何准确测量公众感知的服务质量，寻找服务差距，从而指导基本公共服务质量改进。本研究在借鉴国内外经典文献共识的基础上，结合扎根理论研究和政策目标的梳理，尝试建构了一套简约合理且行之有效的基本公共教育服务质量评价指标体系。

（三）有助于提高西部各族群众基本文化素质，推进区域跨越式发展

长期以来，西部地区基础教育整体欠发达的问题尚未根本解决，群众科学文化素质普遍偏低。西部农村、偏远、贫困和民族地区基础教育发展滞后，多项指标低于全国平均水平。《国务院办公厅关于加快中西部教育发展的指导意见》明确提出，"西部地区经济社会发展相对滞后，保障能力弱，教育基础差。特别是贫困、边远和民族地区优秀教师少、优质资源少，公共教育服务质量总体不高，难以满足中西部居民对良好教育的需求"。提升基本公共教育服务质量不仅是西部各族群众的共同希冀和内在诉求，也是国家提升西部居民科学文化素质的外在需要。《西部大开发十三五规划》提出：要坚持普惠性、保基本、均等化，履行政府职责，提高公共服务共建能力和共享水平，力争到2020年西部地区基本公共服务接近全国平均水平。提升西部地区群众科学文化素质有助于缓解西部地区人才建设滞后、人才培育薄弱、人才留住困难等问题，促进科技、产业、资源的聚集与创新，推进西部地区经济社会加快发展。

（四）有助于铸牢西部地区各族群众的中华民族共同体意识

我国西部地区贫困人口相对较多，少数民族分布较广，是集"老、少、边、穷"等特征为一体的经济社会欠发达地区。例如，甘孜州色达县曾是国家深度贫困县，脱贫难度大。这些西部贫困县是少数民族聚居程度较高的地区，经济社会发展内部差距较大。西部各族群众对中华文化和民族共同体的认同状况，直接影响到西部地区乃至全国民族团结和社会稳定。教育是铸牢中华民族共同体意识最重要的途径，学校是开展中华民族共同体意识教育的主阵地。因此，铸牢中华民族共同体意识是西部少数民族地区公共教育发展的历史使命。各级政府应该从孩子抓起，从基础教育入手，将义务教育学校和民族中小学建成民族团结教育和爱国主义教育的主阵地。要以铸牢中华民族共同体意识为主线，把推广普及国家通用语言文字作为构筑中华民族共有精神家园的文化之

基，同时要用好国家统编的思想政治（道德与法治）、语文、历史三科教材，积极贯彻落实中华民族优秀传统文化进校园、进课堂、进头脑，增强各族人民对中华民族共同体的身份理解和价值认同，不断增强各族群众对伟大祖国、中华民族、中华文化、中国共产党、中国特色社会主义的认同。

第二节　文献述评

依据前文的研究背景与选题价值，本研究试图探索的核心问题是西部地区基本公共教育服务质量的构成维度为何，以及如何构建西部地区基本公共教育服务质量评价指标体系。立足于核心问题的两个指向，本研究重点从两个方面进行文献回顾及评述。一是梳理国内外研究基本公共教育服务质量的文献，梳理基本公共教育服务质量研究的进路与现状，为本研究的维度分解和构建指标奠定研究基础；二是回顾我国基本公共教育服务质量评价的既有研究。总结既有研究文献的缺失或不足之处，归纳我国基本公共教育服务质量评价的共识性要素，为本研究可能的理论贡献寻找空间。

一、国内相关文献综述

基本公共教育服务是基本公共服务的重要内容。公共管理学界围绕公共服务质量概念、公共服务质量构成维度、公共服务质量评价模型及其评价指标、基本公共教育服务相关研究等进行了理论探讨。其研究脉络和研究现状概述如下。

1. 公共服务质量的概念

国外对公共服务质量的研究历程已近半个世纪，积累了丰硕研究成果。比较而言，我国学界对公共服务质量研究起步较晚。国内最早一篇引介国外公共服务质量研究的权威文献是学者龚禄根（1998）在《中国行政管理》发表的《英国社会服务承诺制提高了公共服务质量》一文[①]。直到进入21世纪，随着国家服务型政府建设和基本公共服务体系建设的推进，"公共服务质量研究"才开始受到国内学界和公共部门的重视。总体而言，国内公共服务质量概念主要沿袭国外的定义，特别是受服务质量感知、服务质量差距和公众满意度概念影响较多。梳理国内相关文献，公共服务质量概念大抵分以下几种：一是供需

---

① 龚禄根. 英国社会服务承诺制提高了公共服务质量[J]. 中国行政管理, 1998 (11): 26-28.

适配的质量观。即将公共服务质量视为供需匹配的最佳状态。这种观点借鉴了 PZB（Parasuraman、Zeithaml and Berxy，1985）经典服务质量概念的定义。如张成福和党秀云认为，政府提供的公共服务质量"是指民众对公共服务供给满足自身需求程度的一致性评价"[①]。陈文博（2012）则从服务质量差距角度定义公共服务质量，即公共服务质量是指"公众主观比较公共服务预期与实际体验之间差距的结果"[②]。二是特质属性的质量观。与感知服务质量的概念不同，国内部分学者借鉴产品质量与国际质量标准的定义，重点从质量内部属性的角度界定公共服务质量内涵。陈朝兵（2019）认为，基本公共服务质量是指"提供过程及结果中的固有特性满足相关规定要求与社会公众要求的程度"[③]。三是公众满意度的质量观。受新公共服务理论倡导公民权与人本主义的影响，一部分学者将公众满意度作为公共服务质量的核心内涵。季丹等（2016）认为，公共服务质量是指"公众对政府供给的公共服务标准或政策目标的满意度水平"[④]。四是服务绩效的概念说。一部分学者认为公共服务质量是公共服务绩效的组成部分。如张锐昕等（2014）认为"公共服务质量是指公共服务供给结果的经济、效率、效益、公平和满意度水平"[⑤]。五是综合性质量观。即从主观与客观两个维度界定公共服务质量。吕维霞（2010）认为，"公共服务质量分为主观质量和客观质量，前者主要指公众对公共服务特性及其满意度状况，后者主要是公共服务客观产出或绩效"[⑥]。六是行政服务质量观。即从公众体验行政服务并主观评价政府提供的服务水平。如崔洋等（2014）认为，公众感知的公共服务质量是指"民众作为个人或单位代表到行政机关办理审批、交付税收等行政事务过程中，所感悟的行政服务表现和实际绩效水平"[⑦]。与此对应，还有学者从政府能力角度界定公共服务质量。蔡立辉（2003）认为，"公共服务质量表现为政府提供公共服务的财政能力，可进一步体现为政府提

---

① 张成福，党秀云. 公共管理学（修订版）[M]. 北京：中国人民大学出版社，2001：311.
② 陈文博. 公共服务质量评价与改进：研究综述 [J]. 中国行政管理，2012（3）：39-43.
③ 陈朝兵. 基本公共服务质量：概念界定、构成要素与特质属性 [J]. 首都经济贸易大学学报，2019，21（03）：65-71.
④ 季丹，郭政，胡品洁. 公共服务质量第三方评价研究——基于华东地区的试点应用 [J]. 中国行政管理，2016（1）：41-44.
⑤ 张锐昕，董丽. 公共服务质量：特质属性和评估策略 [J]. 北京行政学院学报，2014（6）：8-14.
⑥ 吕维霞. 论公众对政府公共服务质量的感知与评价 [J]. 华东经济管理，2010，24（9）：128-132.
⑦ 崔洋，陈雪等. 服务设计思维模式下的公共服务设计及模式探讨——通过接触点设计提升公共服务体验 [J]. 设计，2014（06）：127-128.

供公共服务的范围、内容和参与程度"[①]。七是价值导向的质量观。这种观点主张公共服务质量体现在实现其价值属性或价值追求的公共理性或公共活动。沈亚平等（2017）认为，"公共服务质量应该将服务驱动、公众为本作为其价值导向，并且是公共服务设计、实施、反馈阶段的过程，提倡公开透明、公平性与公共性、问责与回应性等价值规范"[②]。

2. 公共服务质量构成维度

国内外关于公共服务质量维度的研究进路主要借鉴私人部门服务质量维度的研究成果，特别是经典的顾客服务质量感知模型（SERVQUAL）及其评价维度。而公共服务质量维度是公共服务质量外延组成与能被经验观测的部分，其研究结果直接涉及公共服务质量的指称与对象。所谓公共服务质量的维度，是指公共服务质量内涵的具体说明与外延的枚举。[③] 国内学界对公共服务质量维度的研究多见诸公共服务评价领域。即将"公共服务质量"视为一个操作性用术语而非思辨性的理论定义。沿此思路，部分学者直接将PZB模型提出的私人部门服务质量感知维度应用在公共服务质量评价领域。如张成福（2001）等提出了测评公共部门服务质量的十个维度：可信度、可靠性、响应性、有形性、礼貌性、沟通性、能力、安全和理解。[④] 曹大友和熊新发（2006）则对服务质量感知模型稍做改进，指出政府提供的公共服务质量可从公众感知、反应性、保证性、移情性和可靠性等维度予以评价[⑤]；杨永恒（2007）认为，公众评价公共服务质量的维度还应包括服务能力、服务声望等范畴。[⑥] 罗晓光等（2008）则增添了信息公开、监督性和关怀性等公共服务质量评价的维度。[⑦] 吕维霞（2010）则认为公众感知的政府服务质量须补充实效性、守法性、透明

---

① 蔡立辉. 论当代西方政府公共管理及其方法 [J]. 中山大学学报（社会科学版），2003（02）：26-32+52+122.

② 沈亚平，陈建. 虚化与重塑：公共服务质量评价的价值理性研究 [J]. 长白学刊，2017（2）：79-82.

③ RAMSEOOK-MUNHURRUN P, LUKEA-BHIWAJEE S D, NAIDOO P. Service quality in the public service [J]. International journal of management and marketing research, 2010, 3 (1): 37-50.

④ 张成福，党秀云. 公共管理学 [M]. 北京：中国人民大学出版社，2001：313-314.

⑤ 曹大友，熊新发. SERVQUAL在公共服务领域的应用初探 [J]. 学术论坛，2006，（1）：78-82.

⑥ 杨永恒，王有强，王磊. 公共服务质量的评价维度和指标：市民与官员的认知对比 [C]. 绩效评估与政府创新国际研讨会（浙江）论文集，2007：229.

⑦ 罗晓光，张宏艳. 政府服务质量SERVQUAL评价维度分析 [J]. 行政论坛，2008，（3）：35-37.

性、便捷性等评价维度。[①] 也有学者绕开北美学派的服务质量感知模型的研究进路，重点借鉴北欧学派如 Gronroos（1984）提出的服务质量测评维度，即重点从服务如何获得与服务获得的结果两个视角构建公共服务质量的维度。如吕维霞（2010）则将公共服务质量分为结果质量和过程质量两个维度，其中过程质量侧重于公众如何获得公共服务，而结果质量是指公众获得了怎样的公共服务。[②] 其他学者也有从"过程—结果"的角度研究公共服务质量的组成维度。如罗海成（2011）认为公共服务质量主要包括过程质量和结果质量两个维度，过程质量可以用 SERVQUAL 模型的经典维度进行测评，而结果质量可从服务的可及性、需求满足性、服务属性的功能等视角进行质量评价。[③] 也有学者以新公共服务范式构建公共服务质量的维度。如张钢借鉴顾客价值的研究成果，把政府提供的公共服务质量评价维度拆解为情感价值、社会价值、功能价值和感知代价四个维度。[④] 张锐昕（2014）则从公共服务质量特质属性的角度概括了公共服务质量评价的一般维度：公平正义性、参与性、规范性、目标相容性，同时也提倡从公共服务供给过程（即资源耗用、过程结果、产出结果与效益、需求满足程度与满足能力、社会影响等）维度评价公共服务质量。[⑤] 还有学者根据公共服务质量的形成过程来拆解公共服务质量维度，如徐小佶（2001）提出政府部门的公共服务质量评价维度应由职能质量、技术质量、真实瞬间和形成质量构成。[⑥]

3. 公共服务质量评价模型及其测量指标

公共服务质量评价模型为构建测评指标提供逻辑框架，测评指标是公共服务质量模型的细化与量化。梳理相关文献，依据学者的不同研究思路，可以把国内公共服务质量评价模型与测评指标概括为以下四种[⑦]：第一种是"服务质

[①] 吕维霞，王永贵. 公众感知行政服务质量对政府声誉的影响机制研究 [J]. 中国人民大学学报，2010，24（4）：117-126.

[②] 吕维霞. 公众感知政府服务质量影响因素实证研究 [J]. 国家行政学院学报，2010（5）：75-80.

[③] 罗海成. 基于服务质量的地方政府服务竞争力研究——概念模型及研究命题 [J]. 福建行政学院学报，2011（3）：5-10.

[④] 张钢，牛志江，贺珊. 地方政府公共服务质量评价体系及其应用 [J]. 浙江大学学报（人文社会科学版），2008，(6)：31-40.

[⑤] 张锐昕，董丽. 公共服务质量：特质属性和评估策略 [J]. 北京行政学院学报，2014（6）：8-14.

[⑥] 徐小佶. 关于政府服务质量管理若干问题的思考 [J]. 福建行政学院福建经济管理干部学院学报，2001，(2)：23-26+31-78.

[⑦] 朱琳. 公共服务质量评价体系的模型选择 [J]. 企业经济，2010（7）：47-50.

量感知模型"及其测量指标。这种观点借鉴北美学派 PZB 提出的"服务质量感知模型（SERVQUAL）"的研究思路，构建质量评价模型及其测量指标。例如，睢党臣运用改进的 SERVQUAL 模型，从有形性、响应性、可靠性、移情性、保证性、透明性 6 个维度，共计 25 项具体指标评价了陕西农村公共服务质量状况。[1] 第二种是采用"多目标属性决策"方法构建公共服务质量评价模型及其测量指标。多目标属性决策是管理科学评价项目质量的常用方法，包括层次分析法、熵值法、数据包络法、灰色关联法等。如张钢借鉴服务质量感知与差距理论模型，从社会价值、功能价值、感知价值、情感价值 4 个维度构建了 45 个具体指标，采用层次分析法（AHP）综合评价了浙江省 48 个县（区）政府的公共服务质量。[2] 第三种是基于产品质量的 KANO 评价模型及其测评指标。日本质量管理专家狩野纪昭教授在 1984 年提出了 KANO 评价模型，他基于质量特性和顾客感受将公共服务质量分为期望质量、魅力质量和必备质量。韦景竹借鉴 KANO 评价模型，从期望、魅力和项目三个维度构建了 30 个具体指标，评价了广州市公共图书馆的用户感知服务质量。[3] 第四种是 SERVPERF 模型及其评价指标。克罗宁和泰勒通过分析服务质量概念及其维度、顾客满意度与购买动机之间的关系，构建了绩效感知服务质量模型（SERVPERF）。[4] 与传统 SERVQUAL 模型不同，SERVPERF 模型发挥了 IPA 技术优势，重点采集和评价公众实际体验的服务质量。如马书红在 SERVPERF 模型基础上，从公共自行车服务流程的特性视角构建了 5 个维度共 17 个具体指标，评价了公共自行车服务质量。[5]

4. 基本公共教育服务相关研究

基本公共教育服务是随着政府职能向公共服务转变而实现的。作为基本公共服务体系的重要构成，如何提升基础教育质量是当前公共服务管理研究和基

---

[1] 睢党臣，张朔婷，刘玮. 农村公共服务质量评价与提升策略研究——基于改进的 SERVQUAL 模型［J］. 统计与信息论坛，2015，30（04）：83—89.

[2] 张钢，牛志江，贺珊. 地方政府公共服务质量评价体系及其应用［J］. 浙江大学学报，2008（6）：32.

[3] 韦景竹等. 基于读者需求的城市公共图书馆服务质量评价模型研究——以广州图书馆为例［J］. 图书情报知识，2015（6）：36—47.

[4] CRONIN JR J J, TAYLOR S A. SERVPERF versus SERVQUAL: Reconciling performance-based and perceptions-minus-expectations measurement of service quality［J］. Journal of marketing，1994，58（1）：125—131.

[5] 马书红等. 基于 SERVPERF 模型的公共自行车服务质量评价研究［J］. 重庆交通大学学报（自然科学版），2018，37（12）：98—104.

础教育改革的重点议题之一。党的十九大报告指出了要坚持"质量第一"理念，推动"质量强国"的目标，提出推动基本公共教育服务从"底线均衡"走向"优质均衡"。为适应治理目标和发展理念的要求，教育行政部门要调适公共服务职能，增强公共教育服务供给能力，强化基本公共服务质量保障，推进基本公共教育服务走向优质公平。基本公共服务改革背景与问题意识，推动学界研究基本公共教育服务质量。本研究通过 CiteSpace 知识图谱分析了国内基本公共教育服务研究的主要文献，得出"基本公共教育服务"的关键词时序演进图谱。通过分析研究内容的时序变化，可概括基本公共教育服务研究的热点问题及趋势。发展期（2006—2013 年）的基本公共教育服务研究的热点问题集中在公共服务[1]、公共服务体系[2]、均等化[3]、公共教育[4]和义务教育[5]等领域。在稳定期（2013 年至今），基本公共教育服务开始从粗放型供给走向精细化治理。供给内容从宏观的"公共服务供给体系""公共服务"走向"均等化""教育公共服务""教育公平""服务质量"等领域。研究热点的转移符合国家基础教育供给从规律效率向优质公平的政策导向。

5. 聚焦西部场景的基本公共服务体系研究

梳理既有文献，对西部地区基本公共服务体系的研究主要围绕发展路径、供需关系、供给模式、薄弱环节、体制保障等方面开展研究。一是聚焦西部地区基本公共服务供给质量的时空特征、供需关系和供给模型。如杜孝珍和桑川（2012）在界定新疆公共服务内涵与范围的基础上，总结了改革开放后新疆维吾尔自治区公共服务供给质量的发展特征与基本经验。[6] 另外，基本公共服务供给质量也表现为一种供需关系的平衡。如郑洲（2015）从公共服务需求视角分析了西藏自治区政府公共服务供给能力的供给困境、需求条件与匹配方式。[7] 还有学者从多元供给角度研究了西部公共服务质量的实现机制。如石正

---

[1] 尹后庆. 建立和完善公共教育服务体系的思考［J］. 教育发展研究，2009（1）：22-24.

[2] 迟福林. "十二五"时期教育公共服务体系建设：突出矛盾与主要任务［J］. 经济社会体制比较，2011（2）：1-9.

[3] 胡祖才. 努力推进基本公共教育服务均等化［J］. 教育研究，2010（9）：8-11.

[4] 龙翠红，易承志. 基本公共服务均等化、义务教育均衡发展与公共政策优化——我国义务教育政策变迁与路径分析［J］. 湘潭大学学报：哲学社会科学版，2017，41（6）：14-20.

[5] 卢丽华. 论义务教育阶段私立学校教育服务的属性［J］. 教育科学，2010（2）：8-11.

[6] 杜孝珍，桑川. 完善新疆公共文化服务体系的对策探析［J］. 新疆师范大学学报（哲学社会科学版），2012，33（3）：35-43.

[7] 郑洲. 西藏自治区政府公共服务能力提升研究——基于公共需求的分析视角［J］. 西南民族大学学报（人文社科版），2015（2）：115-120.

义和邓朴（2010）从政府领导、社会参与、市场分工的角度构建了西部民族地区公共危机服务体系。[①] 二是围绕西部基本公共服务供给的特殊区域开展研究。西部农村地区、贫困地区和偏远山区经济社会发展较慢，公共服务供给相对滞后。如阿布都外力·依米提（2010）从基本公共服务投入、资源环境、制度缺陷等方面研究了影响新疆农村少数民族低保服务绩效的诱因、现状与改进策略。[②] 黄国勇（2014）等从地理条件、经济发展和社会结构等维度，运用西部县级地区的2006—2012年面板数据检验了贫困县的基本公共服务供给水平。[③] 三是围绕西部地区的基本公共服务薄弱环节开展研究。西部基本公共服务的薄弱环节主要集中在基本公共教育、基本医疗卫生、生态环境保护、公共安全与基础设施、公共文化体育等服务领域。例如，马克林和冯乐安（2010）分析了甘肃民族地区生态区位条件，从资源、环境、人口、社会历史等方面剖析了甘肃民族地区生态环境保护的问题、成因与保护策略。[④] 刘佳云等（2014）梳理了云南西部民族地区公共文化体系的制度成果、理论成果及实践成果，结合民族文化特征和公共文化服务体系建设现状，重点从公共服务供给机制角度研究了云南公共文化体系建设的问题及对策。[⑤] 四是从保障机制视角研究了西部地区基本公共服务体制的问题。如孙宏年（2014）从当代中国边疆治理政策实践的角度，系统总结了西部经济社会发展和公共服务建设的财力保障、政策保障、制度保障等，分析了上述保障机制作用于基本公共服务的成效和经验。[⑥]

二、国外相关文献综述

公共服务质量研究是在西方国家行政改革背景中产生的。早在20世纪60

[①] 石正义，邓朴. 试论我国西部少数民族地区公共危机管理的多元主体体系[J]. 社会科学研究，2010（6）：65-68.

[②] 阿布都外力，依米提. 新疆农村贫困问题及其最低生活保障制度[J]. 中国人口·资源与环境，2010，20（8）：17-21.

[③] 黄国勇. 社会发展、地理条件与西部农村贫困[J]. 中国人口·资源与环境，2014，24（12）：138-146.

[④] 马克林，冯乐安. 促进生态环境保护与扶贫开发的良性互动——以甘肃西部民族地区为例[J]. 科学经济社会，2010，28（2）：19-23.

[⑤] 刘佳云，马云华，孙昱丹，等. 云南公共文化服务体系构建研究[J]. 民族艺术研究，2014，27（1）：116-124.

[⑥] 孙宏年. 四海一家：边疆治理与民族关系[M]. 长春：长春出版社，2014：11-217.

年代，西方学界就开始采用竞争机制提升公共部门服务质量[1]。进入 20 世纪 70 年代，以 Ostrom（1976）为代表的美国学派就开始探讨公共部门服务质量的有效评价问题[2]。进入 20 世纪 80 年代，公共服务质量研究逐渐从理论部门向实务部门转移。以"质量圈""全面质量管理""公共服务满意度"等质量运动为代表，20 世纪 90 年代，基本公共服务质量评价问题在发达国家与发展中国家受到广泛关注。[3] 梳理国外文献，本研究主要从概念界定、组成维度、评价模型及其指标等方面开展文献述评，以帮助解答本研究的核心问题。

1. 公共服务质量的概念界定

公共服务质量自诞生开始就存在如何定义和操作化的困难。国外学界对公共服务质量概念至今尚未形成共识，这与公共服务质量概念的模糊性是分不开的。[4] Folz 直言不讳地指出："公共服务质量是公共行政学众多概念难以界定的一个，试图提出一个完整、有效和满意的公共服务质量概念仍是一项重大挑战。"[5] 随着全面质量管理在公共服务领域的应用，如何准确界定和测量公共服务质量被提上重要日程。梳理国外公共服务质量概念的发展脉络，学者主要是从经典的私人部门服务质量理论去理解和探讨公共服务质量。[6] 私人部门服务质量学说主要分为北美学派 PZB 提出的"顾客感知服务质量（SERVQUAL）及其十维度"和北欧学派 Gronroos 创建的三维服务质量（功能质量、技术质量和图像质量）。学者 Gronroos 最早从顾客角度界定服务质量，即服务质量是顾客比较服务期望与感知绩效差距的心理体验。[7] 这一概念标志着服务质量开始正式独立于产品质量，是服务质量概念从客观性走向主观性的转折点。PZB 在此基础上，将服务质量界定为"顾客在与服务提供者交

---

[1] SUCHMAN E. Evaluative Research: Principles and Practice in Public Service and Social Action Program [M]. New York: Russell Sage Foundation, 1967.

[2] OSTROM E. Multi－Mode Measures: From Potholes to Police [J]. Public Productivity Review, 1976, 1 (3): 51—58.

[3] CHRISTENSON J A, TAYLOR G S. Determinants, expenditures, and performance of common public services [J]. Rural Sociology, 1982, 47 (1): 147.

[4] POLLITT C. Public service quality—between everything and nothing? [J]. International Review of Administrative Sciences, 2009, 75 (3): 379—382.

[5] FOLZ D H. Service Quality and Benchmarking the Performance of Municipal Services [J]. Public Administration Review, 2004, 64 (2): 209—220.

[6] ROWLEY J. Quality measurement in the public sector: Some perspectives from the service quality literature [J]. Total Quality Management, 1998, 9 (9): 321—333.

[7] GRÖNROOS C. A Service Quality Model and its Marketing Implications [J]. European Journal of Marketing, 1984, 18 (4): 36—44.

互过程的所体验的服务属性满足自身需求的程度"[1]。在对私部门服务质量扬弃的过程中,公共行政学者开始探讨公共服务质量的内涵、属性及其适用性。总体而言,国外公共服务质量概念呈现三个特点:用户导向、主观评价、公共属性。[2] 同时,为减少质量管理在公共服务领域的"失灵",部分学者开始鉴别公共服务与私人服务之间的本质差异。Chris 指出公共服务质量应该具有公共部门的结构特征,在公共服务质量概念中凸显出公共价值、民主责任、政策规定与公众需求。[3] Gowan 等则从政府提供过程理解公共服务质量,认为"公共服务质量不仅是简单地满足用户需求,而且涉及公共服务在投入、过程、结果的属性的实现程度,公共服务质量与制度构建、权责同构、资源配置和组织调整的具体情况紧密相关"[4]。Rhee 和 Rha(2009)认为,理解公共服务质量首先要认识公共利益的抽象性、提供过程的复杂性、目标多元性等问题。[5] O. Rieper(1998)将公共服务质量界定为政府政策、资源使用与享用过程之间的一种关系。[6] Brown(2007)则将公共服务质量视为公众自由选择和主动参与服务供给而形成的公众满意度。[7]

2. 公共服务质量构成维度

从国外学界研究公共服务质量维度的进路看,公共服务质量的维度建构主要是以私人部门的营销服务质量的维度为基础或依据的。这就导致适用于服务质量领域的共性维度的总结与应用较多,而对嵌套于公共部门环境的公共服务质量个性维度研究较少。目前国外学界尚未提出一个规范性并被共同认可且具

---

[1] PARASURAMAN A, ZEITHAML V A, BERRY L L. Servqual: A Multiple-item scale for measuring consumer perc [J]. Journal of retailing, 1988, 64 (1): 12.

[2] RAMSEOOK-MUNHURRUN P, LUKEA-BHIWAJEE S D, NAIDOO P. Service quality in the public service [J]. International journal of management and marketing research, 2010, 3 (1): 37−50.

[3] SKELCHER C. Improving the Quality of Local Public Services [J]. Service Industries Journal, 1992, 12 (4): 463−477.

[4] GOWAN M, SEYMOUR J, IBARRECHE S, et al. Service quality in a public agency: same expectations but different perceptions by employees, managers, and customers [J]. Journal of Quality Management, 2001, 6 (2): 275−291.

[5] RHEE S, RHA J. Public service quality and customer satisfaction: exploring the attributes of service quality in the public sector [J]. Service Industries Journal, 2009, 29 (11): 1491−1512.

[6] RIEPER O, MAYNE J. Evaluation and Public Service Quality [J]. Scandinavian Journal of Social Welfare, 1998, 7 (2): 118−125.

[7] BROWN, TREVOR. Coercion Versus Choice: Citizen Evaluations of Public service Quality Across Wright, A Methods of Consumption [J]. Public Adminstration Review, 2007, 67 (3): 559−572

有实际操作意义的公共服务质量组成维度。一部分学者在此领域进行了有益探索。学者 Wisniewski（2001）借鉴北美学派 PZB 提出的经典服务质量感知的模型（SERVQUAL），从有形性、可靠性、响应性、移情性、保证性等服务质量维度测量了英国公众对公共服务质量的满意度。[①] 这一构成维度成为西方公共服务质量评价领域的主要范例。其研究范式多是复制私人部门的服务质量感知模型到公共服务领域进行研究。也有少数研究者对服务质量模型进行改良和拓展，建立适合公共部门的服务质量的感知维度。学者 Haywood-Farmer（1990）指出 SERVQUAL 模型在公共服务领域不具有完全可借鉴性，并提出了公共服务质量的四个关键维度：社会影响、知识库、工作自主性和目标优越性。[②] Ovretreit（1991）[③]、Herbert（1998）[④] 和 A. Kadir（2000）[⑤] 等把公共服务质量分解为三个维度的质量，即管理质量、专业质量和用户质量。学者 Rhee（2009）则超越了 SERVQUAL 模型，借鉴了北欧学派提出的服务质量感知模型（Grönroos，1984）的研究成果[⑥]，从服务过程、服务结果及服务交互的角度，建构了公共服务质量的四维度：包括设计质量、关系质量、过程质量、产出质量。[⑦] Rhee 将公共服务质量维度分为三个层次：服务传递与结果感知的微观质量；公共政策影响服务效能的中观质量；实现公共价值与理念的宏观质量[⑧]。Brown（2007）则将公共服务质量维度分为强制消费的服务质量

[①] WISNIEWSKI M. Using SERVQUAL to assess customer satisfaction with public sector services [J]. Managing Service Quality：An International Journal，2001，11（6）：380-388.

[②] HAYWOOD-FARMER J，STUART F I. An Instrument to Measure the 'Degree of Professionalism' in a Professional Service [J]. Service Industries Journal，1990，10（2）：336-347.

[③] OVRETVEIT J. Quality Health Services，BIOSS，Brunel University，Uxbridge，1991.

[④] HERBERT D. Continuous improvement in public services - a way forward [J]. Journal of Service Theory & Practice，1998，8（5）：339-349.

[⑤] KADIR S L SA，ABDULLAH M B，AGUS A. On service improvement capacity index：Acase study of the public service sector in malaysia [J]. Total Quality Management，2000，11（4）：837-843.

[⑥] GRÖNROOS C. A service quality model and its marketing implications [J]. European Journal of marketing，1984，18（4）：36-44 与 KANG G D，JAMES J. Service quality dimensions: an examination of Grönroos's service quality model [J]. Managing Service Quality：An International Journal，2004，14（4）：266-277.

[⑦] RHEE S，RHA J. Public service quality and customer satisfaction: exploring the attributes of service quality in the public sector [J]. Service Industries Journal，2009，29（11）：1491-1512.

[⑧] RIEPER O，MAYNE J. Evaluation and Public Service Quality [J]. Scandinavian Journal of Social Welfare，1998，7（2）：118-125.

和自主选择的服务质量[1]等。

3. 公共服务质量评价模型及其指标

公共服务质量最早是全面质量管理（TQM）理论诊断公共服务问题的分析工具。为有效改进公共部门的运行效益，如何测量和评价公共服务质量至关重要。在西方，公共服务质量和公共服务绩效作为评价领域的"孪生姐妹"一直是理论和实务部门探讨的热点议题。公共服务质量评价的文献较为丰富。然而如何合理评价公共服务质量，还是一个技术性难题。Wisniewski 就指出："服务质量具有无形性、异质性和同一性等复杂特征，为合理准确地测量公共服务质量造成应用难题。"[2] 尽管如此，公共服务质量评价的潜在优势促进理论与实务部门工作者持续探索公共服务质量评价问题。在公共服务质量评价模型及其测量指标体系中，应用最广的当属 PZB 提出服务质量感知模型（SERVQUAL），其评价维度主要是有形性（Tangibles）、可靠性（Reliability）、响应性（Responsiveness）、沟通（Communication）、可信性（Credibility）、安全性（Security）、能力（Competence）、礼貌（Courtesy）、移情性（Empathy）和可及性（Access）及若干具体指标。Agus（2007）借鉴了服务质量感知的概念模型，证明了"服务质量维度、服务性能和公众满意度之间的强相关性，研究还发现'优秀'公共服务提供者在响应性、可及性和可信性方面更受公众欢迎"[3]。实际上，将私人部门服务质量感知模型运用在公共服务评价领域的合法性饱受质疑。正如 Rhee 和 Rha（2009）指出："大部分采用 SERVQUAL 模型测评公共服务质量的案例，缺少诸如公共性、基础性、责任性、满意度等公共行政领域的专业属性。"[4] Walsh（1991）指出，借鉴私人部门服务质量评价模型与评价技术，会导致公共服务领域工具理性的盛行，价值理性阙如[5]。公共行政学者在此领域做了有益探索，逐步将公共服务质量的价值评价拓展到

---

[1] BROWN, TREVOR. Coercion Versus Choice: Citizen Evaluations of Public service Quality Across Wright, A Methods of Consumption [J]. Public Adminstration Review, 2007, 67 (3): 559-572.

[2] WISNIEWSKI M. Measuring service quality in the public sector: the potential for SERVQUAL [J]. Total Quality Management, 1996, 7 (4): 357-366.

[3] AGUS A, BARKER S, KANDAMPULLY J. An exploratory study of service quality in the Malaysian public service sector [J]. International Journal of Quality & Reliability Management, 2007, 24 (2): 177-190.

[4] RHEE S, RHA J. Public service quality and customer satisfaction: exploring the attributes of service quality in the public sector [J]. Service Industries Journal, 2009, 29 (11): 1491-1512.

[5] WALSH K. Quality and Public Services [J]. Public Administration, 1991, 69 (4): 503-514.

政府改革效果、质量奖项评审、国际标准比较和公众合法权益维护等领域[①]。但这些评价活动容易沦为运动式考核或随政府换届、项目终结、议会否决等意外事件而结束。为增加公共服务质量评价的连续性和突破顾客感知服务质量模型的局限，Milakovich（1991）借鉴全面质量管理的决策评价方法，提出基于多目标属性的公共服务质量评价模型及其观测指标[②]。该思路将层次分析法、数据包络分析、德尔菲法、熵值法、灰色关联法、模糊综合评价等技术应用在公共服务评价领域。该思路一方面能结合定量评价与定性评价的优势，另一方面为公共服务质量增添新的操作内涵。学者 Isaac 则进一步从系统论的视域，将绩效评价模型及方法应用于公共服务质量领域。该评价模型关注公共服务的投入、过程和结果的交互特征，同时以公众评价为导向，其模型的包容性和观测指标设计的灵活性，逐渐成为公共服务质量评价模型的主流范例，在公共教育、医疗卫生、社会保障、环境治理等领域广泛应用。[③]

4. 公共教育服务质量研究

随着义务教育的基本普及，如何实现义务教育高质量发展成为当前基础教育改革讨论的热点话题。梳理国外相关文献，从教育行政、教育管理、教育政策与公共服务、教育评价视角探讨公共教育服务质量的研究较多。国外公共教育服务质量研究主要有以下特点：一是对教育公共服务评价模型、指标设计和评价体系的研究较多，对基本公共教育服务质量理论内涵与构成维度等理论问题的研究较少。国外基本公共教育服务质量评价模型、构成维度及观察指标主要参照的是私人部门的顾客感知服务质量模型（SERVQUAL）。如 Tofighi Sh（2011）根据服务质量感知模型（SERVQUAL）建构教育服务质量的评价维度及其观测指标。[④] 二是国外公共教育服务质量的评价模型基本沿袭基础教育评价的分析框架。这类文献有一个共同特征，就是将教育公共服务质量等同教育质量。如 Cheng（1997）认为，教育评价的典型模型如目标评价、过程评价、增值性评价与公共服务质量评价的投入模型、过程模型、结果模型、满意

[①] RIEPER O, MAYNE J. Evaluation and public service quality [J]. Scandinavian Journal of Social Welfare, 1998, 7 (2): 118–125.

[②] MILAKOVICH M E. Total quality management in the public sector [J]. National Productivity Review, 1991, 10 (2): 195–213.

[③] ISAAC M J. Performance management model: a systems-based approach to public service quality [J]. International Journal of Public Sector Management, 2000, 13 (1): 19–37.

[④] Sh T, SADEGHIFAR J, HAMOUZADEH P, et al. Quality of educational services from the viewpoints of students SERVQUAL model [J]. Education Strategies in Medical Sciences, 2011, 4 (1): 21–26.

度模型有几分相似。① 联合国教科文组织修正的"背景—投入—过程—输出模型"是典型代表。该语境下的教育公共服务质量被曲解为教育质量。三是受新公共管理理论与改革运动的影响,教育服务质量开始从教育质量研究中独立出来。随着新公共服务、治理理论等理论的发展,推动着公共教育服务从管理走向治理,从管理行政走向服务行政②。以公共教育民营化、校本管理、教育券制度、特许学校等教育质量改革运动为代表,响应需求、增强责任、供给改革、教育问责等质量保障成为教育公共服务研究的热点议题③。

三、国内外相关文献述评

1. 国内既有文献缺少对"西部地区基本公共教育服务"的关注

在欧美发达国家,农村和偏远地区的公共教育服务质量已有较为成熟的制度保障,联邦政府或中央政府针对不同族群和地域文化,设置了差别化的公共教育制度,相应地,公共教育服务质量评价也呈现出区域性和多元性。我国西部地区是地域因素和文化因素的重合区域。我国西部地区基本公共教育服务质量较低与西部特殊的社会结构、治理模式、文化传统和历史条件密切相关。长期以来,我国西部开发与建设的重心是经济建设与资源开发,西部及其民族地区的基本公共教育服务更多的是被纳入国家基础教育事业改革的宏观叙事中,缺少对西部基本公共教育特点与区域差异的反思。即便是在《"十三五"推进基本公共服务均等化规划》《国家教育事业发展"十三五"规划》《"十三五"促进民族地区和人口较少民族发展规划》等政策条文中,也缺少对如何提高西部基本公共教育服务质量的专门论述。

改革开放后,随着社会变迁与经济体制转轨,西部地区贫困和安全问题增多,社会贫困与公共服务供给落后成为滋生西部地区稳定与安全问题的"温床"。贫困问题与安全问题的实质是发展与稳定的问题。中国西部地区最紧迫的发展问题是解决教育贫困问题。教育贫困的重要表现是公共教育服务不均等及质量不高。西部地区的基本公共教育服务落后必然阻碍区域经济社会的协调发展与跨越式发展。因此,西部地区基本公共教育服务体制滞后已成为制约区

---

① CHEONG CHENG Y, MING TAM W. Multi-models of quality in education [J]. Quality assurance in Education, 1997, 5 (1): 22-31.

② HEINRICH C J. The role of performance management in good governance and its application in public education [J]. Employment Research Newsletter, 2015, 22 (3): 2.

③ FISKE E B. Decentralization of education: Politics and consensus [M]. New York: The World Bank, 1996.

域经济增长动力提级换挡和社会民生改善的突出短板。研究如何科学评价西部地区的基本公共教育服务质量成为当务之急。

2. 既有关于基本公共教育服务的研究缺少"服务质量"的视角

梳理国内外文献,从公共服务质量视角研究公共教育服务质量的文献较少,而从教育学视角解释教育质量的文献较多。评价"服务质量"与"教育质量",既有共性,也有差异。前者重点是探讨服务一般属性满足公众需求的程度,后者侧重于教育目标的达成度与公众满意度评价。既有关于公共教育服务质量评价的文献,主要借鉴私人部门服务质量感知模型的设计思路与测量维度,缺少对公共服务质量特质属性、构成维度的思考。基础理论和研究视域的不同,导致基本公共教育服务质量的内涵与维度解析也不同,客观上导致基本公共教育服务质量评价的碎片化与差异化。[1] 由于对基本公共教育服务质量概念及构成维度的理论思考,受制于评价工具的固有缺陷,导致既有研究缺少对"服务质量"的系统思考,基本公共教育服务质量评价陷入三重困境:一是难以凝聚质量共识;二是缺乏核心的质量评价标准;三是缺少科学合理的评价指标。[2] 因此,建立健全基本公共教育服务质量评价指标体系,对完善我国基本公共教育服务质量评价理论与方法有重要的理论与现实意义。[3] 换言之,基本公共教育服务质量评价作为国家基础教育改革发展的"指挥棒"与"体检仪",既能及时监控基础教育发展状况和存在的问题,又能为深化基础教育改革引领方向[4]。

3. 既有相关文献缺少对西部地区第一手资料的实证分析

总结国内外研究,既有基本公共教育服务质量评价的数据基本上来源于官方公布的统计年鉴,也有少部分学者采用的是问卷调查的方式,而采用扎根研究路径挖掘基本公共教育服务质量维度的研究较少。虽然统计年鉴等数据能对西部基本公共教育服务的发展现状和主要特征进行事实性描述,但难以解答基本公共教育服务质量是什么及如何评价等难题。除此之外,学界普遍认为,官

---

[1] 郑弘,孙河川. 义务教育阶段教育质量评价标准的国际比较研究[J]. 上海教育科研,2013(10):16-20.
[2] 马晓强. 积极推进中小学校教育质量评价改革[J]. 教育研究与评论(中学教育教学),2010(7):92-92.
[3] 张源源,刘善槐,邬志辉. 义务教育质量评价的基本原理、路径与方法[J]. 东北师大学报(哲学),2013(5):172-176.
[4] 李勉,刘春晖. 国家义务教育质量监测:素质教育实施的制度突破口[J]. 中国教育学刊,2016(12):19-22.

方统计年鉴数据虽然具有一定的权威性，但却难以保证数据的准确性。不少统计年鉴数据含有"水分"。更重要的是，基本公共教育服务质量作为一个复杂的概念与评价术语，对其部分特征或关键属性，存有难以量化或操作化的困境。加之西部地区县域义务教育指标不仅数量少，统计口径不一致，而且缺失比例较高，造成横向和纵向的比较困难，增加了既有研究的局限。本书通过访谈、扎根理论研究，调查了公众对基本公共教育服务质量的理解与感知，增强了基本公共教育服务质量评价维度的空间适用性。在此基础上，本研究通过科学的抽样调查和规范化的问卷设计，丰富了问卷题项和选项，有助于综合测量政府官员、学校管理者、教师和学生家长的态度和价值观，反映基础教育评价的热点和难点问题，回应基本公共教育服务质量评价的理论前沿与现实挑战。

总之，当前在公共服务领域中的教育评价研究已较为广泛。我们对教育评价研究领域中关于质量评价的文献进行统计分析，发现关于质量的评价研究形成了教育管理、教育服务和教育质量三个知识集群。其中，关于教育质量的知识集群最为庞大，成为国际学界教育评价研究的热点和前沿领域，为发展中国家基础教育综合改革实践提供了理论启示与政策指引。对国内公共教育服务研究的结果显示，公共教育服务质量评价学术研究滞后于实践发展，理论阐释和评价体系欠缺，且大多数研究仍以传统的教育质量研究路径为主，一定程度上反映了国内学界对公共教育服务质量前沿研究的缺乏和滞后。当前公共教育服务质量研究在国内尚处于起步阶段，从既有文献来看，教育界缺乏对教育公共服务质量的系统认识。基本公共教育服务质量是什么？它具有哪些特质属性？如何科学评价它？诸如此类的问题在国内教育评价领域鲜有研究。因此，本书通过对国内外相关研究做一个系统梳理和回顾，并尝试对上述研究问题的盲区和薄弱领域做出理论和方法的探索，以期引发对基本公共教育服务质量评价研究更多的讨论，促进国内研究与国际学界的对话交流，为国内义务教育优质均衡发展提供一定的理论参考和启示。

第三节 研究思路与内容

本书根据研究问题，围绕西部地区的基本公共教育服务质量为何、如何构建其基本公共教育服务质量评价指标体系等问题展开，重点从国外经典文献归纳、政策目标梳理和扎根理论研究路径开掘基本公共教育服务质量维度的形成过程。在此基础上，设计与筛选基本公共教育服务质量评价指标体系并进行验证性分析。

一、研究思路

围绕"西部地区基本公共教育服务质量评价指标体系构建研究"这一选题，本研究在梳理国内外既有研究的基础上，遵循"国内外文献综述—提出问题—基础理论分析—构建分析框架—构建服务质量维度—设计与筛选评价指标体系—指标体系验证性分析—研究结论与研究展望"的研究思路，形成了本研究的整体研究的思路过程图，如图1-1所示。具体来讲，第一，在梳理国内外已有研究的基础上，指出研究西部地区基本公共教育服务质量评价的必要性和紧迫性。在此基础上，将基本公共服务质量研究的薄弱环节——"如何构建基本公共服务质量评价指标体系"，作为本研究拟于解答的核心问题。第二，比较不同定义方式下的基本公共服务质量概念的优缺点，综合界定基本公共教育服务质量的核心内涵。从问题视角、工具视角、价值视角和区域视角，梳理出公共服务理论、全面质量管理理论、社会公正理论和公共治理理论作为本研究问题的基础理论。第三，通过比较分析国外公共教育服务质量维度的经典分析框架的共识性要素，结合我国基本公共教育服务供给环境的普遍性和特殊性、供给链条的复杂性、质量需求的异质性等，构建了一个嵌入服务供需全过程的西部地区基本公共教育服务质量维度的分析框架。在此基础上，从定性角度调查了教育系统的利益相关者对西部基本公共教育服务质量的理解和认识，并进行了验证性分析。第四，借鉴国内外教育评价领域的CIPP评价模型，对模型进行了适当修改与拓展，重点从"服务开启与进入""服务交付与使用""服务输出与获益"的供需适配思路设计西部地区基本公共教育服务质量评价指标体系。结合定性与定量方法，对原始指标体系进行删减，使之科学合理而简约有效。第五是研究结论、研究不足与研究展望。

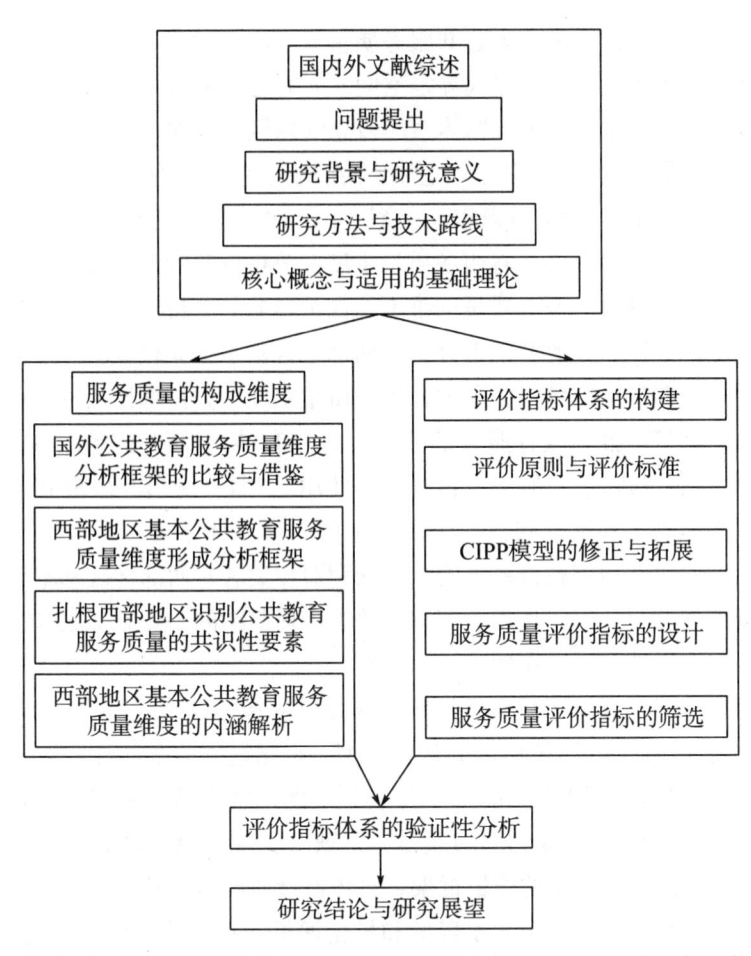

图 1-1 西部地区基本公共教育服务质量评价指标体系构建的研究思路

二、研究内容

如上研究思路布局本书的研究内容，基本如下：

第一章为绪论，属于"问题的提出"。首先，通过研究背景与研究意义章节系统论述了本研究的研究背景、选题价值和实践意义，说明本研究的必要性。其次，通过梳理国内外文献，归纳了国内外基本公共服务质量相关主题的研究现状，指出了既有研究的贡献与不足，寻找深化本研究的理论空间，说明研究方案的可行性。最后，通过基础理论的回溯与研究资料的检视，详细说明研究开展的具体方法、逻辑思路、实施路线与主要内容，指出本研究的创新性与不足之处。

第二章完成"核心概念界定与基础理论"的分析。首先，通过文献回顾，综合比较不同定义方式下基本公共服务质量概念的优缺点，为下位概念——基本公共教育服务质量的定义寻找界定空间。同时逐一分析了西部地区、基本公共服务教育服务质量、评价指标体系等概念的内涵。其次，系统梳理公共服务理论、全面质量管理、社会公正理论和公共治理理论的主要内涵与核心观点，从问题意识、工具意识、价值意识和地域意识等角度为本研究的开展搭建理论基石。

第三章是"基本公共教育服务质量维度"分析框架的形成过程。首先，介绍了西方关于公共教育服务质量的维度及四种经典的分析框架，综合比较了其优势与缺陷。其次，在此基础上分析了西部地区基本公共教育服务发展现状和问题，构建了西部地区基本公共教育服务质量维度的分析框架。按照此框架的分析思路，将基本公共教育服务的投入、过程和结果等供需适配环节拆解为"服务开启与服务进入""服务交付与服务使用""服务输出与服务获益"三个阶段，逐次形成了基本公共教育服务质量的十个具体维度。借鉴已有研究思路，从定性的角度搜集教育系统内外部的利益相关者对西部地区基本公共教育服务质量的理解与认识，从需求调查、政策目标归纳的角度验证服务质量维度的合法性、合理性和可操作性。

第四章是"西部地区基本公共教育服务质量指标的构建过程。"借鉴国内外教育评价领域广泛运用的 CIPP 评价模型，根据研究问题的性质对模型进行了适当修改与拓展。删除了模型"背景"维度，重点从"服务开启与进入""服务交付与使用""服务输出与获益"等研究思路扩展了"投入—过程—结果"维度。延此评价模型的逻辑框架，具体设计西部地区基本公共教育服务质量评价指标体系。通过多轮专家咨询和量化评价，对初始指标体系进行修正、删减，形成了简约而有效的基本公共教育服务质量评价指标体系。通过概率抽样搜集一手数据，在此基础上通过调查政府官员、学校领导等不同教育工作者对服务质量的感知，应用结构方程模型对西部地区的基本公共教育服务质量评价指标体系进行验证性分析。

第五章是研究结论、研究不足与研究展望。

第四节　研究方法与技术路线

一、研究方法

本研究整体上属于应用性研究。研究过程主要采用了规范研究方法、实证研究方法和跨学科研究方法。

第一，规范研究方法。本研究采取了规范分析方法界定了基本公共教育服务质量概念，并挖掘和解析了服务质量维度的形成过程。规范分析关注基本公共教育服务质量是什么的价值判断，是如何评价基本公共教育服务质量的基本前提。建构基本公共教育服务质量评价指标首先要对基本公共教育服务质量进行规范性研究，即探讨西部地区基本公共教育服务质量的概念内涵，解析其特质属性与评价维度。这是构建基本公共教育服务质量评价指标体系的理论前提，也是设计与筛选服务质量评价指标的基石。构架一套科学合理且行之有效的基本公共教育服务质量评价指标体系要求有核心的概念与基础理论作为有效支撑，这就需要研究者在第一、二、三章对相关理论问题做出规范性陈述。

第二，实证研究方法。运用实证研究方法去构建与检测西部地区基本公共教育服务质量评价指标体系是本研究的核心部分。在正式构建基本公共教育服务质量评价指标体系之前，本研究首先通过文献回顾，解析既有的评价框架，提取评价维度的共识性要素。其次，结合半结构化访谈、扎根理论研究实地考察西部地区不同利益相关者对基本公共教育服务质量组成维度的理解与态度，并完善相关评价维度。该研究思路拓展了国外相关评价模型在中国场景的适用性，有助于挖掘和呈现基本公共教育服务质量的地方特色。再次，本研究在第四、五章，综合运用了专家咨询法、问卷调查法等定性与定量方法，系统收集公共管理学、政治学、教育学等领域专家对指标的判断意见与相对权重，最终构建出符合信度、效度标准的服务质量评价指标体系。最后，借鉴国内外研究成果，结合研究问题的性质，提出一种基于熵权修正的层次分析法对西部地区基本公共教育服务质量高阶因子做综合评价。

第三，跨学科研究方法。严格地讲，跨学科研究方法本身并不属于社会科学研究方法的正式方法。[1] 李菲（2019）指出，跨学科研究方法在文学、人类学和艺术学等人文学科领域得到广泛运用。[2] 公共管理作为一门新兴的交叉研究学科，自身话语体系与学科知识的独立性较弱，其自身的学科成长与发展历程具有跨学科研究的历史传统。无论是新公共管理、新公共服务等理论，其研究成果无不受相邻学科与话语体系的影响。[3] 基本公共服务质量及其评价作为

---

[1] 马颖，蒲十周. 论自然科学与人文社会科学研究方法的异同［J］. 福建论坛：人文社会科学版，2005（4）：94—98.

[2] 李菲，邱硕. "田野"的再概念化：兼论文学人类学跨学科研究方法的同一性问题［J］. 民族文学研究，2019（3）：16—19.

[3] 陈振明，薛澜. 中国公共管理理论研究的重点领域和主题［J］. 中国社会科学，2007（3）：140—152.

本研究的核心问题，其问题性质与研究内容自身就具有跨学科研究的特点。[①]一方面基本公共教育服务质量及其评价问题属于公共管理、政治学、教育经济与管理领域的研究议题；另一方面，西部地区的区域性特征又受边疆治理、民族教育、国家安全等相邻学科的影响。按照黄行（2017）的观点[②]，研究者可采用跨学科研究方法，整合两个及以上学科的信息、技术、数据、概念、理论、知识、方法和视角去分析和解释交叉学科的研究议题，以超出单一研究视域的局限，避免研究问题的简单化、同质化和浅显化，进而提出一个超越单一学科或单一研究领域的问题解决方案，促进公共管理学科边界的拓展与研究范围的扩大，扩展研究成果的适用空间。

二、技术路线

技术路线是如何应用研究方法的具体问题。本书的研究方法设计的技术手段包括文献检索、抽样调查、数据搜集、方法选择与统计分析。

第一，文献回顾及述评的技术路线。本书首先通过百度学术、中国知网搜索国内中文核心期刊和 CSSCI 来源期刊中研究基本公共教育服务质量、公共服务质量等相关主题的文献。其次筛选出被新华文摘和人大复印资料转载的教育评价和公共服务质量评价的权威文献。同时在 Web of Science、EBSCO 等国外权威数据库搜集国外关于基本公共服务质量、基础教育评价、教育质量等相关问题的英文文献。通过阅读文献，总结国外研究基本公共教育服务质量的研究脉络、趋势及热点，界定核心概念，辨析相似概念，比较他们的共性与差异，推导基本公共教育服务质量概念界定的合理性，梳理基本公共教育服务质量评价的基础理论及其适用性。为解析西部地区的基本公共教育服务质量概念内涵与构成维度奠定研究基础。

第二，抽样调查与数据收集的技术路线。为提高研究设计的代表性和科学性，本研究借鉴中国教育追踪调查（CEPS）和国家义务教育质量监测方案的调查设计及问卷规范，构建了西部地区基本公共教育服务质量的调查问卷。首先，综合考量研究成本和研究便利，作者在四川省选择了若干县（市、区）的初中和小学作为二级调查单元。在二级调查单元中，作者对学校管理者、专任教师和学生家长发放了问卷。调查团队主要来自成都理工大学、四川民族学院

---

① 陈朝兵. 基本公共服务质量：概念界定、构成要素与特质属性[J]. 首都经济贸易大学学报，2019，21（3）：65-71.

② 黄行. "位/非位"与跨学科研究方法[J]. 中国社会科学，2017（02）：172-184.

等院校的在校生，通过为期2天的预调查和模拟调查，提高访员的素质和专业化水平。其次，为控制无效问卷比例，前期采用抽样方案随机抽选若干所学校作为预调查单位，及时修改问卷内容和调查方式。当问卷信效度指标达到统计合格标准后再统一实施。四川省基本公共教育服务质量抽样调查以某一学年为基线，主要以教育局官员、学校管理者、教师和家长作为最终调查对象。最后是录入和整理数据。所有数据采取小组录入形式，每组2人，如果某组的变量描述不一致，则在监督员现场监督下重新录入数据。同时，对访谈和案例关键词进行编码，对调查数据及其他统计数据进行质量控制，包括检验数据异常、数据分布、数据缺失等情况。

第三，指标设计与筛选的技术路线。本书主要采用定量与定性相结合的研究方法设计与筛选指标体系。首先采用专家咨询法构建初始指标集。专家咨询法又称德尔菲法，是确定评估研究指标体系中的重要研究方法之一。一般是指由某研究领域或实践领域的资深专业人士，根据自身研究内容、知识技术、实践经验等进行综合判断，对评价指标体系中的每个指标权重、指标契合度等进行量化评估，通过多轮反馈最终确定研究指标体系的过程。专家咨询法主要目标是获得和确定对研究主题共识以及意见分歧的领域，具有匿名性特征，因此可以在一定程度上确保专家意见的真实性、客观性。研究中，为进一步确定指标体系内容，征询了政府官员、学校领导、教师、学生家长等群体意见，遴选出若干个初始指标集。在指标筛选阶段，结合相关性分析法、隶属度分析法、鉴别力分析法、信效度检测、验证性因素分析等方法最终筛选出了若干个合格指标，构成西部基本公共教育服务质量评价指标集。

第五节 研究创新与研究不足

本研究致力于对西部地区的基本公共教育服务质量进行解释性评价。依托文献回顾和规范分析界定了西部地区的基本公共教育服务质量概念的内涵与外延，归纳了基本公共教育服务质量的个性与合理性，据此重构基本公共教育服务质量的评价框架，对西部地区基本公共教育服务质量的特征及其影响因素进行了实证检验。本书力求在以下方面创新。

一、研究创新

"教育服务质量"这一概念诞生于20世纪90年代，虽然当前在西方公共服务、教育管理与政策等领域已被广泛应用，并在教育评价、公共服务质量方面得到了实证研究，但对国内学界而言还是一个较为笼统和陌生的概念，对基本公共教育服务质量开展系统评价研究成果较少。因此，有必要对基本公共教育服务质量的概念内涵、维度形成、评价指标体系等开拓创新，扩展基本公共服务质量的研究范围和实践场域。本书围绕基本公共教育服务质量的构成维度及如何构建其评价指标体系两个核心问题展开，可能的创新如下：

第一，在比较分析国内外关于基本公共服务质量概念界定的基础上，将基本公共教育服务质量确切定义为"政府提供基本公共教育的投入、过程和结果的相关规定满足公众需求与社会要求的程度"。正如前文所述，"公共服务质量"作为西方的"舶来品"，自诞生之日起就存在如何确切定义和可操作化的难题。完整、准确地测量基本公共服务质量，首先要合理界定其概念，以消除言辞之争。研究者通过比较不同文献对公共服务质量定义方式的优缺点，可以得出三种定义方式的不足。首先是试图用"产品质量"的辞典定义消除"公共服务质量"的模糊性是徒劳的。其次是规定定义造成"公共服务质量"概念游离在客观性与主观性的争议之间。最后是学者 PZB 和 Gronroos 等尝试用理论定义的方式解释服务质量的生成机制及其赋予内涵，定义依然不够充分完整。在基本公共服务质量缺乏先验和独立内涵的解释困境下，学界对如何确定基本公共教育服务质量的概念也众说纷纭，莫衷一是。研究者通过系统梳理国内外经典文献的四种权威定义，在借鉴基本公共服务质量共识性要素和提炼基本公共教育服务个性因素的基础上，按照归纳论证的共变法思想，对基本公共教育服务质量概念赋予定义。即把基本公共教育服务质量视为"政府提供的基本公共教育服务的投入、过程和结果的相关规定有效满足公众需求与社会要求的程度"。由此观之，基本公共教育服务质量是由服务提供者与服务接受者进行综合评价的，即是指政府提供的基本公共教育服务的整个过程（包括投入、过程和结果）的相关规定满足公众需求与社会要求的程度。这就要求研究者从研判公众需求、文献归纳和政策目标梳理等途径建立西部地区基本公共教育服务质量评价指标体系的依据，增强其合法性、合理性、可操作性，增强基本公共服务质量评价理论与方法在西部地区的解释力、生命力和吸引力。

第二，从公共服务供需适配角度开掘了西部地区基本公共教育服务质量的构成维度。西部地区基本公共教育服务质量维度形成于服务供需适配过程的三个核心阶段，分别是开启服务与进入服务、交付服务与使用服务、输出服务与受益服务。比较国外关于公共教育服务质量维度分析的四个经典框架，借鉴"投入—过程—结果评价"模型、"教育织物结构"模型、"良好公共教育"模型、"教育服务质量分层"模型针对公共教育服务质量维度研究形成的共识性要素，将西部地区基本公共教育服务质量维度的形成置于服务供需匹配的过程中理解。结合我国基本公共教育服务制度城乡分割的二元性、基本公共教育服务供给链条与供给主体的复杂性、西部地区基本公共教育供给环境的共性与个性、不同主体对基本公共教育服务质量需求的异质性，构建了一个嵌入服务供需全过程的西部地区基本公共教育服务质量维度的分析框架。将西部地区基本公共教育服务供给过程拆解为开启服务、交付服务、输出服务三个核心环节，需求过程依次拆分为进入服务、使用服务和受益服务三个环节，分别对应受教育者进入学校、就读于学校和从学校毕业等获取服务的过程。服务供需环节逐一对应，依次形成了西部地区基本公共教育服务供给与需求过程三个主要阶段：即开启服务与进入服务、交付服务与使用服务、输出服务与受益服务。这是基本公共教育服务质量维度形成的理论依据、政策依据与需求依据。

第三，建构了西部地区基本公共教育服务质量的评价维度，分别是提供充足、分配均衡、条件达标、入学公平、管理规范、教学合规、参与民主、目标多元、问责有效和包容性。如前所述，基本公共教育服务质量是政府关于基本公共服务投入、过程和结果的相关规定有效满足公众需求与社会要求的程度。那么经典文献的共识、公众的需求与感知、政策目标的规定，对研究者认识和理解西部地区的基本公共教育服务质量维度的形成过程至关重要。本研究为全面地探测服务对象与利益相关者对基本公共教育服务质量的看法与态度，先搁置既有服务质量学说的理论预设和价值诱导，深入西部地区，采用访谈、焦点小组访问等定性研究方法，全面了解政府官员、学校领导、学生、教师等不同主体对基本公共教育服务质量的认识与理解，以避免基本公共教育服务质量维度的形成过程脱离西部地区的实际。通过规范的扎根研究及其三级编码得出，无论是西部地区的政府系统、学校系统还是学生、家长等，都表达了不同视角与层次的基本公共教育服务质量需要，他们认识的服务质量维度基本上覆盖政府供给基本公共服务的投入、过程和结果等三个环节，与受教育者进入学校、就读于学校和从学校毕业等需求环节逐一对应。这进一步验证了西部地区基本公共教育服务质量维度形成的理论假设：在服务开启与服务进入、服务交付与服务使用、服务输出与受益服务等服务供需的关键过程，可以逐次产生提供充足、分配均衡、条件达标、入学公平、管理规范、教学合规、参与民主、目标多元、问责有效和包容性等西部地区基本公共教育服务质量的构成维度。

第四，设计与筛选了一套简约合理且行之有效的西部地区的基本公共教育服务质量评价指标体系。按照评价原则与评价标准的要求，本研究结合服务质量维度形成思路与西部公共教育服务供给的具体特点，对CIPP评价模型进行了适当修改与拓展。即删除了"背景"维度，研究者重点从服务开启与服务进入、交付服务与使用服务、输出服务与受益服务三个视角分别去理解和扩展 CIPP 模型的投入、过程和服务产出与服务获益。根据改良后的 CIPP 模型的服务供需三个阶段，按照"维度指标—基本指标—具体指标"的树状指标结构体系，采用专家咨询法设计与筛选了若干个初始指标集。结合相关性分析法、隶属度分析法、鉴别力分析法等方法筛选出了最终具体指标组成西部地区基本公共教育服务质量评价指标集。西部地区基本公共教育服务质量评价指标体系包括"服务开启与服务进入""服务交付与服务使用"和"服务输出与服务获益"三个一级维度。"服务开启与服务进入"主要包括"提供充足""分配均衡""条件达标"和"入学公平"四个二级维度，这四个二级维度指标又包括 14 个基本指标以及 45 个具体指标。"服务交付与服务使用"包括"管理规范""教学合规""参与民主"三个二级维度指标，这三个二级维度指标又包括了 15 个基本指标及 45 个具体指标。"服务产出与服务获益"包括"目标多元""问责有效"和"结果包容"三个二级维度指标，这三个二级维度指标又包括了 13 个基本指标及 46 个具体指标。其中每个二级维度指标都设有评价民族教育服务质量的 10 个基本指标及反映西部特色教育服务质量的 34 个具体指标。

二、研究不足

本研究虽然对西部地区的基本公共教育服务质量评价指标体系构建及具体应用做了有益探索，但由于基本公共教育服务质量测评是一项系统工程，问题具有开拓性，研究工作量大，受内外部条件限制，研究的工作量尚有不足。研究问题牵扯面广，涉及多个学科与研究领域，研究地域和聚焦的问题较为特殊。囿于本人既有理论水平和方法运用能力的限制，导致本研究存在诸多不足和不少问题，主要有以下几点局限。

第一，基本公共教育服务质量评价指标体系的研究内容涉及多个学科和研究领域，制约了本研究的理论深度。本研究的核心问题是基本公共教育服务质量的构成维度是什么，以及如何构建适合西部地区的基本公共教育服务质量的评价指标体系。前者是后者的理论依据与评价基石，后者是前者的具体应用与拓展深化。二者的论证和衔接过程不可避免地涉及教育经济与管理、公共政策、民族学、边疆治理等相邻学科知识话语的影响与分析思路的借鉴。这些学科广博的专业知识和严谨的分析思路对公共管理专业的研究者是一大挑战，受制于学科研究范围的边界和本人理论研究能力的限制，研究者从跨学科的角度研究西部地区基本公共教育服务质量的生成机理显得较为"粗浅"。在此情况下，容易导致本研究理论深度不够，理论贡献不足。未来需要研究者在此基础上深化拓展研究，不断提高研究问题的理论深度。

第二，数据搜集的难度较高，制约了本研究的实证效果。本研究聚焦的地域是中国西部地区。由于研究地域分布较广，地质地貌复杂，经济社会情况较为特殊，限于研究财力、物力和时间精力的限制，仅凭有限的资源和成本，调查地域难以覆盖西部所有地区及学校。虽然抽样调查数据能够反映西部地区基本公共教育服务发展现状和问题，但由于数据调查过程的抽样误差和调查成本的限制，抽样调查也难以完全保证数据质量。原因主要分为三个方面：首先，西部地区的地理环境增加了问卷调查的难度和成本。西部地区地质地貌复杂，多高原地形，域内山岭连绵、岭谷相间、崇山峻岭，交通和通信条件较差，人口居住较为分散，增加了本研究的调查难度和调查成本。其次，西部地区有较多少数民族聚居区，囿于语言文字的限制，翻译和沟通的困难为调查研究增加了难度。少数民族地区居民主要以本民族语言进行日常交际，因此本研究就需要聘请当地具备一定文化水平的翻译协助访谈，需要研究者组建一支能懂当地语言和风俗习惯的专业性调研队伍实施调查，并在问卷调查和面访中耐心沟通和协助翻译。同时要提前了解当地民族的风俗禁忌，减少拒访概率和不必要的误会。再次，西部边境地区是传统安全与非传统安全问题较多的地区。跨境走私、非法移民、毒品贩卖、艾滋病传播等社会治安问题较多，这就对调查过程的安全性提出了更高要求。最后，由于西部有较多少数民族聚居区，边疆稳定和民族团结问题较为敏感。不少基层干部及群众对一些访谈话题讳莫如深，如少数民族地区双语教育的质量问题、无国籍儿童入学问题、少数民族学生辍学退学等。这就造成数据缺失较多，反映西部民族教育的数据资料不够翔实、丰富，未来还有待补充调查，提高数据的代表性、可靠性、一致性。

第二章 核心概念界定与基础理论

第一节 核心概念界定

一、西部地区

我国西部地区为经济地理分区,包括重庆市、四川省、陕西省、云南省、贵州省、广西壮族自治区、甘肃省、青海省、宁夏回族自治区、西藏自治区、新疆维吾尔自治区、内蒙古自治区的乌兰察布、呼和浩特、包头、鄂尔多斯、锡林郭勒、阿拉善盟,涉及12省(自治区和直辖市)。截至2018年底,土地面积678.16万平方公里,约占全国总面积的71%;人口为3.795587亿,占全国总人口的27.2%。西部地区是我国少数民族集聚的地区,全国55个少数民族中西部地区有44个,占全国总人口7%左右。除四川盆地和关中平原以外,其余绝大部分西部地区是我国经济欠发达、需要加强开发的地区。

二、基本公共教育服务质量

"基本公共教育服务质量"由"基本公共教育"和"服务质量"两个词语构成。"基本公共教育"作为一个政策概念,其内涵和外延基本得到学界的普遍认可,主要指以义务教育为核心的基础教育。基本公共教育服务是各级政府为发展基础教育而提供的各项公共服务的总称。以下是相关概念的具体解析。

概念界定的方法纷繁芜杂,主要分为词典定义、规定定义、精确定义、理论定义、说服定义、外延式定义和内涵式定义等。[1] 本研究主要从基本公共教育服务质量上位概念出发,通过分析不同定义方式下基本公共服务质量的优势与局限,以廓清基本公共教育服务质量的概念内涵。

---

[1] COHEN M R, COHEN M R, NAGEL E. An introduction to logic [M]. Cambridge:Hackett Publishing,1993.

1. 基本公共服务质量

正如第一章第二节的综述，"公共服务质量"作为西方的"舶来品"，自诞生之日起就存在如何确切定义和可操作化的难题。完整、准确地测量公共服务质量，首先要合理界定其概念，以消除言辞之争。与产品等语境下"质量"的辞典定义（lexical definition）不同，"服务质量"的确无一个先在和独立的内涵。因此，试图从"产品质量"的定义去解释或消除"服务质量"的歧义是徒劳的。不同于规定定义（stipulative definition），"服务质量"的被定义项并不是新词语。Garvin（1983）最早对"服务质量"规定了内涵，即服务质量是指"产品或制造的零缺陷（Crosby，1979）[1]，也是指用户对产品的一种态度[2]"。这种规定定义造成"服务质量"的概念歧义。为避免此缺陷，美国学者Parasuraman 等重点从用户感知的角度界定"服务质量"，即"它不同于客观质量，它是一种用户的态度形式，与满足感相关，但并不等同满足感，是用户比较先前期望与感知绩效差距的结果"[3]。从概念差异上，Morris 等人（1985）认为，"服务质量"的语词之争体现了科学定义和人文定义的根本差别：前者涉及服务的客观属性或特征，后者涉及用户对服务的主观体验，具有相对性和不确定性[4]。在此之前，北欧学者 Grönroos（1984）尝试整合 Garvin 和 Crosby 的定义，以求全面了解和认识服务质量的产生机制与构成内涵。Grönroos 认为，"服务质量"是指用户对"如何获得服务"和"获得怎样的服务"的一种综合体验。前者即"功能质量"（Functional Quality），代表的是服务的交付方式；后者即"技术质量"（Technical Quality）[5]，反映了用户获得的服务结果。但是此概念的定义仍然不够充分和准确，未能完成理论定义的使命。[6] 其中一个很重要的因素是因为"服务质量"指谓的所有对象的共性特征都具有"无形性""异质性"和"（生产消费的）同一性"。因此"服务质量"

---

[1] CROSBY P B. Quality is free: The art of making quality certain [M]. New York: McGraw-hill, 1979.

[2] GARVIN D A. Quality on the Line [J]. Harvard Business Review, 1983, 61 (9): 65-73.

[3] PARASURAMAN A, ZEITHAML V A, BERRY L L. A Conceptual Model of Service Quality and Its Implications for Future Research [J]. Journal of Marketing, 1985, 49 (4): 41-50.

[4] MORRIS B, KIM P C. Quality and Value in the Consumption Experience: Phaldrus Rides Again [M]. Lexington, Massachusetts: Lexington Books, 1985: 31-57.

[5] GRÖNROOS C. A service quality model and its marketing implications [J]. European Journal of marketing, 1984, 18 (4): 36-44.

[6] KANG G D, JAMES J. Service quality dimensions: an examination of grönroos's service quality model [J]. Managing Service Quality: An International Journal, 2004, 14 (4): 266-277.

是一个难以琢磨的概念结构。[1]

在此困境下,"公共服务质量"概念尚未形成共识。研究者既不能盲目照搬私人部门服务质量的先验内涵,又不能从经验资料中概括出公共服务质量的实质内涵。既有研究界定公共服务质量概念的思路有三种:第一个是基于北美学派 PZB 的顾客感知服务质量界定"公共服务质量"。这种方法是典型的"同义定义"。如 Wisniewski (1996) 认为,公共服务质量"是指公众对政府提供的公共服务比较期望与感知的结果"[2]。国内学者陈文博沿此思路,将中国公共服务质量定义为"公众主观比较公共服务心理预期与实际体验差距的结果"[3]。同义定义的最大缺陷是无法给出一个全面充分而又清晰确切的定义。[4]第二个思路是北欧学派 Grönroos (2001) 等对技术质量和功能质量的定义。概括地讲,定义涉及两个关键问题:公众如何感知服务质量,服务质量以何种方式受到影响。如 Rhee (2009) 将公共服务质量界定为"公共服务交互过程满足公众不同需求的结果,主要分为过程质量、结果质量、设计质量和关系质量等维度"[5]。第三个思路是对前两种概念界定思路的整合,试图从公共服务质量的构成维度界定公共服务质量的操作性定义。换言之,公共服务质量被视为由两个及以上的附加属性级别定义的高阶因素构成。如 Rieper (1998) 从公共服务的过程、特质及其价值属性概括了公共服务质量的三个维度:"与服务提供输出相关的微观质量层次;与服务结果和政策目标评价相关的中观质量层次;与一国或社会公共价值追求相关的宏观质量层次。"[6]国内学者陈朝兵认为,基本公共服务质量是指"基本公共服务提供过程及结果中的固有特性满足相关规定与社会要求的程度"[7]。言而总之,上述基本公共服务质量概念的思路有三个特点:一是重视公众(或用户)对公共服务质量构成的看法与理解;

---

[1] GRÖNROOS C. The perceived service quality concept – a mistake? [J]. Managing Service Quality: An International Journal, 2001, 11 (3): 150-152.

[2] WISNIEWSKI M. Measuring service quality in the public sector: the potential for SERVQUAL [J]. Total Quality Management, 1996, 7 (4): 357-366.

[3] 陈文博. 公共服务质量评价与改进:研究综述 [J]. 中国行政管理, 2012 (3): 39-43.

[4] 杨雅婷. 论被定义的同义性——浅议奎因关于经验论第一个教条的批判 [J]. 群文天地月刊, 2010 (7): 137-138.

[5] RHEE S K, RHA J Y. Public service quality and customer satisfaction: exploring the attributes of service quality in the public sector [J]. Service Industries Journal, 2009, 29 (11): 1491-1512.

[6] RIEPER O, MAYNE J. Evaluationand Public Service Quality [J]. Scandinavian Journal of Social Welfare, 1998, 7 (2): 118-125.

[7] 陈朝兵. 基本公共服务质量:概念界定、构成要素与特质属性 [J]. 首都经济贸易大学学报, 2019 (3): 65-71.

二是重点从提供与需求的适配过程（包括投入、输送和输出）认识公共服务质量；三是从基本公共服务的共同特征及其固有属性去定义公共服务质量。Sager 将第三种定义方式概括为"分析定义"（Analytical Definitions）。① 已有文献的研究成果对本研究界定基本公共服务质量概念有几点启示：一是基本公共服务质量的感知必然是多层次和多维的；二是要从定性和定量的双重研究视角挖掘公众对公共服务质量提供过程（包括投入、过程和结果）的态度与认识，建构可感知的基本公共服务质量；三是要从本研究对象的共性特征或相关教育政策目标的角度规定基本公共教育服务质量的内涵；四是基本公共服务质量的概念及特质必须置于特定的语境、文化和时空环境下理解。

2. 基本公共教育服务

不同于其他基本公共服务，基本公共教育服务本质上是培养人的服务，因而又是一种增值性服务，即是指提高受教育者基本知识、技能，塑造其态度、情感和价值观的一项教育公共服务或公共产品。② 梳理既有研究，基本公共服务的定义大致划分为两种：理论性定义与外延性定义。前者出现在基本公共服务的文献论述中，后者散见于官方公布的各类政策法规中。外延式定义是指用被定义项的外延去描述定义项。例如，国家颁布的《"十三五"推进基本公共服务均等化规划》就通过枚举概念外延的方式指谓基本公共服务，即基本公共服务项是指包括免费义务教育、农村义务教育学生营养改善、寄宿生生活补助、普惠性学前教育资助、中等职业教育国家助学金、中等职业教育免除学杂费、普通高中国家助学金、免除普通高中建档立卡等家庭经济困难学生学杂费的基本公共服务。这种外延性定义虽然有效，但是存有严重局限。一方面不同内涵的此项可以具有恰好相同的外延，由此不能有效区分外延相同而内涵不同的概念；另一方面，一部分延展性较强的概念并不能穷尽所有外延，因而使用部分列举的方式不能有效区分具有不同外延的概念，更不能定义没有外延的概念。③ 实际上，国家采取外延式定义的目的是规定政府的基本公共教育服务职责，即划定基本公共教育服务政府供给的内容、范围和标准。因此外延式定义是典型的政策概念而非有效的学术概念，属于狭义的基本公共教育服务，优点是操作性强，概念要素清楚。囿于外延式定义的固有缺陷，学术研究中的基本

---

① SAGER J C, L'HOMME M C. A model for the definition of concepts: rules for analytical definitions in terminological databases [J]. Terminology. International Journal of Theoretical and Applied Issues in Specialized Communication, 1994, 1 (2): 351-373.
② 何鹏程, 宋懿琛. 教育公共服务的理论探讨 [J]. 教育发展研究, 2008 (9): 39-43.
③ 陈波. 逻辑学概论 [M]. 北京: 北京师范大学出版社, 2007.

公共教育服务概念基本采用理论定义。代表性观点，如基本公共教育服务是指"由政府提供的旨在保障学龄儿童或青少年平等接受基础教育权利的公共产品或服务"[①]。此概念可进一步拆解为三个内容：一是基本公共教育服务的提供主体与服务对象分别是政府与学龄儿童或少年；二是基本公共教育服务的目的是保障学龄儿童平等的受教育权；三是基本公共教育服务是一项公共产品或基本公共服务。此定义一方面有助于揭示基本公共教育服务的本质属性，也能扩展其指称对象的外延范围，同时明确了提供者与服务对象，因而是一种比较完整和充分的定义。借鉴理论定义的共识要素，本研究在此基础上略做拓展，即基本公共教育服务是指政府提供的旨在保障教学、促进教学、指导教学与监督评价教学活动的一项基本公共服务。由此观之，本研究的基本公共教育服务特指广义的概念。

3. 基本公共教育服务质量

基本公共教育服务质量，在教育行政和教育管理相关理论研究中具有较长的历史渊源。新公共管理运动最早对公共教育行政改革运动产生影响，成为教育政策评价运动的重要思潮和时代背景。[②] 受新公共服务、公共治理等理论的影响，基本公共教育服务质量产生了诸种定义。Cikins（1966）最早说明了公共教育服务质量的定义。他在 Public Administration Review 杂志发表的"*Public Education, Public Service, and the Negro*"一文中，给公共教育服务质量做了一个经典定义，即将公共教育服务质量视为"公共产品"的收益，并进一步指出："公共教育服务质量是指受教育者在接受教育公共产品之后产生的一种比较满意的主观状态。"[③] 自此之后，从公共服务角度探讨公共教育服务质量的概念的文献相继问世。在纷繁芜杂的诸多定义中，仅有少数文献及学者对公共教育服务质量定义有突破性贡献。因而，本研究仅对有突破性贡献的研究观点做介绍、比较和归纳。

总体上，已有研究主要从期望与感知差距、服务投入、服务过程、服务结果等四个视角界定公共教育服务质量的概念。第一，将服务质量定义为"期望与感知的差距"。这类文献主要借鉴 PZB 等提出的经典服务质量的定义，试图

---

① 何鹏程，宋懿琛. 教育公共服务的理论探讨 [J]. 教育发展研究，2008（9）：39—43.

② OTOOLE L J, MEIER K J. Parkinson's Law and the New Public Management? Contracting Determinants and Service—Quality Consequences in Public Education [J]. Public Administration Review，2010，64（3）：342—352.

③ CIKINS, WARREN. Public Education, Public Service, and the Negro [J]. Public Administration Review，1966，26（03）：183—191.

从受教育者角度界定基本公共教育服务质量。即基本公共教育服务质量是指受教育者比较公共教育服务预期与感知差距的一种主观态度。[1] 不难看出，此概念内涵是从用户感知的服务特性视角定义服务质量。这一界定方法在公共教育服务领域广泛应用，服务质量概念的可接受性较高。原因在于，此概念界定的方式将服务对象的需求置于定义的重要位置，突出了服务质量的可感知性、需求性和以人为本的特征。[2] 它有助于推动政府提供让社会满意的公共教育服务。但是，此思路下的概念界定尚有不足之处，原因在于非公共部门服务质量的通用属性和一般特征与公共服务质量有显著差别。[3] 第二，将服务质量界定为"实现最大产出的最佳投入规模"。投入型视角的概念界定的基本前提，实际上将公共教育服务视为由政府提供的一种稀缺资源。[4] 也即基本公共教育服务质量是指政府为实现教育收益最大化而提供的最佳财政投资水平。[5] 这种概念多出自教育经济学的研究文献，主要反映了政府提供基本公共教育服务的财政能力和财政效益。然而，此方式虽然突出了政府的财政责任和履行公共服务职能的义务，但并没有将服务对象的需求纳入概念之中。按此概念设计基本公共服务质量方案，容易导致基本公共服务供需失衡，公众获得感不高。[6] 这是因为基本公共服务服务质量不仅与投入规模有关，而且与公众的感知与体验有关。第三，将服务质量界定为"供需适配的过程"。这种思路是依据公共服务质量固有属性拓展和修正公共教育服务质量。代表性观点，如公共教育服务质量是指"基本公共教育服务供给有效满足受教育者各种需求的动态过程"[7]。这种思路明确将提供方与需求方的均衡分析纳入公共教育服务质量的形成过

---

[1] ARAMBEWELA R, HALL J. A comparative analysis of international education satisfaction using SERVQUAL [J]. Journal of Services Research, 2006 (6): 141–163.

[2] CRONIN J J, TAYLOR S A. Measuring Service Quality: A Reexamination and Extension [J]. Journal of Marketing, 1992, 56 (3): 55–68.

[3] MCFADYEN K, HARRISON J L, KELLY S J, et al. Measuring Service Quality in a Corporatised Public Sector Environment [J]. Journal of Nonprofit & Public Sector Marketing, 2001, 9 (3): 35–51.

[4] MOLLOV S, BABU Ka R. A Positive Analysis Current Financial System of Rural Compulsory Education in China [J]. Educational Research, 2004 (2): 53–62.

[5] SMITH K, PETERSEN J. Steering Capital: Optimizing Financial Support for Innovation in Public Education [J]. Perspectives in Public Health, 2011, 131 (1): 15–6.

[6] STALEY S R, BLAIR J P. Institutions, quality competition and public service provision: the case of public education [j]. constitutional political economy, 1995, 6 (1): 21–33.

[7] CHENG M. 'Transforming the learner' versus 'passing the exam': Understanding the gap between academic and student definitions of quality [J]. Quality in Higher Education, 2011, 17 (1): 3–17.

程。这一界定方式对基本公共教育服务质量改进具有较强的理论与实践价值。原因在于，其一，它整合了前两种概念界定的优点，将提供者的供给性质与需求者的期望属性有效衔接起来。从供给和需求两侧考察了行为、态度、关系对公共教育服务质量的相互影响。其二，该方式突出了公共服务作用过程对服务结果的关键影响。不同于其他基本公共服务类型，基本公共教育服务的本质是一项培养人的增值性服务（增长学生的知识、技能，塑造其态度、情感与价值观等）。① 政府如何让外在教育资源的组织形式吻合内在的教育规律和学生特点，进而实现学生能力增值与满足教育需求，是决定基本公共教育服务质量高低的关键环节。但是此概念内涵也较有争议，原因在于"适配程度"的标准和性质难以确切描述和制定。② 有学者建议，调查公众对基本公共服务质量内涵的看法、态度和价值观是概念操作化的方向。③ 第四，将服务质量界定为"服务产出的最优结果"。此思路在教育政策评价或教育管理绩效相关的文献中广泛使用，即基本公共教育服务质量等同于最优的教育产出或结果质量。④ 实际上，产出导向或结果本位的基本公共教育服务质量是一种静态概念，是终结性评价，没有体现出形成性评价的作用与影响。

如上四类基本公共教育服务质量的定义，大致概括了既有文献对基本公共教育服务质量概念界定的主流观点，反映了基本公共教育服务质量的不同立场、原则和观点。这为本研究提供了较为准确的坐标，为进一步廓清基本公共教育服务质量的内涵奠定了文献共识：重视公共教育服务固有属性；重视公共教育的投入、过程和结果；重视公共教育供需适配的关系与耦合过程。比较借鉴上述共识，结合公共教育政策目标的规定，本探究认为，西部地区的基本公共教育服务质量应被定义为"西部各级政府提供的基本公共教育的投入、过程和结果的相关规定和固有属性满足各族群众对优质均衡的教育需要和提升各民族基本文化素质需求的有效程度"。

---

① BAIRD A, HAYNES J, MASSEY F, et al. Education: public service output, input and productivity [J]. Economic & Labour Market Review, 2011, 5（2）: 64-87.

② BROWN T. Coercion versus Choice: Citizen Evaluations of Public Service Quality across Methods of Consumption [J]. Public Administration Review, 2010, 67（3）: 559-572.

③ WANG J, WEI W. Public Satisfaction Survey and Its Analysis on Chinese Cities Public Education Service—An Empirical Study Based on 2010 Lien Chinese Cities Public Service Quality Evaluation Survey Data [M], Challenges and Prospects. 2015.

④ CHAKRABORTY K, BISWAS B, LEWIS W. Economies of scale in public education: an econometric analysis [J]. Contemporary Economic Policy, 2010, 18（2）: 238-247.

三、评价指标体系

指标比较直观的内涵是对某一事物性质的数量标记或者对某一特征的量化反映。这说明评价指标主要反映一个事物属性的数量特征，有助于揭示隐藏在事物背后的深层规律或社会现象。评价指标通常用于评价经济社会或某一地区、行业的发展情况，并对其监测检查，实现评价的诊、咨、督、促、导[①]。换言之，评价指标体系能够为主体优化决策提供科学的依据，指导方案或项目的持续改进[②]。评价指标选择要依据研究对象的属性和特征，按照指标间的逻辑关系进行设计。本书研究中的西部地区的基本公共教育服务质量评价指标体系是指由若干维度及其组成层次的指标所构成的测量指标集，是综合评价研究对象的一个有机整体。本书研究的基本公共教育服务质量评价指标体系主要由一级维度、二级维度、基本指标及其具体观测指标构成。

第二节 基础理论

一、公共服务理论

（一）公共服务的理论主旨

公共服务理论发展大致经历了三个主要阶段：公法与社会政策研究阶段、公共经济学研究阶段和新公共管理研究阶段。[③] 19世纪后半叶，受社会危机与工人运动的影响，西方主要工业国家开始保护工人合法权益和改善其境遇。德国社会政策学派的代表瓦格纳主张政府将财政支出运用于社会福利领域，构建社会保障网络。他分析了公共财政的再分配功能，并初步界定了"公共服务"概念，即公共服务是工薪阶层的一切社会福利与社会保险。他指出"国家财政支出不仅包括工人工资与薪俸，还包括公共服务，如强制劳动保险等"[④]。20世纪初，法国公法领域的学者主张制定行政法保护个人合法权利，将国家职能

[①] 车文博. 心理咨询大百科全书 [M]. 杭州：浙江科学技术出版社

[②] 王毓琳. 汉英政治经济词汇新编 [M]. 北京：中央编译出版社，

[③] HOOD C. Contemporary public management: a new global paradigm? [J]. Public policy and administration, 1995, 10 (2): 104−117.

[④] BUCHANAN J M, TULLOCK G. The Expanding Public Sector: Wagner Squared [J]. Public Choice, 1977, 31 (1): 147−150.

转移到教育、医疗、就业等公共服务领域。1912年，公法学家莱昂·狄骥将"公共服务"定义为"任何由政府加以规范和控制的活动，旨在促进社会整体福利的政策就是一项公共服务"[①]。1942年，英国经济学家威廉·贝弗里奇发表了《贝弗里奇报告：社会保险和相关服务》提出将维持国民基本生存所需的物质资料（如食品、衣服、燃料）、养老、工伤、子女补贴纳入国家社会保险体系[②]，这是西方福利国家形成的标志。第二次世界大战后，西方国家建立了相对完整的公共服务体系，经济学界也展开了研究公共经济学、福利经济学的热潮。萨缪尔森明确将公共服务界定为具有非排他性和非竞争性的公共产品。[③] 20世纪六七十年代，随着新公共管理运动的兴起，以企业型政府为代表的服务型政府改革，明确将公共服务作为政府的核心职能。在我国，公共服务理论在扬弃西方公共服务经典理论的基础上，随服务型政府改革实践而发展演变。中共十六届三中全会首次将"公共服务"作为政府职能之一。李靖认为，"服务型政府理念脱胎于新公共管理理论，但又符合市场改革与社会转型的中国特点，是彰显为人民服务执政理念的政府模式"[④]。

总结国内外既有文献，中国语境的公共服务理论主旨分以下方面：①公共服务是关于政府职能与范围的法律限定，即是政府追求行政理性与通过积极作为自证合法性的过程。[⑤] 此内涵凸显了政府责任与作用。②公共服务是关于保护公民权利与自我实现的社会福利活动。公共服务旨在维护人权，强化社会的机会平等及其自我实现可能性的保护。国民享有社会救济、义务教育、基本医疗的权利[⑥]。此内涵奠定了公共服务维护社会公平正义的价值基础。③公共服务是联系公民与国家意志的一项公共关系。即是说公民通过牺牲一定自由和纳税，来推动国家建立公共服务体系，构筑防范社会风险的安全网。此观点从公民与国家的关系角度解释了公共服务存在的合法依据。④公共服务实行提供者与生产者分离的供给机制。即公共服务是政府提供、市场或社会等多元主体参

---

① [法]莱昂·狄骥. 公法的变迁——法律与国家 [M]. 沈阳：辽阳出版社，1999：53-446.

② JAFFARY S K. Social Security: The Beveridge and Marsh Reports [J]. Canadian Journal of Economics and Political Science/Revue canadienne de economiques et science politique，1943，9（4）：571-592.

③ KAUL I, MENDOZA R U. Advancing the concept of public goods [J]. Providing global public goods: Managing globalization，2003，78：95-98.

④ 李靖. 在中国建设服务型政府的理论基础 [J]. 政治学研究，2005（4）：69-74.

⑤ MUNSON C L R. Pennsylvania Public Service Law [J]. Yale LJ，1993（23）：214.

⑥ 陈新民. "服务行政"及"生存照顾"概念的原始面貌 [M]. 北京：中国政法大学出版社，2001：46-73.

与供给的产品或服务。参与民主是公共服务供给的外在诉求。⑤公共服务是满足公众需求的一项社会公益事业。即社会或国家共同需要是公共服务产生的内在动力，外在形态为服务对象的公共需要与主观判断。⑥公共服务的运行机制包括公共服务规划、决策、融资、监督管理、评价问责等环节。⑦公共服务具有多重属性与不同维度。学者张锐昕、Pollitt、陈朝兵等归纳了公共服务的充足性、公平性、均等性、标准性、规范性、合规性、多元性、责任性等赋予属性。①

（二）公共服务理论在西部地区基本公共教育服务质量评价的适用性

随着国内行政改革的深化，西方公共服务理论和实践模式引起学界和实务部门的高度关注，对中国的公共治理产生重要影响。然而，国外早期公共服务从理论到实践经受着不同意见甚至是强烈批评。总体上分为负面评价和正面肯定。

一部分学者和政府官员认为，借鉴西方国家的公共服务理论与方法并不能有效指导中国情境的公共服务改革。这是因为中国和西方国家的公共服务依赖的社会背景、生成环境和政策目标有较大不同，也决定了中西方公共服务的观念、制度、模式、方法和实践进路有本质区别。②从中西方国家的基础制度和实践逻辑看，中国行政管理体制和政府职能改革尚在进行，央—地关系的协调和博弈较为复杂，政府行政管理的法治化和科学化水平有待提升，政府改革的社会成本较大，中国情境下的公共服务质量评价内容、标准、模式和方法与西方国家有较大差别。另外，西方早期公共服务的失灵还源于其新公共管理理论的缺陷。首先是新公共管理理论追求效率至上的价值理念与基本公共服务核心价值之间的内在矛盾。其次是新公共服务理论未能解决政府管理失灵的问题。例如，强调民营化、顾客导向、绩效考核等理念的西方公共服务运行模式，虽然有助于降低行政成本，但容易导致碎片化的制度结构和严重的部门主义。最后是公共服务评价的构成要素基本延续西方公共行政的知识话语。并不完全适

---

① 关于公共服务质量特质属性的归纳可参阅以下文献：张锐昕，董丽. 公共服务质量：特质属性和评估策略 [J]. 北京行政学院学报，2014（6）：8-14；POLLITT C. Public service quality—between everything and nothing? [J]. International Review of Administrative Sciences, 2009, 75（3）：379-382；陈朝兵. 基本公共服务质量：概念界定、构成要素与特质属性 [J]. 首都经济贸易大学学报，2019，21（03）：66-72；谢星全. 基本公共服务质量：多维建构与分层评价 [J]. 上海行政学院学报，2018（4）：14-26 等相关文献。

② 尹栾玉. 基本公共服务：理论、现状与对策分析 [J]. 政治学研究，2016（5）：83-96。

应中国公共服务的政治文化和组织环境。西方公共服务理论与中国公共管理实践之间存在鸿沟。

但是大部分学者认为，公共服务理论的经典学说、实践方案及其评价工具可以结合中国具体的行政情境灵活采用。党的十九大报告指出，完善公共服务体系，不断满足人民日益增长的美好生活需要，保障群众基本生活。虽然我国基本公共服务建设取得不少成就，但是基本公共服务体系的不平衡不充分发展格局仍未改变，亟待通过基本公共服务体系建设，积极解决好公平不足、制度分割、权责不清、质量缺失等问题。郑功成教授认为，西方公共服务理论如果结合中国具体国情，合理设计相关体制，探索科学高效的运行机制，有助于深化中国行政改革，提升基本公共服务质量。[①] 对于新阶段中国公共行政变革特点，曹爱军（2019）指出，我国正从生存型社会向发展型社会转型，关乎社会民生的公共需求快速释放，但社会公共服务建设相对滞后，基本公共服务提供不足、分配不均、产出不高等问题演变为潜在社会矛盾的"助推剂"[②]。本书认为，公共服务理论并不是一种管理方式或制度调整的理念革新，而是涉及政府责任、供给方式、资源配置、政策制定、利益分担等治理模型的转型。传统中国公共服务理论研究滞后和行政改革的巨大压力，迫切需要借鉴国外公共服务供给的成熟经验，以满足社会需要与保护公民权利为依托，对中国公共服务元理论层面投入"营养"，对不同地区、行业或类型的公共服务内在机理、正当性与合理性做出论证，合理引导理性预期，规划公共服务改革路线，逐渐消除公共服务供需结构、空间结构和类别结构的差异。围绕上述基本公共服务质量的问题与生成逻辑，西部地区的基本公共教育服务发展具有相似规律，表现为供给不足、发展失衡、条件不达标、管理不规范、教学不合规、参与民主不够、包容性较差、问责机制缺失和包容发展较弱等问题。相关部门针对上述发展困境与问题，结合公共服务理论分析与研判西部地区义务教育的发展规律，构建基本公共教育服务质量评价指标体系，为指导西部地区基本公共教育服务中长期改革提供相关启示。

[①] 郑功成. 全面理解党的十九大报告与中国特色社会保障体系建设 [J]. 国家行政学院学报，2019（2）：6—11.

[②] 曹爱军. 当代中国公共服务的话语逻辑与概念阐释 [J]. 吉首大学学报（社会科学版），2019，40（02）：61—68.

(三) 公共服务理论对西部地区基本公共教育服务质量评价的指导

将公共服务理论的价值、治理过程和评价方法应用于公共服务质量评价领域，推导出西部地区基本公共教育服务质量评价应遵循的一般原则。归纳国内外相关研究，其指导向度有三点。

第一，公共服务质量概念的多重属性提示研究者要从政策相关规定的维度设计基本公共教育服务质量的评价指标。公共政策学家 Lake（2001）指出，多元性、充足性、均等性、公平性是民主国家公共服务质量的赋予属性，通过降低垄断租金，民主国家的医疗卫生、教育公共服务质量水平要高于专制国家。[①] 学者 O. Rieper 和 J. Mayne（1998）提出分析公共服务质量维度的三个层次：服务交付与享用结果的微观质量；公共政策配置与利用服务资源的中观质量；促进公共产品实现公平正义价值的宏观质量。[②] 学者 Rhee 和 Rha（2009）从供需交互视角将公共服务质量维度分类为设计质量、关系质量、过程质量和结果质量。[③] 学者 Brown（2007）则将"公共压力"与"民主选择"作为公共服务质量感知的构成维度。[④] 具体到中国语境，学者张锐昕认为，我国现阶段公共服务质量不仅具有异质性、交互性、依附性等内在属性，也具有参与性、规范性、标准性、目标相容性等赋予属性，因而公共服务质量构成维度不仅体现公共服务质量的含义、要素，还需包括服务质量的相关政策规定。公共服务质量评价应该覆盖提供、过程、结果、效益与需求满足等供给环节，也应涵盖公共服务规范标准、目标责任和价值载荷等。[⑤] 陈朝兵（2019）认为，中国话语下的公共服务质量可定义为"公共服务提供过程与结果中的固有特性满足公众需求与相关规定要求的程度，因而公共服务质量的特性表现为合

[①] LAKE D A, BAUM M A. The invisible hand of democracy: political control and the provision of public services [J]. Comparative political studies, 2001, 34 (6): 587−621.

[②] RIEPER O, MAYNE J. Evaluation and Public Service Quality [J]. Scandinavian Journal of Social Welfare, 1998, 7 (2): 118−125.

[③] RHEE S K, RHA J Y. Public service quality and customer satisfaction: exploring the attributes of service quality in the public sector [J]. The service Industries journal, 2009, 29 (11): 1491−1512.

[④] BROWN T. Coercion Versus Choice: Citizen Evaluations of Public service Quality Across Wright, A Methods of Consumption [J]. Public Adminstration Review, 2007, 67 (3): 559−572.

[⑤] 张锐昕，董丽. 公共服务质量：特质属性和评估策略 [J]. 北京行政学院学报，2014 (6): 8−14.

需性、合规性、主观性、相对性和发展性"[1]。在这里，公共服务的"发展性"可进一步理解为公共服务的"包容性"。[2] 综上而言，西部地区的基本公共教育服务质量蕴含公共服务质量的一般特征，这是公共服务质量维度的组成内容与内涵属性。

第二，公共服务质量评价方法的多元性提示研究者须选择最适合而不是最复杂的评价工具测量基本公共教育服务质量。服务质量不同于产品质量的最大特点是前者操作化更为困难，原因之一是服务质量具有异质性、无形性、同一性、相对性和主观性等内在属性。目前，公共服务质量评价领域应用最广的评价工具是PZB开发的服务质量感知模型（SERVQUAL MODEL）。该评价工具的最大特色是从服务交互过程的视角建构评价维度，设计评价指标[3]。该模型在公共服务领域的应用也招致不少批评，如Orwig（1997）等指出，"私人部门语境下的SERVQUAL模型评价公共服务质量的合法性、有效性较低，原因是该模型指标与公共部门服务的文化、价值、行政、政策、需求等匹配度不高"[4]。因此，如何选择最适合中国公共服务语境与政策过程规定的质量评价指标与测量工具还是一大挑战。国内外学者在此领域做出有益探索，有不少可资借鉴的研究成果。具体到教育公共服务领域，比较有代表性的评价模型与分析框架有学者Teeroovengadum等构建的"教育服务质量的五维度模型"、朱塔•奈克的"织物结构教育服务质量分析模型"、联合国教科文组织提出的"投入—过程—结果"教育服务质量评价模型以及Tikly等人提出的"良好教育服务质量交互模型"等。此外，管理科学决策评价方法为完善公共服务质量评价提供了研究工具，如多目标属性决策评价领域的层次分析法（AHP）、熵权法（Entropy Evaluation Method）、关键指标法（KPI）、平衡记分卡（BSC）、全面质量管理（TQM）、标杆管理（Benchmar King）、360度反馈评价法（360-Degree Feedback Appraisal）、德尔菲法（Delphi method）、行为量表法（BARS）等。这些评价工具有不同的评价对象与范围，有规范的使用条件和评价功能，既有量化评价的工具，也有定性评价的模型。这就为研究者挑选合适的评价工具与选择准确的评价指标提供了建构思路与设计框架。这是

---

[1] 陈朝兵. 基本公共服务质量：概念界定、构成要素与特质属性[J]. 首都经济贸易大学学报，2019，21（03）：66-72.

[2] 张军扩，等. 高质量发展的目标要求和战略路径[J]，管理世界，2019（7）：1-7.

[3] PARASURAMAN A, ZEITHAML V A, BERRY L L. A conceptual model of service quality and its implications for future research [J]. Journal of marketing, 1985, 49 (4): 41-50.

[4] ORWIG R A, PEARSON J, COCHRAN D. An empirical investigation into the validity of SERVQUAL in the public sector [J]. Public Administration Quarterly, 1997: 54-68.

合理评价西部地区基本公共教育服务质量的方法论依据。

第三，公共服务理论关于供给过程的系统分析提示研究者要从"投入—过程—结果"的作用环节设计基本公共教育服务质量评价指标。学者Isaac Mwita指出，"把公共服务质量视为一个动态的过程而不是静态的结果去评价，有助于研究者更好地分析与解释公共服务质量"[1]。这种整体性与系统论的公共服务质量评价观逐渐成为学界的基本共识。[2] 公共部门服务质量的供给过程大致分为投入、过程与产出三个关键环节。[3] 具体到公共教育服务领域，投入性评价、过程性评价与结果性评价和结构性评价是当前广泛采用的评价思路。[4] 西部地区的基本公共教育服务质量评价指标体系的设计也可遵循相似的研究思路。投入性评价，突出的是西部地区的义务教育资源配置的维度，研究焦点集中于"有多少资源可以使用"。借鉴国内外研究成果，本研究将管理规范凝练为提供充足、条件达标、配置均衡和入学公平四个子维度。[5] 过程性评价指向的是资源利用的维度，研究焦点集中于"如何有效使用已投入的资源"。总结国内外相关研究，研究者进一步将服务交付与服务使用概括为管理的规范性、参与的民主性和教学的合规性等子维度。[6] 结果性评价，突出的是西部地区的义务教育资源的产出和转化，集中于"投入的资源被利用的效益如何？"，国内外相关研究进一步将结果环节的评价归纳为目标相容性、问责有效性和发展的包容性等维度。[7] 上述文献成果是本研究构建西部地区基本公共教育服务质量评价模型的理论依据。

---

[1] ISAAC MWITA J. Performance management model: A systems-based approach to public service quality [J]. International Journal of Public Sector Management, 2000, 13 (1): 19-37.

[2] 张锐昕,董丽. 公共服务质量：特质属性和评估策略[J]. 北京行政学院学报, 2014 (6): 8-14.

[3] RAMSEOOK-MUNHURRUN P, LUKEA-BHIWAJEE S D, NAIDOO P. Service quality in the public service [J]. International journal of management and marketing research, 2010, 3 (1): 37-50.

[4] Organisation for Economic Co-operation and Development (OECD). Education at a glance 2010: OECD indicators [M]. Paris: OECD, 2010; Cheong Cheng Y, Ming Tam W. Multi-models of quality in education [J]. Quality assurance in Education, 1997, 5 (1): 22-31.

[5] PSACHAROPOULOS G. Returns to investment in education: A global update [J]. World development, 1994, 22 (9): 1325-1343.

[6] BUSHNELL D S. Input, process, output: A model for evaluating training [J]. Training & Development Journal, 1990, 44 (3): 41-44.

[7] SPADY W G. Outcome-Based Education: Critical Issues and Answers [M]. Arlington: American Association of School Administrators, 1994; HARDEN R M. AMEE Guide No.14: Outcome-based education: Part 1-An introduction to outcome-based education [J]. Medical teacher, 1999, 21 (1): 7-14.

二、全面质量管理理论

(一) 全面质量管理的理论主旨

全面质量管理（TQM）由美国通用电气公司质量总经理菲根堡姆（A. V. Feigenbaum）在《全面质量管理》一书中首次提出。全面质量管理（TQM）起源于美国，推广于日本等国家，并在管理实践中取得丰硕成果。全面质量管理是以质量为中心，以组织全员参与为基础进行研发、设计、生产和服务，达到让顾客满意和社会受益的一种管理体系。其含义远远超过一般意义的质量管理[①]。全面质量管理的构成要素包括顾客导向、全员参与、高层管理者推动、供应商联系、全程控制、精确度量和持续改进等。全面质量管理具有以下特点：①全面追求质量，满足顾客需求；②强调全民参与，共同受益；③不断改进提升，强调长期成功；④注重过程管理，预防为主。全面质量管理下的管理内容一般可由 PDCA 循环概括，即计划、实施、检查和处理。PDCA 要求按照预先制定的程序，不断修正质量目标和不断完善质量管理环节，从而提高工作质量。PDCA 循环具有三个质量控制的优势：①循环解决问题；②阶梯式上升；③大环套小环。

随着全面质量管理的广泛应用，逐渐拓展到公共服务领域并取得良好的效果。这是因为在 20 世纪 70 年代末，随着新公共管理改革运动的兴起，西方发达国家公共部门发展目标已由单一的经济、效率、效益和效能的考核转向追求服务质量和公众满意。其主要特点有四个方面：①公共部门服务评价的价值取向从经济效率向优质公平转变；②公共服务质量的指标在公共服务绩效评价领域大幅增加；③公共服务领域出现质量改革运动的热潮；④质量概念成为公共服务价值标准的核心。在这种状况下，全面质量管理就成为西方发达国家公共部门提高服务质量的有效途径之一。其典型代表有英国宪章运动、竞争质量运动以及美国的国家绩效评价运动等。

全面质量管理之所以能应用于基本公共服务评价领域，在于其系统性强、追求顾客导向、重视结果的反馈提升。而且全面质量管理主要以公共部门的人和事为中心，强调公共服务标准、规范、流程和指标的动态调整，追求公共服务整体目标和宏观战略的实现，这种战略和目标并不一定以绩效和经济利益为中心。因此，相比于其他工商管理方法与技术，全面质量管理在公共服务质量

---

① [美] 菲根堡姆. 全面质量管理 [M]. 杨文士, 等译. 北京：机械工业出版社, 1991.

评价领域应用较广，适用性较强。总之，全面质量管理具有自己的评价取向和实践模式。主要表现在三个方面：一是重视公众评价。公众如何评价服务，即如何参与公共服务生产、分配和享用过程，将对其结果质量产生重要影响。因而推动公众参与公共服务质量评价是全面质量管理的一大特点。二是重视目标质量。明确质量维度是操作质量概念的基础，它为理论导向的基本公共教育服务质量提供了评价基准。三是重视过程质量。如何将公共服务的资源投入转化为高效的资源输出，决定着质量的最终结果。因此，从投入、过程和结果的视角解析公共服务质量生成机制，分析其服务的管理过程和支持过程，对系统测量和评价公共服务质量具有重要价值。

（二）全面质量管理在西部地区的基本公共教育服务领域的适用性

虽然全面质量管理提供了评价公共服务质量的途径，但也面临诸多质疑：一是全面质量管理提出的理念并未超越绩效管理。严格地说，全面质量管理源自现代管理科学的基本理论，其内涵外延、特质属性、构成要素、分析框架是对旧有管理学理论的传承，缺少对基本公共教育服务质量基础理论的探索。二是预设的质量评价场景欠缺可供操作化的技术工具。由于基本公共教育服务质量的复杂内涵，其关键质量特征不易体现，部分质量标准难以制定，质量调整的灵活性不够，质量共识和质量价值分歧较大，造成质量概念的操作化与科学测量的困难。即使基本公共教育服务质量具备产品质量的一般特征和服务质量的共性要素，依然会出现基本公共教育服务宏观理论与微观实践之间的脱节，宏大的质量理论叙事缺乏可操作化技术方案。在部分质量评价工作中不得不依赖其他工商管理的技术方法和操作工具。

本研究认为，即使基本公共教育服务质量评价存在概念操作化的困难，但并不妨碍全面质量管理理论与方法指导质量评价的合理性和科学性。正如陈振明教授概括的那样："当前的理论研究与实践探索表明，改进公共服务质量是当下政府公共治理与行政改革的一个重要内容，公共服务质量改进研究正成为中国公共管理研究的一个新方向。"[①] 实际上，公共服务质量评价的难点是用户的心理感知与意义成像。来自脑科学、神经科学的证据表明，成功改善公共服务质量的关键在于研究公共服务主体与客体之间的行为互动及其心理规律。

---

① 陈振明，耿旭. 中国公共服务质量改进的理论与实践进展［J］. 厦门大学学报（哲学社会科学版），2016（1）：58－68.

从认知心理学的角度看，公民对公共服务质量的满意度是公共服务主观质量的核心内涵，直接反映了公共服务质量供给与公民需求之间匹配的有效程度。而公民满意度测评和需求调查正是全面质量管理评价服务质量的主流范式。在基本公共教育服务质量的操作化方面，可以通过规范分析，确定价值质量的关键要素与主要维度，采用定性分析及混合研究方法弥补传统定量评价工具的不足。全面质量管理理论与方法虽然用量化工具评价质量，但其系统化的质量要素、追求公众满意的目标和持续改进的动力，促使研究者探索多元化的质量测度方法，尝试从定性评价或混合研究的新路径评价基本公共教育服务质量。新的质量评价理念及工具将推动全面质量管理在中国公共服务领域的深入应用。

（三）全面质量管理对西部地区的基本公共教育服务质量评价的指导

公共部门理解和运用全面质量管理的观点、原则、思想和价值体系，归纳出指导西部地区基本公共教育服务质量评价的指导原则。具体指导建议有三点。

第一，全面质量管理追求"顾客导向"的观点提示研究者要将基本需求的满足作为基本公共教育服务质量评价的重要目标。公众是公共服务的"所有者"或"主人"，公民应该是公共服务变革的推动者、参与者，而不仅是被动接受者。维护和实现公民权应该是公共服务质量的重要目标。让公共服务如何满足公众需求既是公共部门改革的外在要求，也是全面质量管理在公共服务评价领域的内在规定。在西部地区，居民对基本公共教育服务的基础性、充足性、公益性、均等性、可及性的公共需要是影响当地基本公共教育服务主观质量高低的重要因素。因此，如何全面调查和准确研判西部地区的基本公共教育服务需求的规律及具体内涵，建立以公众需求为导向的评价体系是推进基本公共教育服务高质量发展的有效途径。

第二，全面质量管理重塑"过程质量"的观点提示研究者要将过程质量作为评价基本公共教育服务质量的重要维度。ISO国际标准化组织将服务的过程质量定义为"一组将资源投入转化为输出的相互关联或相互作用的服务过程"[①]。过程质量始于投入，终于结果，成为调节公共服务质量的中间环节。基本公共教育服务过程质量的构成要素包括教育经费、办学条件、师资队伍和

---

① 田武. 实施2000版的ISO 9001标准 提高服务业质量管理水平［J］. 中国标准化，2001（6）：41—41.

学校管理水平，等等。从质量过程看，投入、分配和参与民主的供给特征，如充足性、均衡性、可及性、普惠性等是基本公共教育服务过程质量评价的主要维度。因此，过程质量既是基本公共教育服务质量的工序，也是基本公共教育服务质量的核心。识别西部地区基本公共教育服务的供给链条与主体需求则成为科学测定基本公共教育服务质量的前提。

第三，全面质量管理关于"质量标准化"的观点提示研究者要遵循严格的评价原则及标准推进基本公共教育服务质量评价规范化。标准化是衡量公共服务质量的尺度，也是建立规范化质量评价体系的基本依据。需要特别说明的是，符合标准的服务只是合格的服务，而不是公众满意的服务。追求底线合格和基础达标是基本公共教育服务质量的重要内容。因此，西部地区基本公共教育服务质量的评价标准首先是合格标准，其次是满意标准。合格标准包括基本公共教育服务的投入标准、分配标准和价值标准。满意标准则是基本公共教育服务的目标标准，在质量的不同层次上又分为基本公共教育服务的社会收益率和个人收益率。前者可用外部收益评价，后者可用内部收益评价。这是因为前者的标准属性是公共性和整体性，后者的标准属性是个体性和异质性。

三、教育公平理论

（一）教育公平理论的理论主旨

英国当代教育哲学家奥康纳在《教育哲学导论》对"教育公平"理论进行了规范性阐述。[1] 他认为："'教育公平'不是完全意义的科学理论，而是具有独立概念、研究命题并按照一定的逻辑关系构成的一种规范性哲学理论。"[2] 研究教育公平理论的流派众多，不同的哲学思想、立场、分析逻辑、知识话语对其理论内涵的解释各不相同。因而本研究不可能对所有教育公平进行理论考察，而是选择当代最具有代表性的理论观点做内涵阐述。最早提出教育公平理论的观点要追溯到古希腊时期柏拉图的治国思想。柏拉图在《理想国》中将"教育公平"的思想表述为国家为不同社会等级分配合理的教育资源。[3] 这是古典教育公平理论的思想来源之一，而当代教育公平是一个多维度、多层次的

---

[1] 郭彩琴. 西方教育公平理论的哲学考察 [M]. 徐州：中国矿业大学出版社，2004：2-9.
[2] [英] 丹尼尔·约翰·奥康纳. 教育哲学导论 [M]. 宇文利，译. 北京：中国人民大学出版社，2015：21.
[3] 冯文全，李晓丹. 柏拉图《理想国》中教育思想的现实价值 [J]. 教育探索，2016（5）：6-8.

概念。[1]

总结国内外关于教育公平的理论内涵，主要有以下观点[2]：一是机会平等观。美国教育哲学家科尔曼在《教育机会均等的观念》中指出，国家和社会应该为每位社会成员自由发展提供平等的机会、资源和制度。[3] 这是西方国家提供公益性、强制性和基础性公共教育服务的政策依据之一。二是过程均等观。瑞典教育家胡森进一步将"机会"与"政策实践"相区分。他认为，教育公平应该是国家或政府在提出和实施教育政策时，确保受教育者入学、就学和毕业等教育过程的机会平等。这是划分教育起点公平（入学机会公平）、过程公平（教育条件公平）和结果公平（学业成功机会均等）的理论依据之一。[4] 三是社会整合观。美国社会学家帕森斯认为，教育公平是社会公平的基石，社会公平的基础是社会整合。社会整合是社会系统的重要功能之一，学校、家庭是推动社会系统整合的原子组织之一。国家通过提供均质化的普适性教育体系，将每位学生培养成能够被社会整合的"合格"成员。[5] 这是教育功能国家化、政治化的代表性观点之一。四是社会正义观。在伦理学中，公平常被解释为公正或正义。美国政治哲学家罗尔斯在《正义论》中，用平等自由的原则、差别原则和机会平等原则分析了教育不公平问题，提出了基于弱势补偿、消除差异和创造平等机会的教育正义观。[6] 这是国家建立家庭困难学生补助、关心弱势群体和特殊教育的重要理论依据。五是尊重关怀观。美国伦理学家诺丁斯，基于社会教育不平等的批评性反思，提出了培养平等关系中的个体、尊重个体独特性为主旨的教育公平理论。[7] 正视个体差异，关心、理解与平等对待每位学生，保护其尊严与差异，才能将"符合能力的教育"与"符合需要的教育"有机结合起来。[8] 这是国家或政府消除教育领域基本关系不平等政策的重要依据。

---

[1] 易红郡. 西方教育公平理论的多元化分析 [J]. 湖南师范大学教育科学学报，2010，09 (4)：5-9.

[2] 张人杰. 国外教育社会学基本文选 [M]. 上海：华东师范大学出版社，2009：25-296.

[3] 杨文杰. 教育机会均等研究的问题、因素与方法：《教育机会均等的观念》报告以来相关研究的分析 [J]. 教育学报，2019，15 (02)：117-130.

[4] 诸燕，赵晶，等. 胡森教育平等思想述评 [J]. 江苏师范大学学报（哲学社会科学版），2007，33 (4)：114-118.

[5] 熊春文. 论教育公平与社会公平——基于帕森斯理论视角的一个反思 [J]. 中国教育学刊，2007 (7)：5-10.

[6] 柏豪. 中国教育公平之维：罗尔斯正义论的视角 [J]. 山东社会科学，2018，274 (6)：152-157.

[7] 王一华. 诺丁斯平等教育观的前提与主旨 [J]. 内蒙古师范大学学报（教育科学版），2009，22 (1)：21-24.

[8] 翁文艳. 教育公平与学校选择制度 [M]. 北京：北京师范大学出版，2003：51-70.

(二) 教育公平理论在基本公共教育服务质量评价领域的适用性分析

虽然教育公平理论为实现基本公共服务质量目标指明了方向，但是在理论和实践中仍饱受质疑：一是教育公平理论的固有局限。概括地讲，主要有智商学说的局限性、教育目的假说的局限性。首先，智商学说要求公平的教育制度应该提供与受教育人智商水平相适应的教育资源，这是自由主义社会实现"各尽其才、各尽其能"的根本保障。[1] 伯特兰·罗素批评道："智力差异并不是制约教育公平的根本原因，非智力性的社会因素才是制造教育不平等的'顽固'障碍。"[2] 新保守主义学派认为教育最终目的是实现社会公平而不是人的自由。这实际上误解了教育本质上是培养人的活动，教育的最终目的是应该促进人的发展与解放。二是教育公平的制度和安排在复杂的社会现实中难以实现。尽管国家或社会为弱者提供补偿性或优惠性政策、资源和制度安排，但平等受教育权利未必能有效实现，原因在于教育活动是一项复杂的心智活动，教育结果的平等须依赖于受教育者的内在条件，如禀赋、兴趣、意愿、潜能、意志力等个体差异。三是公共教育资源多层次配置制造了新的教育不平等。新自由主义重视个人对教育的选择权，提倡按需配置公共教育资源。虽然这种制度安排能够促进"因材施教"，但却难以保证"有教无类"。如果将理性选择作为支配公共教育资源的主导机制，那么过分追求资源配置的相对平等会导致底线公平的失衡。

本研究认为，教育公平理论虽然存在解释基本公共教育服务质量的不足，但仍是推动基本公共教育服务质量的内在动力。一是教育公平是衡量基本公共教育服务质量的重要标准。新中国成立70多年以来，我国公共教育发展差距不断缩小，很重要的一个原因是国家和政府坚持教育公平的价值理念。特别是对西部地区、民族地区实行补偿性的教育倾斜政策。钟宇平指出，增加中央和省级政府统筹西部贫困地区教育财政的责任是保证教育公平目标的有效举措。[3] 二是促进教育公平是政府提高基本公共教育服务质量的重要目标。实现公共教育的均衡发展是政府的法定责任。随着我国政府职能的转型，提供大致均等的基本公共服务是政府的托底责任。教育公平的实质是要求基本公共教育

---

[1] 黄东民. 基于新自由主义视角的区域教育资源优化配置研究 [J]. 当代教育科学, 2012 (23): 25-27.
[2] 白金祥. 罗素的教育思想探究 [D]. 沈阳: 东北师范大学, 2009.
[3] 钟宇平, 雷万鹏. 公平视野下中国基础教育财政政策 [J]. 教育与经济, 2012 (1): 1-7.

服务实现均衡性、标准性、充足性和普惠性。这是基本公共教育服务质量维度的组成内容。

(三) 教育公平理论对西部地区基本公共教育服务质量评价的指导

教育公平是基本公共教育服务供给的价值取向。原因在于基本公共教育服务具有公益性、强制性和普惠性等价值属性。国家《"十三五"推进基本公共服务均等化规划》提出，"坚持以社会主义核心价值观为引领，以保基本、均等化、普惠性、包容性为方向，健全国家基本公共服务制度"。由此可见，促进社会公平正义是国家建立健全基本公共服务体系的政策。将教育公平理论运用在基本公共教育服务质量评价领域，其指导作用主要有三点。

第一，教育公平理论要求基本公共教育服务质量须将配置均衡与入学公平作为基本公共教育服务质量评价的维度。政府公共服务职能的演变从一开始就承载着教育公平的价值理念。教育公平理论延伸到基本公共服务领域，则体现为对基本公共服务均等化的价值诉求。国家《"十三五"基本公共服务均等化规划》明确提出，到2020年国家基本实现基本公共服务均等化。具体到基本公共教育服务领域，我国户籍制度改革、计划生育政策调整、人口流动给城乡基本公共教育服务均等供给带来巨大挑战。在西部地区，农村优质教育资源紧缺，城乡二元结构矛盾仍然突出，乡村教育质量堪忧，公共教育资源配置的结构型失衡，已影响学龄儿童或青少年入学的机会公平。入学机会公平是指每位学生平等获取基本公共教育服务的权利与平等享受教育资源的机会。从这个意义上，入学公平是以教育资源配置均衡为前提。因此，完善基本公共教育服务均等化的供给体制，分阶段推进义务教育服务均等化，增加中央和自治区对西部义务教育财政经费的投入，适应学龄人口流动与分布结构变化是保障入学公平的重要举措，也是提高基本公共教育服务质量的有效进路。

第二，教育公平理论要求基本公共教育服务质量须将管理规范与参与民主作为基本公共教育服务质量评价的维度。促进教育公平，关键是要完善政府对基本公共服务的治理能力。公共服务治理能力是实现公共服务质量目标的过程。Richard指出，公共服务治理过程有三个特征：服务规范、参与民主与供需适配。[①] 具体到基本公共教育服务领域，Møller (2013) 认为，学校管理的

---

① RICHARD M D, ALLAWAY A W. Service quality attributes and choice behaviour [J]. Journal of Services Marketing, 1993, 7 (1): 59-68.

规范、参与民主与合规教学等是推进公共教育服务质量的有效途径。[①] 在我国,《义务教育学校管理标准》提出,解决人民日益增长的美好生活需要和学校发展不平衡不充分问题,实现教育公平正义,需要规范学校管理。解决义务教育发展不公正的关键是重组公共教育权力。公共教育权力的调整涉及公益与私益的关系、公平与效率的关系、政府选择与非政府选择的关系、解制与规制的关系。[②] 实际上,规范学校管理权力的过程会涉及公共服务供给侧改革的第二个维度:参与民主。[③] Whitty(2016)认为,赋予学校办学自主权与家长选择权是促进公共教育服务供给精准匹配需求的有效出路。首先,参与民主会激发公共教育服务主体的创造性和积极性,参与民主会调整学校资金、信息、知识、人力与权力等系列的要素的配置,使得学校利用资源更有效率、决策更为科学合理。其次,基本公共教育服务参与民主也重视教与学的互动:如何让外在教育资源的组织形式有效吻合教育规律与学生特点。这是保障公共教育服务质量的关键。

第三,教育公平理论要求基本公共教育服务质量须将目标相容与问责有效作为基本公共教育服务质量评价的维度。教育公平理论的价值功能之一是消除经济社会的后天不平等。教育公平理论倡导政府提供基本公共服务或社会福利,减少不幸因素对弱势群体的负面影响,最大限度降低或避免社会风险,保障国民基本生存和发展的权利。因此,基本公共服务质量的目标既包括总目标、子目标,也包括一般性目标和特殊性目标。基本公共服务的一般目标是保障国民的底线需求或满足国民基本生存发展的需要,通过人人参与、人人尽力,实现人人共享。其特殊目标是通过弱势补偿与分配正义,增加对薄弱环节、贫困地区、弱势群体的投入水平与质量,推动城乡区域人群均等享有公共服务和协调发展。具体到基本公共教育服务领域,不同目标的实现要求政策规定需具有多元性,既要包容受教育者的个适性质量与教育系统内部的内适性质量,也要提升基本公共教育服务的外适性质量。[④] 然而,内部与外部、宏观与

[①] MØLLER J, SKEDSMO G. Modernising education: New Public Management reform in the norwegian education system [J]. Journal of educational administration and history, 2013, 45 (4): 336–353.

[②] 刘复兴. 公共教育权力的变迁与教育政策的有效性 [J]. 教育研究, 2003 (2): 10–14.

[③] WHITTY G, POWER S, HALPIN D. Devolution and Choice in Education: The School, the State and the Market. Australian Education Review No. 41 [M]. Melbourne: Australian Council for Educational Research (ACER) Limited, 1998.

[④] 冯建军. 义务教育质量均衡内涵、特征及指标体系的建构 [J]. 教育发展研究, 2011 (18): 11–15.

微观的利益诉求存在张力。为此要强化政府的作用与责任，强化监督问责，才能维护基本公共服务的公平正义，全面提升基本公共服务质量和公众满意度。具体到基本公共教育服务领域，义务教育是国家予以保证的基础性、公益性事业。政府的职责在于控底线、补短板，维护基本公共教育服务的公平正义是政府义不容辞的责任。曲正伟认为，建立健全基本公共教育服务质量问责制，强化政府的公共服务职能与主体责任，有助于维护基本公共教育服务的公益性、普惠性与正义性。①

---

① 曲正伟. 我国义务教育公益性的概念建构及其政府责任 [J]. 教育理论与实践，2004（7）：19—22.

第三章 西部地区基本公共教育服务质量的构成维度

第一节 西部地区基本公共教育服务质量维度的构建思路

本研究主要从国外经典文献归纳和扎根中国场域两个思路解析西部地区的基本公共教育服务质量的形成过程。从文献归纳角度提取西部地区基本公共教育服务质量维度的目的在于提取共识性要素，这是西部地区基本公共教育服务质量维度构成的理论依据。在此基础上，扎根中国场景构建基本公共教育服务质量维度的目的在于检验共识性要素在西部地区的认同度，这是西部地区基本公共教育服务质量形成的需求依据与现实依据。

一、从国外文献归纳西部地区基本公共教育服务质量维度

从国外经典文献梳理基本公共教育服务质量形成维度的分析框架，基本考量有两点，解析思路如下。

第一，当前从公共服务质量视角研究基本公共教育服务质量在国内尚处于起步阶段，相关研究和实践应用较少，因此，梳理国外相关代表性研究能够为本书构建基本公共教育服务质量评价模型提供研究启示和理论借鉴。作者通过在中国知网检索"教育服务质量""公共教育服务质量"等获得相关研究的评估结果显示，国内公共教育服务质量的学术研究落后于教育改革实践，理论构建与内涵诠释欠缺，测量工具与评价方法科学性不够，且多数研究仍以传统的服务质量评价[1]作为研究路径，一定程度上反映了学界对基本公共教育服务质量评价的关注不够。当前，从公共服务质量视角评价公共教育在国内尚处于起

---

[1] 方宇通. 顾客感知视角下的远程教育服务质量概念模型[J]. 电化教育研究，2013，34 (10): 58−65.

步阶段。从国内既有文献看，缺少对国际学界关于公共教育服务质量评价的系统认识与本土反思。基本公共教育服务质量是如何产生的？其研究脉络是什么？该领域有哪些代表性研究成果？如何诠释基本公共教育服务质量的理论内涵及建构科学的测量模型？诸如此类的问题，国内相关研究较少，未形成具有广泛影响力与应用价值的研究成果。因此，有必要系统梳理国外关于公共教育服务质量的经典研究，以期通过对该领域代表性研究成果的梳理，来引发国内学界对公共教育服务质量的讨论和关注，促进中国本土相关研究与国际学界的交流与对话，为构建适合中国情境的基本公共教育服务质量评价指标体系提供理论参考和研究启示。

第二，西部公共教育的发展趋势不仅受中国教育环境与体制的影响，也在一定程度上受到教育全球化与国际教育理念对区域教育改革目标的影响。因此反映广大发展中国家公共教育实践特征与共性规律的国外相关研究对探索西部场景的基本公共教育服务质量维度形成有一定的适用性和可行性。中国西部具有与国外发展中国家公共教育发展困境相似的问题。正如哈佛大学普利切特（Prichett）教授指出，中国的公共教育系统存在投入不足、资源配置不均、发展失衡与服务质量不高的共性问题。[①] 中国西部地区的教育发展虽然达到了联合国的"两基"考核目标，但是西部农村地区、贫困地区和民族地区的公共教育发展水平一直较低，教育质量长期低于全国平均水平。[②] 西部广大农村地区和贫困地区，如甘孜、凉山等地囿于地缘和少数民族文化的特殊性，区域贫困和教育欠发达的问题尚未根本解决。整体而言，西部对基础教育高质量发展的需求较为强烈，部分区域基本公共教育服务发展不平衡不充分的问题突出。如何保障每一位学龄人口平等的受教育权不仅是中央政府规定的基本公共服务均等化目标，也应该引起国内学界的应有关注和理论回应。

二、扎根中国提出西部地区基本公共教育服务质量的维度

传统的评价指标体系构建是遵循典型的定量研究路径，旨在通过抽样调查寻找最能代表总体特征的样本信息，推导出某一社会议题中具有普遍性、可验

---

① PRITCHETT L. "Access to education", in B. Lomborg (ed.), Global Crises, Global Solutions, Cambridge [M]. UK: Cambridge University Press, 2004: 175-234.

② GLEWWE P, MURALIDHARAN K. Improving education outcomes in developing countries: Evidence, knowledge gaps, and policy implications [J]. Handbook of the Economics of Education, vol. 5, Elsevier, 2016: 653-743.

证性与客观性的一致规律。① 因此，传统量化主义研究取向通常要借助宏大的"形式理论"和逻辑演绎的方法，预先设定理论假设，通过经验研究对理论假设进行验证或部分修正，因而无法建构或生成适用某一特定时空的实质理论。② 具体到本研究议题，公共教育服务质量诞生于20世纪80年代末，虽然在西方教育管理、教育评价与教育政策领域已被广泛采纳和实证研究，形成了不少有理论价值和借鉴意义的研究成果，但对国内学界而言，公共教育服务质量研究起步较晚，相关研究较少，缺少对中国公共教育环境与政策特征的背景分析，因此我们不能完全照搬西方相关的评价框架设计中国时空场域的公共教育服务质量评价指标体系。

本研究的核心议题是构建适用于西部地区的基本公共教育服务质量评价指标体系，因此指标体系构建的过程应当是对西部教育资料的有效归纳过程。与传统定量研究路径不同，本书不对研究者自己事先预设的理论假设进行逻辑演绎，也不完全依照经典文献的理论假设设计调查问卷或访谈提纲，而是采用非结构化访问收集实地资料，从资料本身呈现的概念类属入手进行归纳分析③，提取适合中国西部背景的基本公共教育服务质量形成维度。本研究借鉴扎根理论研究路径④，尝试在既有形式理论与具体资料的鸿沟之间架设研究桥梁，在既有文献、研究者个人经验和访谈资料的基础上，系统地收集和分析实地资料，从访谈资料中发现、发展和检验基本公共教育服务质量的评价维度⑤。本研究采用扎根理论研究分析基本公共教育服务质量维度形成的优势在于，我们没有完全照搬既有研究的宏大理论框架，进而避免了概念构建与维度分析的"生搬硬套"，减少了定量研究"削足适履"的弊端，尽力做到研究的"量体裁衣"⑥。另外，扎根理论研究更加注重人文关怀，注重分析资料呈现与研究者个人之间的互动与整合，在对理论与新概念保持敏感性的同时，能够将一手访谈资料、前人研究成果与研究者的个人理解整合为三角互证的研究关系，有助于构建一个内涵丰富、有广泛解释力、具有鲜活生命力、适配特定时空环境的

---

① 吴刚. 工作场所学习与学习变革：基于项目行动学习的理论模型研究[M]. 北京：人民大学出版社，2014.
② 贾哲敏. 扎根理论在公共管理研究中的应用：方法与实践[J]. 中国行政管理，2015(3)：6.
③ 贾旭东，谭新辉. 经典扎根理论及其精神对中国管理研究的现实价值[J]. 管理学报，2010，7(5)：656.
④ GLASER B, STRAUSS A. The discovery of grounded theory: Strategies for qualitative research [M]. Chicago: Aidine Publishing Company, 1967: 1—249.
⑤ 陈向明. 扎根理论的思路和方法[J]. 教育研究与实验，1999(4)：6.
⑥ 陈向明. 扎根理论在中国教育研究中的运用探索[J]. 北京大学教育评论，2015，13(1)：14.

评价框架与理论模型。① 满足上述研究特征与研究设计的基本公共教育服务质量评价指标体系才能有效指导西部地区公共教育的具体改革实践。②

三、西部地区基本公共教育服务质量维度形成的具体思路

如前所述，基本公共教育服务质量是指政府提供的基本公共教育服务的投入、过程和结果的相关规定有效满足公众需求与社会要求的程度，那么经典文献的共识、公众的需求与感知、政策目标的规定，对研究者认识和理解西部地区的基本公共教育服务质量维度的形成过程至关重要。因此，本研究主要从经典文献归纳、扎根理论研究与政策目标梳理的角度深挖基本公共教育服务质量维度的形成过程，研究思路主要分三步。

第一步，将国外经典文献的归纳作为基本公共服务质量维度形成的理论依据。通过对国内外公共教育服务质量研究文献的梳理、阅读和理解，对该研究领域的研究现状、特点、趋势等进行综合分析，总结出国内外研究公共教育服务质量维度的经典框架，寻找适用西部地区基本公共教育服务质量维度的共识性要素，如充足性、均衡性、标准性、公平性、合规性、民主性、多元性、包容性等属性。这是义务教育服务质量维度形成的理论依据，使得义务教育服务质量在西部地区具有合理性。

第二步，将扎根理论的研究作为基本公共服务质量维度形成的需求依据。公共服务理论认为，需求识别是从供给侧改革之路提高基本公共服务质量和满意度的主要思路。③ 姜晓萍教授指出，"构建政府回应公众需求的双向互动型基本公共服务供给机制是提升基本公共服务质量和公众满意度的有效途径"④。容志认为，当政府收到的公共服务需求既是感知的也是规范性的时，才能得到政府回应形成政策性需求。⑤ 延此理论逻辑，研究者将公众需求置于基本公共服务质量维度形成的起始，这是提高基本公共服务质量满意度的动力机制。具体到研究设计中，研究者主要采取半结构化访谈、焦点小组访问等定性研究方

---

① GLASER B, HOLTON J. The Grounded Theory Seminar Reader [M]. Mill Valley：Sociology Press，2007.
② 潘慧玲. 教育研究的路径：概念与应用 [M]. 上海：华东师范大学出版社，2005：277-278.
③ 王玉龙，王佃利. 需求识别、数据治理与精准供给——基本公共服务供给侧改革之道 [J]. 学术论坛，2018，v. 41；No. 319 (02)：153-160.
④ 姜晓萍. 基本公共服务应满足公众需求 [N]. 人民日报（07版），2015-08-30.
⑤ 容志. 规范与表达：公共服务需求的分析框架及其政策意涵 [J]. 管理世界，2017 (10)：21-25.

法，试图了解西部地区的政府官员、学校领导、教师、学生、家长及其他公众对当地义务教育服务质量组成维度的认识与理解。这是义务教育服务质量维度形成的需求依据，使得义务教育服务质量维度形成过程在西部地区具有可行性。

第三步，将基本公共教育政策目标的梳理作为基本公共教育服务质量维度形成的合规过程。鉴于义务教育是国家财政予以保障的公益性事业，是基本公共服务的重要内容，因而本研究涵盖的公共教育政策法规的素材主要集中于义务教育领域。本研究通过整理、分析和梳理我国《中华人民共和国义务教育法》《中华人民共和国教育法》《"十四五"公共服务规划》《国家中长期教育改革和发展规划纲要》《义务教育学校管理标准》《国家义务教育质量监测方案（2021年修订版）》等法律规章，同时结合西部地区基础教育发展规划等具体政策规定，提炼出适合西部公共教育服务质量维度的区域性要素。这是基本公共教育服务质量维度形成的政策依据。因此，文献归纳、需求调查与政策目标的梳理是西部地区基本公共教育服务质量维度形成的基本思路（如图3-1所示）。

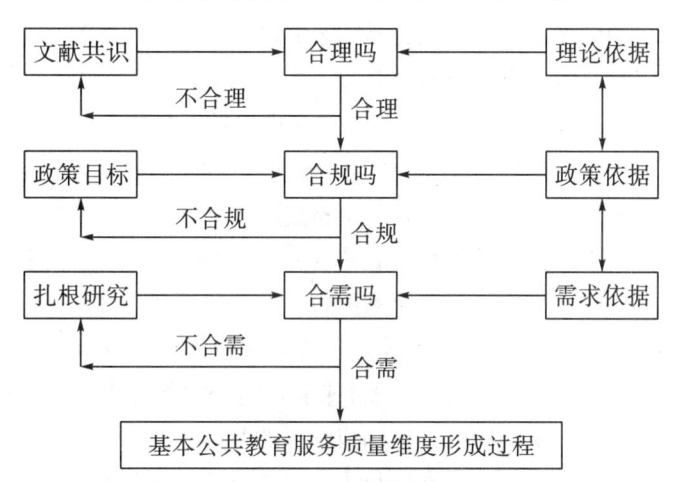

图 3-1　西部地区基本公共教育服务质量维度形成的逻辑思路图

资料来源：作者自制。

第二节　国外基本公共教育服务质量维度的参考框架与基本共识

国外学者研究义务教育等相关主题的学术文献汗牛充栋，其中不乏从教育行政、教育政策、公共服务质量等角度研究公共教育服务质量的文献，但总体上没有形成共识性的公共教育服务质量的分析框架。回顾相关文献，从公共服务角度构建公共教育服务质量维度的研究有几个代表性的分析框架，主要得益于发展中国家的公共教育服务质量评价的研究。[①] 分别是 UNESCO 提出的 GMR 报告、Jutta Nikel 提出的"织物结构教育模型"、Tikly 等提出的"良好公共教育模型"的分析框架与 Teeroovengadum 等学者构建的"教育服务分层质量模型"。国内研究基本公共教育服务质量维度的权威文献基本是对上述分析框架的借鉴与拓展。因此以下将对上述几个国外经典分析框架做介绍比较，以资借鉴，为本研究建构基本公共教育服务质量维度提供理论依据。

一、UNESCO："投入—过程—结果"模型与教育服务质量三维度

（一）"投入—过程—结果"公共教育服务质量模型

越来越多的学者认识到，仅将基本公共教育服务质量作为一个静态的结果进行测量与解释，难以整体分析教育投入、作用过程对教育服务质量产出的复杂影响。学者 Goodnow（1992）认为，"合理的教育服务质量应该置于社会背景和政策过程中进行考察"[②]。研究者应该采取一种系统和动态的观点去分析和解释教育服务质量的运作结构及其动态过程。在此研究思路的倡议下，学者 Cheng（1995）将公共教育服务质量界定为："公共教育服务质量是教育政策服务投入、过程和输出中一系列要素的特征并有效满足内部和外部用户明确或隐含的期望的过程。"[③] 因此，他认为公共教育服务质量应该是一个多维的概念，而不能用一个指标来评价。[④] 总体来看，将公共教育服务质量视为一个连续性的过程而不是简单的结果，已构成学界的基本共识。

梳理国外相关文献，明确在题目中写有"公共教育服务质量"的研究文献

[①] 作者纳入文本分析和比较研究的外文文献主要是被 SSCI、A&HCI 和 ESCI 收录的外文文献，研究者主要依据文献被引次数、作者影响力和期刊等级等标准作为综述分析的文献对象。

[②] GOODNOW C. Strengthening the links between educational psychology and the study of social contexts [J]. Educational Psychologist，1992，27（2）：177-196.

[③] CHEONG CHENG Y，MING TAM W. Multi-models of quality in education [J]. Quality assurance in Education，1997，5（1）：22-31.

[④] "…公共教育服务质量是一个多维度的概念，不能简单地用一个指标来评估……"（其英文原文：'… public education service quality is a multidimensional concept and cannot be easily assessed by only one indicator…'）

较少，但是从公共行政、教育政策、教育管理等视角探讨教育评价的文献则较多。联合国教科文卫组织（UNESCO）针对发展中国家的基础教育发展质量监测提出的 GMR 报告[①]是被广泛引用的经典文献。该报告研究了发展中国家的政府（国家、社区）及其委托代理人（学校、教师）如何给服务享用者（学生）和其他利益相关者提供高质量的公共教育服务。该报告认为，将公共教育视为公共产品，政府与其他利益相关者的资源输入、资源分配和资源转化有助于整体提升一国或地区的教育公共服务质量。[②]

基于系统分析思路的 GMR（2005）关于公共教育服务质量报告，主要有以下特点：一是公共教育服务质量是研究投入和产出之间的函数。公共教育的投入和产出过程共同决定了公共教育服务质量。因此，Elmore（1990）认为，过程分析是研究公共教育服务质量的关键和重点。[③] 二是教育服务质量是教育系统投入和产出的优化过程。明确教育系统组件的特性和功能是发挥教育服务质量效用的前提。教育服务系统大致分为投入（财力资源、人力资源、物质资源、时间、精力等）、过程（政策安排、业务指导、教育管理、教与学过程等）、产出（学生能力增值、教育的外部收益等）。Bergmann（1996）指出，如何获取稀缺资源和优质资源并有效运用在教育系统的各个环节是教育服务质量实现最优结果的根本要求。[④] 三是通过利益相关者分析，界定了教育服务过程利益相关者的不同角色。Sahney（2004）指出，参与教育服务质量系统的不同利益主体基本分为服务提供者（政府或公共机构）、服务传递者（学校、行政人员）、服务的使用者（教师或学生）、服务的受益者（学生、雇主或家长等）。[⑤] Govinda 和 Varghese（1992）认为，系统分析教育服务质量就需要综合分析教育服务的投入、过程和结果。[⑥]

[①] UNESCO. EFA Global Monitoring Report 2005: The quality imperative [M]. Paris: UNESCO, 2005.

[②] 从文献内容可知，虽然文献题目冠以"教育质量"相关的词汇，但正文却是从公共产品、政府及其利益相关者的角度重构了公共教育服务质量的组成维度。

[③] ELMORE R F. Restructuring Schools: The Next Generation of Educational Reform. The Jossey-Bass Education Series [M]. Jossey-Bass Inc., 1990.

[④] BERGMANN H. Quality of education and the demand for education—Evidence from developing countries [J]. International Review of Education, 1996, 42 (6): 581-604.

[⑤] SAHNEY S, BANWET D K, KARUNES S. Conceptualizing total quality management in higher education [J]. The TQM magazine, 2004, 16 (2): 145-159.

[⑥] GOVINDA R, VARGHESE N V. Quality of primary education: an empirical study [J]. Journal of Educational Planning and administration, 1992, 6 (1): 17-35.

(二)"投入—过程—结果"模型的教育服务质量的维度构成

"投入—过程—结果"模型是联合国在 2005 年发布的《全民教育全球监测报告：质量至上》一书中正式提出的，简称 GMR（2005）。[①] GMR（2005）报告和世界银行（World Bank）的版本很像，其"投入"系统划分为国家（或政府）、学校、家庭/社区三个子系统，同时借鉴世界银行版本中的"教育环境"的研究内容。除此以外，该分析模型还分别从国家层面、学校层面、课堂层面与个体层面对教育服务质量做了区分。

该模型进一步明确了教育环境与教育系统及其子系统各自的功能特征与作用关系，并对易混淆的"相关因素"的子系统进行重组，将"教育资源投入"搬出在"教学过程"之外，将教育服务的最终用户的潜在需求——学生学习特质置于教育服务系统分析的中心地位。GMR（2005）模型的组成维度主要分为五个部分。①公共教育服务系统的学习者特质。该部分涉及学习者内部特质及其外在需求特征。内在特征主要包括学习者的意愿、动机、毅力等，还包括入学准备、知识储备、健康状况、学习障碍、性别等因素。而家庭经济社会地位、父母受教育程度及文化资本、宗教信仰、劳动力市场等都对学生外在教育需求的构造有间接或直接影响。公共教育服务质量结果实际上是外在教育资源满足学生需求的结果。②公共教育服务质量的投入。政府提供的组织领导、制度建构、权责配置、财政投资、教育规划等是教育系统最重要的投入内容，除此之外，还包括学校提供的行政服务、教学保障服务和教学服务。③公共教育服务质量的过程。教与学的过程被置于教育服务过程的中心地位。教学过程涉及课堂管理、支持性氛围、教学方法、学习互动等关键内容。此外还包括教育氛围或办学环境。④公共教育服务质量的结果。学生能力增长是教育服务质量的重要目标，也是学生、教师和家长的基本共识。联合国教科卫组织代表 Eleweke 指出，发展中国家基础教育的共同目标应致力于提高学生识字能力、算术能力和基本生活技能。[②] ⑤教育背景。教育系统的背景因素较为复杂，包括政治因素、社会因素、文化因素和经济因素等。教育背景系统与其他四个子系统相互联系和共同作用，它体现了教育服务系统既是一个动态的过程，也是系统因素相互博弈的过程（如图 3-2 所示）。

---

① UNESCO. EFA Global Monitoring Report 2005: The quality imperative [M]. Paris: UNESCO, 2005.

② ELEWEKE C J, RODDA M. The challenge of enhancing inclusive education in developing countries [J]. International Journal of Inclusive Education, 2002, 6 (2): 113-126.

```
┌──────┐    ┌──────┐    ┌──────┐
│ 投入 │    │ 过程 │    │ 结果 │
└──┬───┘    └──┬───┘    └──┬───┘
```

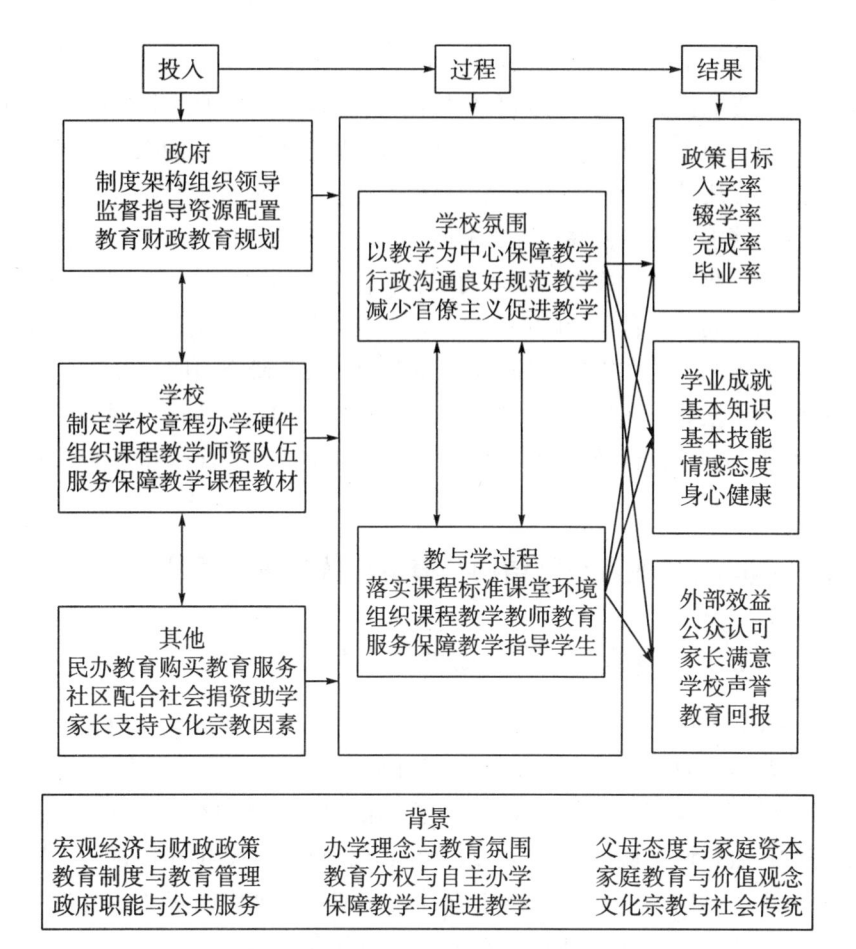

投入	过程	结果
政府 制度架构组织领导 监督指导资源配置 教育财政教育规划	**学校氛围** 以教学为中心保障教学 行政沟通良好规范教学 减少官僚主义促进教学	**政策目标** 入学率 辍学率 完成率 毕业率
学校 制定学校章程办学硬件 组织课程教学师资队伍 服务保障教学课程教材	**教与学过程** 落实课程标准课堂环境 组织课程教学教师教育 服务保障教学指导学生	**学业成就** 基本知识 基本技能 情感态度 身心健康
其他 民办教育购买教育服务 社区配合社会捐资助学 家长支持文化宗教因素		**外部效益** 公众认可 家长满意 学校声誉 教育回报

背景

宏观经济与财政政策	办学理念与教育氛围	父母态度与家庭资本
教育制度与教育管理	教育分权与自主办学	家庭教育与价值观念
政府职能与公共服务	保障教学与促进教学	文化宗教与社会传统

图 3—2　"投入—过程—结果"评价模型及其维度构成

资料来源：作者自制。

联合国教科文组织提出的"投入—过程—结果"教育服务质量分析框架（GMR，2005）具有较高的参考价值和适用场域。该概念模型及其分析框架的优势主要体现在两个方面：一是将教育服务质量的构成要素视为一个整体联系且相互作用的有机系统。Cheng 称之为"投入—过程—结果"框架，其中"投入"指的是进入教育系统的各类教育资源和入学要求，"过程"指的是外部资源服务于教与学的过程，"输出"指的是学生的内在需求和外在需求的满足。[①]二是建立了教育系统内部要素和外部环境之间的相互关系。Choules 指出，这

---

① CHENG Y C. New paradigm for re-engineering education: Globalization, localization and individualization [M]. Springer Science & Business Media, 2006.

为研究者分析政治决策环境、文化传统、社会结构、经济发展背景对教育服务质量的宏观影响提供了逻辑思路和分析框架。[①] 但是该模型的分析框架的重要缺陷也表现在两个方面。一是缺少对公共教育服务本质特征的探讨。服务质量与教育质量本质是两个不同的概念。该模型在建构组成维度时缺少对公共服务质量特性，特别是基本公共教育服务质量个性的理论分析。基本公共教育服务质量研究的是政府在公共教育领域的职责、作用能力与供给水平。这是公共教育服务质量不同于教育质量的根本区别。二是对教育服务质量系统投入转化为教育服务质量结果的作用过程的分析不够。Brunger研究表明，要使教育服务质量最大化不仅要研究如何优化投入，还要研究如何对投入的资源进行有效使用。[②] 因此Bowe指出，研究外在教育资源如何吻合教育规律和学生需求特点的资源作用机制才是提高教育服务质量的重点。[③]

二、Nikel："教育织物结构"模型与教育服务质量七维度

（一）基于"织物结构"隐喻的教育服务质量模型

明确在题目中写有"公共教育服务质量"的国外文献较少，但是从公共行政、教育政策、教育公共产品等视角探讨基本公共教育服务质量的文献则较多。教育政策学家Jutta Nikel（2010）提出的"织物结构教育质量"是这类文献的有效代表，论文从公共产品、政府与其他利益相关者的角度建构了教育服务质量的七个维度。[④] 其分析框架最早来源于研究发展中国家基础教育的两个经典分析框架。这两个分析框架分别是"德洛尔的报告学习：内在的财富"（the Delors' Report Learning: The Treasure Within）（Delors et al, 1996）和联合国2005年提出的"全球监测报告"（Global Monitoring Report）。两个研究报告都是国际顶尖研究机构依据发展中国家的基础教育发展现状和长期观察

[①] CHOULES K. Social change education: Context matters [J]. Adult Education Quarterly, 2007, 57 (2): 159-176; FALL A M, ROBERTS G. High school dropouts: Interactions between social context, self-perceptions, school engagement, and student dropout [J]. Journal of adolescence, 2012, 35 (4): 787-798.

[②] BRUNER J S. The process of education [M]. Harvard University Press, 2009.

[③] BOWE R, BALL S J, GOLD A. Reforming education and changing schools: Case studies in policy sociology [M]. Routledge, 2017.

[④] 从文献内容可知，虽然文献题目冠以"教育质量"相关的词汇，但正文却是从公共产品、政府及其利益相关者的角度重构了公共教育服务质量的组成维度。

而撰写。报告引起了发展中国家政府与教育部门的广泛关注，具有较大影响力。①

Jutta Nikel（2010）通过文献回顾和政策反思，特别是对"投入—过程—结果"模型的批判，提供了洞悉和理解公共教育服务质量的第三种视角。该理论框架以"织物结构"（fabric structure）为隐喻，以教育背景和持续的过程为基础。他总结了"织物结构教育质量模型"的七个服务质量维度，分别是有效性（effectiveness），效率（efficiency），公平性（fairness），响应性（responsiveness），相关性（relevance），反射性（reflection）和包容性（sustainability）。②

此概念模型是一种基于情境的尝试，以共同优化教育服务质量系统的组成维度，平衡或消解各质量维度之间的张力，实现教育服务结构的相互补充和良性运转。实际上，在任何一对维度之间，我们都可能识别出某种互补或对立的关系，这在很大程度上取决于特定的背景因素。③ 因此，研究者建议政府或学校应该将公共教育服务质量的维度可视化为一种织物模型（而不是对投入—输出的简单理解）。即使教育服务质量模型的部分维度处于紧张状态（如对偏远地区的学校增加财政投资有助于实现质量维度的公平，但会降低质量维度的效率），但也防止了质量维度的相互撕裂。④ 总体来看，"织物结构教育质量模型"具有以下几个特点：①该模型七个服务质量维度概念较为清晰，且基本覆盖了公共教育服务质量的主要属性。这些服务质量维度明显可以彼此区分，并且任何维度都不能归入另一维度。②该分析框架以"织物"隐喻服务质量维度之间的相互关系和组成结构。尽管服务质量不同维度之间具有独立的个性，但研究提醒读者要认识到他们之间的对立和补充关系。"织物结构"（fabric structure）的概念比喻很好地捕捉了这个想法，因为任何拉伸织物（质量维

---

① KING K. Skills and education for all from Jomtien（1990）to the GMR of 2012: A policy history [J]. International Journal of Training Research, 2011, 9（1-2）: 16-34.

② "The seven conceptual dimensions are effectiveness, efficiency, equity, responsiveness, relevance, reflexivity, and sustainability." 具体参见：NIKEL J, LOWE J. Talking of fabric: A multi-dimensional model of quality in education [J]. Compare, 2010, 40（5）: 589-605.

③ "Between any pair of dimensions we are likely to be able to identify relationships that are variously mutually complementary or antagonistic, depending largely on specific contextual factors." 具体参见 NIKEL J, LOWE J. Talking of fabric: A multi-dimensional model of quality in education [J]. Compare, 2010, 40（5）: 589-605.

④ "Considerations of equity may operate in harmony or in tension with concerns over efficiency." 具体参见：NIKEL J, LOWE J. Talking of fabric: A multi-dimensional model of quality in education [J]. Compare, 2010, 40（5）: 589-605.

度）的变化都会影响其他质量维度的相对位置和作用方向。③该模型的服务质量维度是灵活而开放的。研究者鼓励后续研究根据情景和研究问题的属性补充或减少相应的服务质量维度。①

（二）"织物结构教育质量模型"组成维度

英国教育政策学家Jutta Nikel（2010）通过批评传统的投入—输出的线性分析框架，并根据教育环境和条件变化构建了一种基于服务对象需要的教育质量的结构性分析框架。按此思路，他认为发展中国家的基础教育服务质量"不应被视为一个可定义的最终状态，而应被视为整个系统对一个持续调整过程的承诺"②。不同于GMR（2005）的分析框架的核心是"教学与学习"，"织物结构教育服务模型"强调教育的质量维度须嵌套在政治、文化和经济背景的复杂系统中。

"织物结构教育质量模型"由七个维度构成。①有效性（Effectiveness）。有效性是指"所述（教育）目标得到满足的程度"③。这些可能旨在表明在教育系统的任何层面的变化都会对社会、社区或学习者产生某种影响。②效率（Efficiency）。效率的定义是"教育资源输出与投入的比率"。发展中国家的基础教育的主要来源是国家财政投资，因此基于财政效率原则最大化，尽可能地利用稀缺资源是节约教育服务成本的有效方式。③公平（Fair）。此时将公平作为教育服务质量的构成维度，是因为基础教育强调旨在维护底线公平，创造机会公平。Espinoza倾向于把教育"公平"而不是教育"平等"作为教育服务质量过程的组成维度，尽管教育"公平"没有单一且被共享的定义。④ ④响应性（Responsiveness）。响应性的维度是基于教育服务多样性的考虑。此维度关注学习者的个体多样性和学习环境、学习能力与风格的差异，但也是指对

---

① "our acceptance of further analysis and conceptual development may lead to additional dimensions in our model." 具体参见：NIKEL J, LOWE J. Talking of fabric: A multi-dimensional model of quality in education [J]. Compare, 2010, 40 (5): 589-605.

② "Should not be seen as a definable final state, but should be seen as a commitment of the entire system to a continuous adjustment process." 具体参见：NIKEL J, LOWE J. Talking of fabric: A multi-dimensional model of quality in education [J]. Compare, 2010, 40 (5): 589-605.

③ "The degree of effectiveness is the extent to which stated (educational) aims are met." 具体参见：NIKEL J, LOWE J. Talking of fabric: A multi-dimensional model of quality in education [J]. Compare, 2010, 40 (5): 589-605.

④ ESPINOZA O. Solving the equity-equality conceptual dilemma: a new model for analysis of the educational process [J]. Educational Research, 2007, 49 (4): 343-363.

个人学习能力和参与的环境变化的及时反应。①⑤相关性（Relevance）。教育服务质量维度的相关性则强调教育系统或教育活动在多大程度上满足用户需求。教育系统的需求可以在不同层面表达：个人、家庭、社区、国家和全球，且不同层面表达的需求之间可能存在紧张或矛盾关系。⑥反射性（Reflexivity）。反射性引入了现代性理论的考虑以及教育在社会环境中的作用。该框架中的这个维度代表了一种关注，即通过公共教育加深对理解人类行动和境况的反馈循环的忧虑，"反射性"则表现出现代工业社会所有人对不确定的未来的共同担忧。⑦可持续性（Sustainability）。"可持续性"维度的产生背景是教育系统致力于解决现代社会的"知识保质期"日益缩短的问题。公共教育服务质量应该致力于提高学生可持续生计和终身学习的能力，时刻更新学生的知识、技能和价值观。此维度凸显了基础教育须保持"传承"和"变革"的价值取向。

Nikel教授以敏锐的洞察力分析了传统分析框架的不足，他提出的"织物结构"为继续推进教育服务质量研究开辟了道路。该模型的优势主要体现在两个方面：一是"织物结构教育质量模型"基本摆脱了"投入—过程—结果"理论模型的依赖，它指出教育质量是进行社会交互作用的结果。在不同的外部环境下，各维度的关系和作用方式也不同，平衡教育质量的关键是重视维度之间的"紧张"关系，防止相互"撕裂"。二是以"织物结构"为代表的"多维社会交互"模型是将基础教育看作一种公共产品，这从根本上区别于SERVUQAL视角下的私部门教育服务质量评价模型。他认为政府、社会、学校能通过协调利益相关者对教育服务质量的不同诉求，维持教育服务子系统的动态平衡，进而避免社会的"撕裂"和教育系统的对立。当然，该分析模型也存在一定的局限。正如研究者总结道，"该框架是否全面涵盖了教育服务质量的各个方面和紧张局势，或者是否存在缺失的维度，还需学界深入的理论探讨，并需要发挥政府官员、教育管理者、专家、教师、学生和公众协同参与教育决策咨询的重要作用"②。尽管如此，该模型在理解教育服务质量过程中的参与程度、质量的满意维度和质量变化过程的许多问题仍然没有得到解答，而且研究者在倾听教育系统利益相关者的声音和关注核心作用过程方面的研究任重而道远（见图3-3所示）。

---

① STEPHENS D. Quality of basic education service [J]. Paper for EFA Global Monitoring Report，2003.

② NIKEL J，LOWE J. Talking of fabric: A multi-dimensional model of quality in education [J]. Compare，2010，40（5）：589-605.

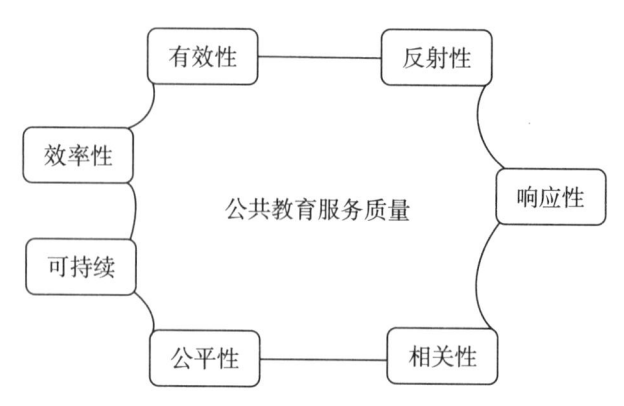

图3-3 织物结构教育服务质量模型

资料来源：Nikel J, Lowe J. Talking of fabric: A multi-dimensional model of quality in [J]. Compare, 2010, 40 (5): 589-605.

三、Tikly："良好公共教育"模型与教育服务质量三维度

教育政策学家利昂·蒂克利（Leon Tikly，2011）建构了基于背景因素的良好教育服务质量分析模型。受英国国际发展部资助，蒂克利教授基于低收入国家基础教育研究计划联盟（PRC）所使用的总体方法和分析框架，结合费雷泽社会正义理论的话语体系，提出了低收入阶段发展中国家公共教育服务质量的解释模型与构成维度。[①]蒂克利指出，该教育服务质量概念模型来源于教育政策学界对传统人力资本途径、受教育权利途径所理解和倡导的教育服务质量的批判反思。[②]人力资本理论的代表人物Schultz和Robertson（1961）认为，衡量教育服务质量产出的经济标准是教育投资对人力资本的贡献，因此观测国家或地区教育服务质量的最佳指标是教育投资的边际回报率。[③]与人力资

[①] TIKLY L. Towards a framework for researching the quality of education in low-income countries [J]. Comparative Education, 2011, 47 (1): 1-23.

[②] TIKLY L. Education and the new imperialism [J]. Comparative education, 2004, 40 (2): 173-198.
BARRETT A M, TIKLY L. Education quality: Research priorities and approaches in the global era [M]. Springer, Dordrecht, 2010: 185-206.

[③] SCHULTZ T W. Investment in human capital [J]. The American economic review, 1961: 1-17.
SCHULTZ T W. Investment in Human Capital. The Role of Education and of Research [M]. New York: The Free Press, 1971.
ROBERTSON S, ROBERTSON S L. Globalisation, education and development: Ideas, actors and dynamics [M]. London: DfID, 2007.

本的观点相反，基于权利的方法强调人类的发展是多元化的，教育服务质量的维度涉及一系列经济、政治和文化议题，并与实现和平、人类安全和环境可持续性相联系。① 比较有代表性的应用权利视角分析教育服务质量的模型是全球教育运动的报告所倡议 GCE（2002）框架。② 联合国教科文组织教育质量部主任 Pigozzi（2008）所领导的研究团队，从学习者、环境、内容、流程和结果五个维度构建了公共教育服务质量模型。③ 他们将学习者置于教育服务质量的中心维度，并优先考虑满足学习者的需求。在学习者层面，它要求教育系统寻找学习者；思考教育能为学习者带来什么；提供有利的教育服务环境；考虑服务内容并加强学习过程。尤其重要的是，"权利"视角的服务质量模型增加了服务系统的环境因素，倡导从政策、立法、资源、行政与结果等方面研究教育服务质量。

蒂克利教授通过分析上述两种范式教育服务质量观的优势与不足，重点从能力途径和弗雷泽社会正义论的视角探讨了发展中国家，尤其是贫困国家的基础教育服务质量的内涵及构成维度。蒂克利教授据此提出，"良好的教育服务质量"是"一种使所有学习者能够实现其所需的能力，以实现经济生产，发展可持续生计，促进民主社会的和平并提高人类福祉的一种教育活动"④。该理论分析框架组建的教育服务质量维度由环境、过程、社会正义三个部分构成。

第一，公共教育服务质量的外部环境。外部环境包括政策环境、学校环境、社区/家庭环境。政策环境（policy environment）包含国家层面的教育政策协商、教育法规政策、教育质量督导与责任机制、校长培训和市场的教育需求等。学校环境（school environment）包括学校办学条件、多元性与结构化的教学方法、灵活而个性化的课程设计与教学安排、结构合理的教师队伍、学校效能评价等。社区与家庭环境（community/home environment）则包括学习者的社区信任、社区居民参与网络、平等互惠的规范、家庭经济条件、家庭

---

① UNTERHALTER, E. The capabilities approach and gendered education [J]. Theory and Research in Education 1, 2003, No.1: 7—22.

② Global Campaign for Education (GCE). A quality education for all: Priority actions for governments, donors and civil society [M]. Brussels: Global Campaign for Education, 2002.

③ PIGOZZI M J. Towards an index of quality of education [J]. International Working Group on Education (IWGE), 2008.

④ "A good quality of education is one that enables all learners to realise the capabilities they require to become economically productive, develop sustainable livelihoods, contribute to peaceful and democratic societies and enhance wellbeing." 具体参见原文：TIKLY L. Towards a framework for researching the quality of education in low-income countries [J]. Comparative Education, 2011, 47 (1): 1—23.

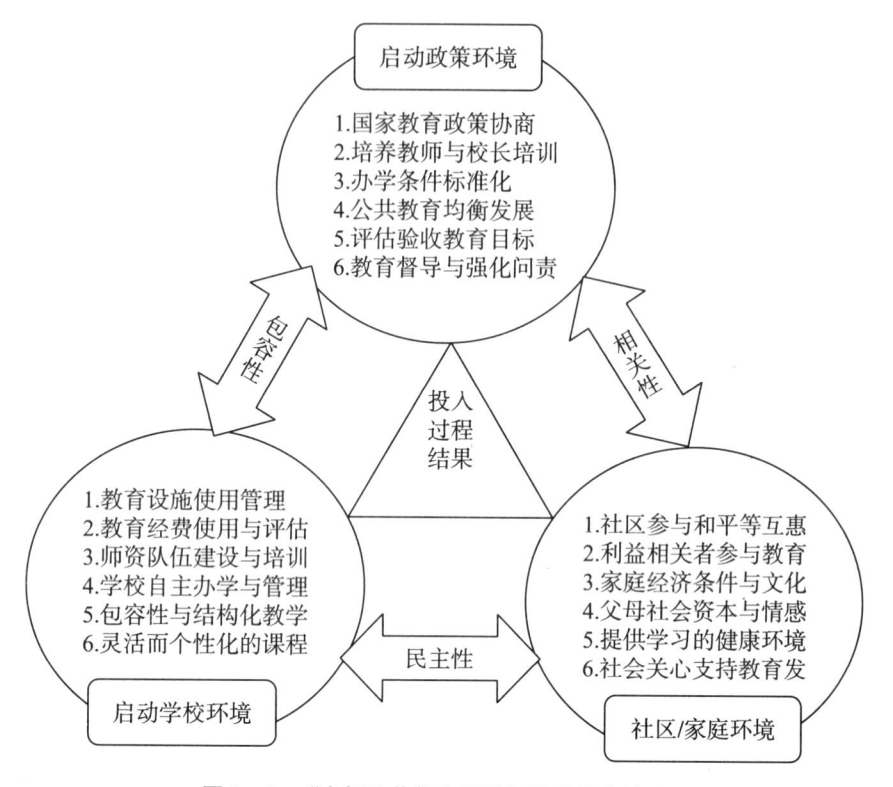

文化、父母教育观念与情感支持程度等。

```
                    启动政策环境
                  1.国家教育政策协商
                  2.培养教师与校长培训
                  3.办学条件标准化
                  4.公共教育均衡发展
                  5.评估验收教育目标
                  6.教育督导与强化问责
         包容性                    相关性
                    投入过程结果

   1.教育设施使用管理              1.社区参与和平等互惠
   2.教育经费使用与评估             2.利益相关者参与教育
   3.师资队伍建设与培训             3.家庭经济条件与文化
   4.学校自主办学与管理             4.父母社会资本与情感
   5.包容性与结构化教学             5.提供学习的健康环境
   6.灵活而个性化的课程             6.社会关心支持教育发
       启动学校环境    民主性    社区/家庭环境
```

图 3-4 "良好公共教育质量"模型维度关系图

资料来源：Tikly, Leon. Towards a framework for researching the quality of education in low-income countries [J]. Comparative Education, 2011, 47 (1): 1-23.

第二，公共教育服务质量的产生过程。蒂克利教授认为，教育质量不仅是教育系统内部的结果，还是不同主体（政府、学校、教师、学生、家长）与国家或社区进行物质、信息、技术、资源和能量交换的结果。其中国家公共教育政策、制度安排、外部资源、正义价值等对内部教育服务质量提升有重要影响。公共教育服务质量取决于环境因素与教育作用过程的交互关系。虽然传统公共教育服务质量的形成过程是基于"投入—过程—结果"视角，但"良好教育服务质量"的分析框架更类似于制作"美味汤"，其质量取决于基本公共教育服务投入、过程、结果与环境之间等"配方间"的相互作用。[①]"菜肴"的"配方"应该随不同时间、空间和问题性质而变化。

第三,公共教育服务质量的价值维度。Tikly认为,低收入地区基础教育质量落后的共同表现是缺少社会正义。他借鉴弗雷泽的社会正义理论,奠定了"良好教育服务质量"模型的规范基础。他指出发展中国家,特别是低收入国家或地区的教育服务质量的标准应该具有包容性(inclusive)、相关性(relevant)和民主性(democratic)。Keddie认为,这三个维度与弗雷泽社会正义理论的分析思路基本相同。[②]教育服务质量的"包容性"是指"确保所有学习者都能取得特定的学习成果。这里的重点不仅在于获得必要的基本公共教育服务资源,还在于能克服经济、社会和文化障碍,这些障碍阻碍个人和团体将资源转化为学习者所期望的结果或功能"[③]。教育服务质量的"相关性"是指"教育结果必须有助于所有学习者的可持续生计和社会福祉,必须受到其社区的重视,并在不断变化的全球背景下与国家发展优先事项保持一致"[④]。教育服务质量的"民主性"是指"教育应民主,即通过公开的协商或辩论确定教育目标,并通过问责制程序确保教育目标的实现"[⑤]。

蒂克利教授2011年在 *Comparative Education* 杂志发表的关于《制定一

[①] "The analytical framework for 'quality of good education service' is more similar to the "delicious soup", and the results depend on the interaction between specific combinations of ingredients (inputs and processes) and the environment",具体参见原文:TIKLY L. Towards a framework for researching the quality of education in low-income countries [J]. Comparative Education, 2011, 47 (1): 1—23.

[②] KEDDIE A. Schooling and social justice through the lenses of Nancy Fraser [J]. Critical Studies in Education, 2012, 53 (3): 263—279.

[③] "The first of these, that the quality of education service should be inclusive, is concerned with ensuring that all learners achieve specified learning outcomes. The focus here is not only on access to the necessary resources to learn but on overcoming economic, social and cultural barriers that prevent individuals and groups from converting these resources into desired outcomes or functionings",具体参见原文:TIKLY L. Towards a framework for researching the quality of education in low-income countries [J]. Comparative Education, 2011, 47 (1): 1—23.

[④] "educational outcomes must contribute to sustainable livelihoods and wellbeing for all learners, must be valued by their communities and consistent with national development priorities in a changing global context." 具体参见原文:TIKLY L. Towards a framework for researching the quality of education in low-income countries [J]. Comparative Education, 2011, 47 (1): 1—23.

[⑤] "Education should be democratic, that is, to define educational goals through open debates and to ensure the achievement of educational goals through accountability procedures." 具体参见原文:TIKLY L. Towards a framework for researching the quality of education in low-income countries [J]. Comparative Education, 2011, 47 (1): 1—23.

种对低收入国家教育质量的研究框架》一文很快得到同行的关注和大量引用。作为国外教育政策评价领域被广泛采用的研究成果,文中提出的"良好教育服务质量模型"的优势主要在两个方面:一是将"利益相关者"引入公共教育服务质量模型的分析框架。基于不同教育诉求的利益相关者通过与教育系统内外环境进行能量、信息和物质的交换,增强了教育各子系统乃至各个要素之间的有机联系,促进了教育系统的平衡与服务质量的包容性。二是探讨了教育环境因素对教育服务质量的交互影响。该模型将政府对公共教育的投入、作用过程和政策目标置于公共教育服务供需过程的关键环节。该分析模型有助于政策制定者、学校领导将教育服务质量纳入特定政治决策环境、社会经济、社区文化等宏观背景进行多模态分析。但是该模型也明显存在一些局限。一是"良好教育服务质量模型"仍然将"教与学"至于分析框架的核心地位,有更偏向"教育质量"而不是公共服务质量之嫌。虽然研究框架分析了政府如何保障教学和促进教学的资源作用过程,但是对政治体系、教育政策、学校结构如何影响教育资源的配置的理论探讨还不够,缺乏公共行政学视角,特别是公共服务的理论解释。二是该理论模型并没有提供如何准确测量"良好教育服务质量"的方法和工具,而只是"抛砖引玉"地简述了"混合研究途径"对探索复杂教育服务质量的优势与应用前景。[①]

四、Teeroovengadum:"分层教育服务质量"模型与教育服务质量五维度

(一)基于用户感知的教育服务质量模型(HESQUAL)

Chong 认为,建立一个衡量基本公共教育服务质量的适当模型仍然是一个

[①] "The emphasis here is on recognizing the complexity and multidimensionality of the quality of education, as they affect different vulnerable groups to receive quality and equitable education. In this regard, Robeyns (2006) and Walker (2006) also noted the use of interdisciplinary research and hybrid approaches to capture capabilities in areas such as education" 具体参见原文:TIKLY L. Towards a framework for researching the quality of education in low-income countries [J]. Comparative Education, 2011, 47 (1):1-23. 也可参见相似表述的文献:ROBEYNS, L. Three models of education [J]. Theory and Research in Education 4, 2006, No. 1:69-84. WALKER, M. Towards a capability-based theory of social justice for education policy-making [J]. Journal of Education Policy 21, 2006, No. 2:163-185.

重大挑战。[1] 这是因为教育服务质量兼具服务质量的共性特征：无形性（intangibility）、异质性（heterogeneity）与生产消费的不可分割性（inseparability）等特质属性。因而教育服务质量是一个难以捉摸的结构。美国得州农工大学帕拉苏拉曼（Parasuraman）团队开发的服务质量感知模型（SERVQUAL）是目前公认并被广泛应用在教育服务质量评价领域的替代工具（该模型也被称为北美学派的"服务质量感知模型"）。因此，学界在追溯教育服务质量的概念时，仍然以服务质量的主流定义为基础。即"服务质量被描述为一种态度形式，与满意度相关但不等同满意度，它是（消费者）比较先前期望与实际感知的认知差距"[2]。因此，O'Neill 和 Palmer 指出，将服务质量应用于教育服务质量的背景下，教育服务质量定义的逻辑延续则为"受教育者期望获得的教育服务与他或她对实际交付结果的看法之间的心理差异"[3]。这一概念已广泛应用于各种旨在衡量教育服务质量的研究文献中。[4]

总体来看，SERVQUAL 模型应用在公共教育服务领域经历了两个阶段。第一阶段，以学者 Leblanc 提出的顾客感知教育服务质量模型为代表。[5] 如图 3-5 所示教育服务质量模型主要是采用私人部门服务质量感知模型的组成维度和逻辑思路。第一阶段的教育服务质量模型具有以下特点：一是教育服务的最终用户（Student）被定义为接受服务的顾客或消费者（Customer），没有将学生视为有自主性需求和参与服务使用的合作者；二是教育服务的提供者主要是学校、雇主和其他盈利性组织机构或个人，忽视了公共部门如议会和政府等政治决策部门对教育服务质量的重要影响；三是解析教育服务质量的维度主要是借鉴市场营销服务质量的经典 5 维度，即响应性（Responsiveness）、保证性（Assurance）、有形性（Tangible）、可靠性（Reliability）、移情性

---

[1] CHONG Y S, AHMED P K. An empirical investigation of students' motivational impact upon service quality perception: a self-determination perspective [J]. Quality in Higher Education, 2012, 18 (1): 35-57.

[2] PARASURAMAN A, ZEITHAML V A, BERRY L L. A conceptual model of service quality and its implications for future research [J]. Journal of marketing, 1985, 49 (4): 41-50.

[3] O'NEILL M A, PALMER A. Importance-performance analysis: a useful tool for directing continuous quality improvement in education [J]. Quality assurance in education, 2004, 12 (1): 39-52.

[4] O'TOOLE JR L J, MEIER K J. Parkinson's law and the new public management? Contracting determinants and service-quality consequences in public education [J]. Public administration review, 2004, 64 (3): 342-352.

[5] NGUYEN N. Searching for excellence in business education: an exploratory study of customer impressions of service quality [J]. International Journal of Educational Management, 1997, 11 (2): 72-79.

(Empathy），缺少对教育服务构成要素、自身特质和运用情境的概括。

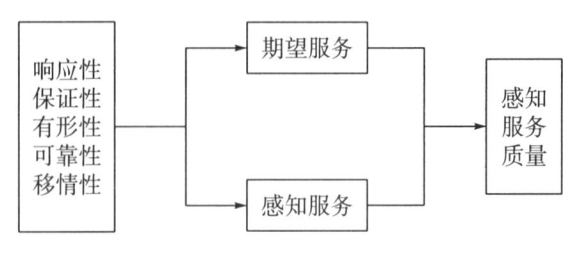

图3-5 国外经典顾客感知服务质量模型

资料来源：作者根据以下文献整理：Parasuraman A, Zeithaml V A, Berry L L. SERVQUAL: A Multiple-Item Scale for Measuring Consumer Perceptions of Service Quality [J]. Journal of Retailing, 1988, 64 (1): 12-40.

第二阶段的教育服务质量开始体现教育过程的关键特征。以学者蒂鲁汶加杜姆（Teeroovengadum，2016）提出的教育服务质量分层模型（HESQUAL）为代表，该分层教育服务质量模型主要采用整体性的研究方法构建教育服务质量维度。这里的"整体性方法"（Holistic Approach）是指将教育过程和结果等维度纳入教育服务质量模型中。整体性分析方法主要借鉴北欧学派学者GRÖNROOS（1984）提出三维服务质量模型，即把功能（过程）质量、技术（结果）和图像质量（声誉）纳入教育服务质量的分析框架。[①] 这一研究思路也被众多学者和研究机构所采用。第二阶段的教育服务质量模型具有以下特点：一是研究者均从具体教育环境下的学生感知视角去界定教育服务质量，尤其重视教育条件的标准性、教学过程的合规性；二是教育服务质量研究的重心集中在质量的运作结构，即受教育者感知的教育服务质量结果如何与受教育者如何获取教育服务两个方面；三是重点探讨教育服务质量的构成维度，从政策法规、行政服务、教学过程和学生需求角度建构教育服务质量；四是从教育政策的相关规定去解释和分析教育服务质量（如图3-6所示）。

---

① GRÖNROOS C. A service quality model and its marketing implications [J]. European Journal of marketing, 1984, 18 (4): 36-44.

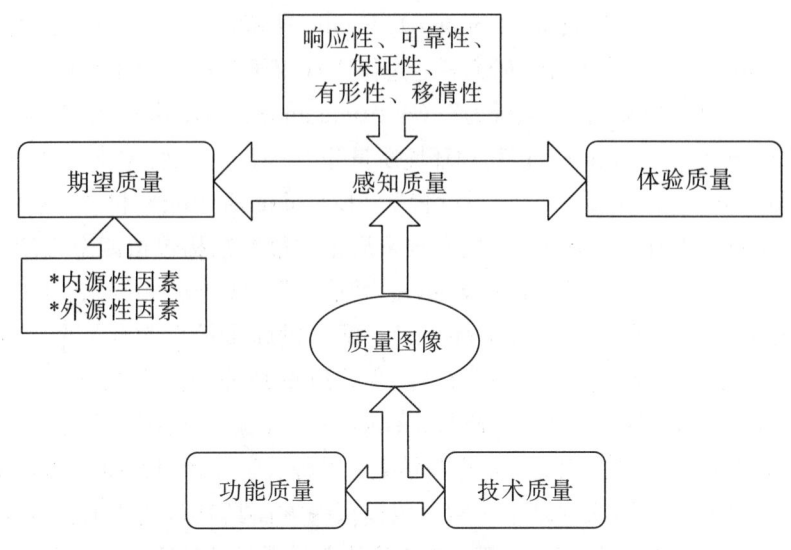

图 3-6 "服务质量三维感知模型"分析框架

资料来源：作者根据以下文献整理：Lehtinen U, Lehtinen J R. Two approaches to service quality dimensions [J]. Service Industries Journal, 1991, 11 (3): 287-303.

（二）教育服务质量分层模型（HESQUAL）的维度分析

Struyven 等学者认为，教育服务质量不是教育产出的最大化，而是服务供给不断满足受教育者需求的过程。[①] Chong Ahmed 指出，教育服务质量被视为一个创建最佳学习环境、保障教学、促进教学和满足学生需要的动态过程。[②] 这一观点得到了 Ball 等学者研究的支持，这是政府官员、教育领导人、专家对公共教育服务质量的基本共识。[③]

学者 Teeroovengadum（2016）在回顾现有文献和定性数据收集与分析的基础上，建立了测量教育服务质量的分层模型（HESQUAL）。该模型包括五个维度（如图 3-7 所示），分别是行政质量（Administrative Quality）、物理环境质量（Physical Environment Quality）、核心教育质量（Core Educational

---

[①] STRUYVEN K, FILIP D, STEVEN J. Students perceptions about evaluation and assessment in education: A review [J]. Assessment & Evaluation in Higher Education 30.4 (2005): 325-341.

[②] CHONG Y S, AHMED P K. An empirical investigation of students' motivational impact upon university service quality perception: a self-determination perspective [J]. Quality in Higher Education, 2012, 18 (1): 35-57.

[③] BALL S J, YOUDELL D. Hidden privatisation in public education [M]. Brussels: Education International, 2008.

Quality)、配套设施质量（Support Facilities Quality）和变革性质量（Transformative quality）。① 研究者通过探索性因子分析确定了行政管理质量的两个子维度："行政态度与行为"（Attitude and Behaviour）和"行政程序"（Administrative Processes）；物理环境质量分为三个子维度："支持基础设施"（Support Infrastructure）、"学习设置"（Learning Setting）和"一般基础设施"（General Infrastructure）；核心教育质量的最终结构包括四个维度："态度与行为"（Attitude and Behaviour）、"课程"（Curriculum）、"教育学"（Pedagogy）和"能力"（Competence）；配套设施质量只含有一个维度，即"支持性设施"（Support Facilities）；变革质量则分为两个维度："授权"（Empowerment）和"增强"（Enhancement）。② 该模型提出的分层教育服务质量维度既有广泛的文献支持，也与学生、教师、学校管理者和专家进行的深入访谈和焦点小组访谈的结果一致。该模型一方面具有跨文化的服务质量属性，另一方面比 SERVUQAL 模型在教育服务质量领域的适用性更强。

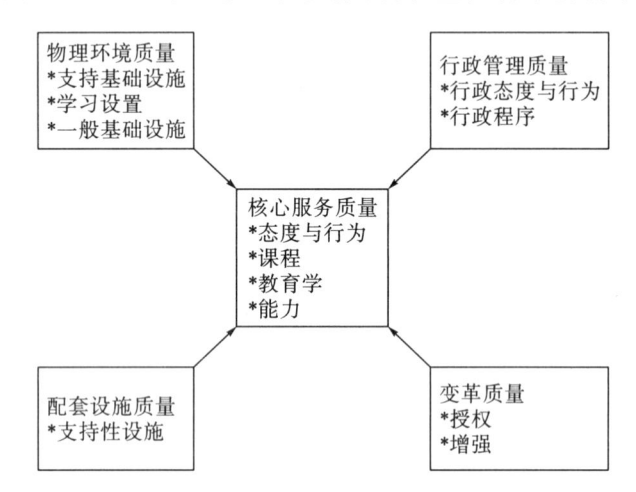

图 3-7 "多层教育服务质量模型"的构成维度

资料来源：Teeroovengadum V, Kamalanabhan T J, Seebaluck A K. Measuring service quality in education: Development of a hierarchical model（HESQUAL）[J]. Quality Assurance in Education，2016，24（2）：244-258.

---

① TEEROOVENGADUM V, KAMALANABHAN T J, SEEBALUCK A K. Measuring quality in higher education: Development of a hierarchical model（HESQUAL）[J]. Quality Assurance in Education，2016，24（2）：244-258.

② TEEROOVENGADUM V, KAMALANABHAN T J, SEEBALUCK A K. Measuring service quality in higher education: Development of a hierarchical model（HESQUAL）[J]. Quality Assurance in Education，2016，24（2）：244-258.

通过对教育服务质量分层模型的介绍,研究者认为 Teeroovengadum 建构教育服务质量维度的分析框架具有以下特点:①行政管理质量的内涵是指政府、学校提供的旨在不断满足受教育者需求的公共服务过程。包括行政氛围亲和、行政流程简便、底线管理规范和制度运行规范等子维度;②核心服务质量主要是指外在教育资源吻合教育规律和学生特点的程度,主要是指教学服务的合规性与教育需求表达的耦合性;③配套设施质量和物理环境质量主要是指保障教学和促进教学的外在教育资源的供给充足性、设施标准性和办学规范性;④变革质量主要反映政府或学校对公共教育服务改革的作用,重点是如何促进教育管理的规范性、参与民主性与问责有效性;⑤该分层模型通过采集受教育者教育服务需求,政府和学校对教育服务的资源配置、组织结构和教育任务做出针对性的服务安排;⑥由于不同服务对象(学生及其他利益相关者)对教育服务质量存在不同需求,因而教育服务质量目标应该具有多元性;⑦无论是政府还是其他机构提供的教育服务都应围绕建立最佳学习条件和提高教学质量而行动。

作为教育服务质量领域的经典分析框架,"服务质量感知模型"在教育服务领域得到广泛应用,它的优势主要集中在以下两方面:一是明确了谁是教育服务质量的评价对象。学生、教师作为公共教育服务的受益者,对教育服务供给质量有直观感受。政府、学校领导、家长作为教育利益的相关者也对教育服务质量形成产生重要影响。如何全面、客观地捕获不同对象的教育服务需求,并对教育服务需求的优先性进行排序,是合理建构教育服务质量的基本前提。二是服务质量感知模型的可操作性和局限性并存。服务质量感知模型的量表通常采用定量与定性相结合的研究方法设计与筛选指标。研究者通过对比用户对教育服务的先前预期与实际结果的感知差异,为改进教育服务质量提供了参照方案。但是,服务质量感知模型的分析框架也存在一定程度的局限。其一,基于用户态度的质量感知和需求采集具有不确定性和异质性。SERVQUAL 模型使用的量表反映的是用户预期感知的服务结果与实际体验绩效之间的心理差距,而不能真实、完整地测量受教育者内心和复杂的需要。[①] 其二,服务质量感知模型的关键属性主要借鉴私人部门的服务质量模型,缺乏公共行政背景的

---

① TEAS R K. Expectations, performance evaluation, and consumers' perceptions of quality [J]. Journal of Marketing, 1993, 57 (4): 18-34.

深入探讨和解析。总体看，分层教育服务质量感知模型能为本研究提供借鉴和拓展分析的参考框架。

五、以上经典分析维度的比较与共识

国外学界从公共服务质量、教育政策学的视角探讨了基本公共服务教育服务质量的形成过程，构成了几个比较经典的公共教育服务质量分析框架。不同分析框架由不同的质量维度构成，为本研究构建基本公共教育服务质量维度的分析框架搭建了研究基础，具有较高的借鉴价值和启发意义。不同分析框架虽为促成公共教育服务质量维度的共识提供了理论依据，但不同分析框架的研究思路和理论解释却有较大差异。在对比差异和建立共识的基础上，本研究试图构建适合我国基本公共教育服务质量维度分析的研究框架。

（一）四个公共教育服务质量框架的比较

国外公共教育服务质量模型及维度划分的分析框架在界定公共服务教育服务质量的概念、维度划分及作用机理阐述等方面均存在不少差异，研究者需要厘清其差异，综合比较各理论模型与分析框架的优势与不足。

首先，国外几个经典分析框架下的基本公共教育服务质量的概念内涵有所不同。总体而言，从四个分析框架论述的基本公共教育服务质量概念剖析，现有研究给出了"主观评价""服务属性""影响因素"和"供给过程"四种界定思路。第一种思路为主观评价，Parasuraman（1993）认为，"服务质量"是指"用户先前期望的服务与实际体验的服务之间的心理差异"，这是服务质量的经典概念。[1] 但是，基本公共教育服务质量与市场服务质量有所区别，即直接影响基本公共教育服务质量的主体通常不是用户或公众，而是基本公共服务的提供者——政府，王绍光认为基本公共教育服务质量的这种特征在威权型和政治体系迟钝的国家表现尤其明显。[2] 因此，完全套用用户"心理体验"的服务质量概念去测评基本公共教育服务质量可能存在解释限度的问题。第二种思路则是从服务质量属性的角度建构教育服务质量，但是研究者合理界定基本公共教育服务质量的特质属性通常面临一个巨大的挑战，即难以找到一个清晰、有效、有较高区别度且能被科学测量的特质属性。例如，学者朱塔·奈克提出

---

[1] PARASURAMAN A, BERRY L L, ZEITHAML V A. More on improving service quality measurement [J]. Journal of retailing, 1993, 69（1）：140-148.

[2] 王绍光. 政治文化与社会结构对政治参与的影响 [J]. 清华大学学报（哲学社会科学版），2008（4）：95-112.

的"公共教育服务质量织物模型"的7个特质属性（如公平与效率）之间既存在对立紧张关系，也存在互为补充的关系。因此，根据"特质属性"构建基本公共教育服务质量维度的研究思路不可全取。在第三种思路"影响因素"视角下的公共教育服务质量观则模糊了研究对象的自身属性。如果从外部影响因素的视角构建公共教育服务质量模型，研究者自然会在解释服务质量结果的理论探讨部分出现"因果错置"的思路混乱。[1] 第四种思路为联合国教科文组织提出的GMR（2005）模型，它采用"供给过程的"服务质量观，不仅有助于把握服务质量的结果，而且能动态分析服务质量的作用过程与实现机制，因而具有较强的理论意义与实践价值。正如学者Cheng（2003）对公共教育服务质量的定义，"公共教育服务质量是公共教育服务系统的外部投入、过程和输出中一系列构成要素的特征并有效满足内部和外部用户明确或隐含期望的过程"[2]。本研究借鉴联合国GMR（2005）所采取的公共教育服务质量概念的界定方式，并在此基础上稍做修正。一是明确基本公共教育服务质量是服务接受者的主观态度或心理体验，是以用户感知为基础的主观概念。这是对Parasuraman等（1985）提出的服务质量经典概念的借鉴与回应。[3] 二是从政策目标视角开掘基本公共教育服务质量的"特质属性"。即将教育政策的相关规定作为公共教育服务的赋予属性。换言之，政策相关规定满足对象需求的程度是构建公共教育服务质量的有效进路，这不仅是公共服务质量概念的重要共识，也体现了基本公共教育服务供给过程与需求过程的统一。[4]

针对"基本公共教育服务质量维度"形成过程，四个分析框架给出了不同的析题答案。联合国教科文卫组织在2005年发布的全球监测报告（GMR，2005），明确将教育服务的最终接受者（学生）置于维度构建的中心地位，并从教育环境、内容、流程、结果、学习者五个维度分析基本公共教育服务质量维度的形成过程与作用机制。学者Jutta Nikel（2010）则将基本公共教育服务质量维度的形成过程视为其特质属性之间的相互关系与交互作用。他指出，基本公共教育服务质量取决于其服务质量7个维度之间的相互联系，即提供者要维持基本公共教育服务的有效性（effectiveness）、效率（efficiency）、公平性

---

[1] 郁乐. 推理谬误、责任倒置与行动逻辑[J]. 伦理学研究，2017（1）：109—114.
[2] CHEONG CHENG Y. Quality assurance in education service: internal, interface, and future [J]. Quality Assurance in Education, 2003, 11（4）: 202—213.
[3] PARASURAMAN A, ZEITHAML V A, BERRY L L. A conceptual model of service quality and its implications for future research [J]. Journal of marketing, 1985, 49（4）: 41—50.
[4] 陈朝兵. 基本公共服务质量：概念界定、构成要素与特质属性[J]. 首都经济贸易大学学报，2019.

（fairness）、响应性（responsiveness）、相关性（relevance）、反射性（reflection）和可持续性（sustainability）之间的平衡，防止质量维度之间的"撕裂"。英国教育政策学家Leon Tikly（2011）则从背景、价值与过程的角度探讨了基本公共服务教育服务质量维度的形成。与此对应，"政策背景""社会正义""教育过程"成为解析基本公共教育服务质量的主要维度。

学者Teeroovengadum（2016）建构的多层教育服务质量感知模型（HESQUAL）则是对PZB提出的私人部门服务质量感知模型（SERVQUAL）的改良与拓展。他将基本公共教育服务质量维度的形成过程视为教育服务接受者（学生）对预期的服务与体验的服务之间的差距进行心理比较的过程。在这个过程中，基本公共教育服务提供者准确捕获学生的需求，并将其转化为教育服务质量属性的过程至关重要，直接影响基本公共教育服务质量的评价结果和满意度。尽管四个分析框架给出的答案解析不完全一致，但通过比较分析能总结出一些共识性要素。一是基本公共服务教育服务质量的生成是一个系统的动态过程，而不是一个静态的结果。这启发研究者从"服务过程"的途径去建构基本公共教育服务质量。二是不同分析框架均给出了基本公共教育服务质量组成维度、构成要素。这是本研究进行基本公共教育服务质量维度组建和服务过程设计的理论基础。三是上述分析框架实际上代表不同理念的基本公共教育服务质量观。借用教育政策评价的术语来说，"良好教育服务质量模型""教育服务质量感知模型""教育服务质量织物模型"和"GMR（2005）投入—过程—结果模型"分别对应基础教育领域的"外适性质量观""内适性质量观""个适性质量观"和"统适性质量观"[1]。这些研究思路和成果进一步构成本研究的逻辑起点与基本依据。

回应"基本公共教育服务质量构成维度为何"的问题，不同维度的分析框架所得出的观点差异较大。概述之，GMR（2005）所提倡的"投入—过程—结果模型"将基本公共教育服务质量的维度按作用过程拆分为"投入""过程"和"结果"。"投入"包括政府和社会各界提供的教育资源（人力、财力和物力资源）。"过程"主要指"保障教学"和"促进教学"等环节，核心是"教与学的过程"。"结果"则包括教育服务的"内部收益"和"外部收益"。"教育服务质量织物模型"则按照基本公共教育服务质量的特质属性，将基本公共教育服务质量的维度分为"有效性"（effectiveness）、"效率"（efficiency）、"公平性"（fairness）、"响应性"（responsiveness）、"相关性"（relevance）、"反射性"

---

[1] 严芳. 教育元评估的理论与实践研究[D]. 上海：华东师范大学，2010.

(reflection)和"可持续性"(sustainability)。"良好教育服务质量模型"则在"投入—过程—结果"模型的基础上增加了背景因素、价值因素和过程因素,分别是"政策规定""公平性、包容性、民主性"和"输入—输送和输出"。"多层教育服务质量模型"则从系统论的视角将教育服务质量的构成维度分为"行政管理质量"(administrative quality)、"物理环境质量"(physical environment quality)、"核心教育质量"(core educational quality)、"配套设施质量"(support facilities quality)和"变革性质量"(transformative quality)。由此可见,不同分析框架的基本公共教育服务质量组成维度存在较大差异。总体来看,上述分析框架未将基本公共教育服务质量构成维度置于基本公共服务供需适配的供给过程进行理解,也缺少合理性和差异性的理论解释,因而存在不少批评的声音。因此,本研究在借鉴不同分析框架中关于服务质量维度合理要素的基础上,减少既有研究的分歧和争议,有助于建构逻辑链条更为完整的基本公共教育服务质量分析框架。据此,上述分析框架是本研究进行拓展分析的理论参考依据。

(二)四个公共教育服务质量框架的共识

国外四个基本公共教育服务质量的分析框架形成了研究基本公共教育服务质量维度的基本共识,为建构我国基本公共教育服务质量的维度提供了参考依据。总体看,共识性要素主要体现在以下方面。

其一,将质量维度的形成过程置于基本公共教育服务供给过程中理解。四个分析框架实际上都重视提供者与服务对象在基本公共教育服务供给过程对质量维度形成的作用。虽然 Jutta Nikel(2010)提出的"教育服务质量织物模型"未明确基本公共教育服务供给特征对质量维度形成的影响,但是它建议基本公共教育服务的提供者时刻"警惕"质量维度间的紧张关系,防止维度之间的"撕裂"。Teeroovengadum(2016)既关注了学校供给基本公共教育服务的过程,也增添了教师和学生对教育服务质量的需求内容。但不足之处是未对基本公共教育服务供给过程进行细致的划分。Leon Tikly(2011)虽然明确了教育服务质量维度形成的作用过程,认为质量维度及最佳水平取决于外部背景与投入—过程和输出之间的要素组合与功能衔接,但是主要聚焦在外部影响因素的作用机理方面,未将服务提供过程置于研究议题的中心地位。而 GMR(2005)模型则明确将教育服务质量维度的形成过程拆解为"投入—过程—结果",并据此针对每个阶段的构成要素作为不同质量维度的组成内容,每个阶段的构成要素同时体现了提供者(政府)与服务对象的交互过程。借鉴这一共识,本研究将从基本公共教育服务供需适配给过程的视角去探索西部地区基本公共教育服务质量维度的形成过程。

其二，重视基本公共教育服务需求特征与公共服务相关规定的衔接，这是基本公共教育服务质量维度产生合法性的前提。总体而言，四个分析框架都重视将服务质量维度的形成置于需求满足的过程去理解。问题的难点在于提供者如何实现由服务对象的需求向基本公共教育服务质量关键属性的转化。Teeroovengadum（2016）则从学生需求表达的视角，包括对学校物理环境、学校效能、课程教学、教师表现和教育结果等需求内容建构基本公共教育服务质量的维度。GMR（2005）模型的分析框架则按照"投入—过程—结果"等不同环节的主体诉求去搭建服务质量的维度。例如，在投入环节，教育既需要政府的财政资源、办学条件、标准化建设等服务，还包括学校提供的教学管理、秩序维护、后勤保障等服务，也包括学生对老师具备专业知识、教学技能、课堂管理等内在需求。与此类似，Leon Tikly（2011）则按照内嵌于国家政策、学校环境、社区与家庭背景的不同需要，构建基本公共教育服务质量的维度，体现了政府、学校、社区/家庭对教育服务质量的不同利益需求。例如，国家更关注教育服务质量的外部收益，而学生和家长则聚焦于自身从教育服务中获得的直接收益。而 Jutta Nikel（2010）则更为明确地将基本公共教育服务的关键需求转化为基本公共教育服务质量维度的赋予属性，包括有效性（effectiveness）、效率（efficiency）、公平性（fairness）、响应性（responsiveness）、相关性（relevance）、反射性（reflection）和可持续性（sustainability）。这说明，基本公共教育服务质量维度的认同是建立在响应服务需求的基础上，这是有效建构基本公共教育服务质量维度的合法性基础。

其三，突出了入学公平、供给充足、参与服务、资源使用、结果问责等服务质量的维度。几个分析框架从不同侧面探讨了基本公共教育服务质量维度的入学公平、供给充足、参与服务、资源使用和督导责任等构成维度，只是在具体阐述和论证重心方面有细微差别。"良好公共教育模型""公共教育服务质量织物模型""投入—过程—结果模型"都将入学机会、办学条件、管理过程、检查验收等内容作为服务质量维度的构成要件。但是，"良好教育服务质量模型"强调服务质量的形成过程是如何有效投入与使用资源，重视政策背景因素与投入、过程与产出之间的交互作用，以及质量保障与监督问责。"分层公共教育服务质量模型"侧重于教育服务质量的资源供给的规范性、标准性、充足性等方面。"教育服务质量织物模型"则重视参与教育服务的响应性、公平性、有效性、可持续性等维度。上述观点成为本研究建构基本公共教育服务质量维度的理论参考。据此，入学公平是指适龄儿童平等进入基本公共教育服务的供给系统，包括破除入学的经济、文化、政治和制度障碍，这是服务接受者使用基本公共教育服务资源的前提。供给充足是指政府提供的基本公共教育资源的数量和规模基本满足教育服务的需求，这是受教育者均等享用基本公共教育服务的物质基础。管理服务是指教育系统的治理主体如何保障教学、促进教学的工作内容。资源使用是指教育资源的公平分配和有效使用，包括课程开启情况、教师对口情况、设施利用维护情况、教学方法合规性情况，等等。这是形成高质量的教育服务的关键环节。督导问责则是指政府全程参与基本公共教育服务的政策指导、教育监督、结果考核与责任追究等环节，这是基本公共教育服务具有规范性、问责性的重要体现。这些因素是基本公共教育服务质量维度不可或缺的共识性要素，为研究构建西部地区基本公共教育服务质量维度所借鉴。

第三节　西部地区基本公共教育服务质量维度的构建过程

一、基于国外文献归纳的基本公共教育服务质量维度形成过程

国外学界关于构建公共教育服务质量维度的分析框架为本研究构建西部地区的基本公共教育服务质量维度的分析框架提供了研究视角、研究思路与启示，为本研究基本公共教育服务质量维度的形成提供理论依据。

（一）基于供需全过程的服务质量维度的分析框架

本研究借鉴国外四个公共教育服务质量维度的分析框架关于"将质量维度放置于服务供需过程中去理解"这一共识。联合国教科文组织认为，发展中国家公共教育服务质量的形成过程可分为投入、过程与结果三个阶段，分别对应公共教育服务质量构成的服务开启与服务进入、服务交付与服务使用、服务产出与服务获益。[1] 但是联合国教科文组织提出的 GMR（2005）模型将教育需求过程纳入与服务供给过程的适配角度去理解。按照 GMR（2005）的观点，公共教育服务需求过程可依次拆分为对教育投入的需求、参与教育过程的需求、对教育结果的需求三个阶段。进而，服务质量的维度产生于需求系统特征

---

[1] UNESCO. EFA Global Monitoring Report 2005: The quality imperative [M]. Paris: UNESCO, 2005.

(Characteristics of Consumer system）与供给系统特征（Characteristics of Supply system）的互相适配。如果仔细比较国外另外三个分析框架，Leon Tikly（2011）提出的分析框架也体现了教育需求与教育供给互为依存的过程。Jutta Nikel（2010）提出的分析框架则是根据教育供给方与教育需求方的7个特质属性之间的相互关系建构了公共教育服务质量模型。最能体现这一研究思路的是 Teeroovengadum（2016）提出的分析框架。首先，Teeroovengadum 通过焦点小组访谈等定性研究方法，深入调查了服务对象与利益相关者对教育服务质量的基本需求。其次，研究团队采取同样的方法获取了政府、学校提供教育服务质量的态度与行为。最后，在平衡供需双方诉求的基础上，建构了教育服务质量的五个共识性维度。具体到我国西部地区的背景下，基本公共教育服务质量维度的供给特征更为明显。但是通过调查研究发现，西部地区的基本公共教育服务质量维度的形成过程明显受公众需求的影响。不同利益主体，尤其是家长、教师和学生的需求对基本公共教育服务质量维度的形成起关键作用。

据此，建构西部地区基本公共教育服务质量维度的分析框架，有三个关键步骤。

第一步，可将西部地区的学龄儿童或青少年的受教育需求按不同实现阶段拆分为进入服务、使用服务与受益服务三个主要环节。参考联合国教科文组织提出的"投入—过程—结果"分析框架（GMR，2005）和 Leon Tikly（2011）提出的"良好教育服务质量"分析框架，将西部地区的受教育者对公共服务的需求重新划分。原因在于：所有学龄儿童或青少年的受教育需求按实现过程可分为进入学校、就读学校和离开学校三个核心需求阶段。孙杰（2018）认为，入学需求是指受教育者对学校免费、免试、就近入读的基本需要。[①] 就学需求是指受教育者在学校获取与使用义务教育资源以促进自身能力增长的需求。离学需求是指受教育者由于毕业、升学或转学而离开在读学校并不再使用与享受原学校的基本公共教育资源的需求。离学需求一般产生于学生完成义务教育学业，度过既定教学学制与通过毕业考试之后（如正常毕业、升学等）。然而西部地区由于特殊的区域性因素，一部分学龄儿童或青少年公平入学的需求尚未全部满足，学生中途辍学而废弃学业的情况较东部与内陆多。由于偏远性、贫困性、资源有限性等因素，教育资源供给不足、优质教育资源匮乏、办学条件

---

① 孙杰，程晋宽. 义务教育学校标准化建设背景下就近入学政策研究的反思[J]. 教育理论与实践，2018，657（22）：28—32.

落后、教育质量不高、语言文字的影响等原因,导致不少西部地区的农村学生和贫困学生未能上学、中途辍学情况较多,升学率不高,义务教育巩固率堪忧。

  第二步,将西部地区的基本公共教育服务的供给过程按照传递顺序拆分为开启服务、交付服务与输出服务三个关键环节。借鉴联合国提出的 GMR(2005) 报告与良好教育服务质量模型的分析框架,政府在公共教育输入、过程和输出环节承担主体责任与供给义务。具体到我国,作为基本公共教育服务的核心内容,政府提供的义务教育服务按传递顺序可分为开启服务、交付服务与输出服务三个主要环节。首先在义务教育服务的首个供给环节——服务开启阶段,《义务教育法》第六条就规定:国务院和县级以上地方人民政府应当提供充足的教育资源,促进办学条件达标,推动义务教育均衡发展和保障学龄儿童公平接受教育的权利。[①] 这说明政府具有开启义务教育服务的法定职责,开启服务是政府提供基本公共服务的首要内容。其次在基本公共教育服务交付阶段。基本公共教育服务的交付涉及公共教育资源的规范化管理、委托代理(专业性的课程教学服务)与多元治理。我国《义务教育法》第六、七、八条规定:我国各级政府对义务教育实行分级管理、以县为主的管理体制,说明规范化管理是义务教育服务交付的重要内容。同时国家试行公共教育权力分权与多元治理的改革试点。在教育权力委托-代理关系的复杂政策链条下,政府逐渐实现对公共教育"管评办"的分离,从"管理行政"转变为"服务行政"。一方面政府通过赋予学校办学自主权,推动学校管理规范化和学校办学品质的提升,另一方面完善社区、家长、教师等多主体参与学校治理,促进学校治理的民主化和教育供给的多元化。政府交付服务还体现为把专业性的课程教学服务委托给学校及其专任教师实行。我国《义务教育法》第三十四到第四十条规定:义务教育教学应该合乎教育规律与学生身心发展特点,各级政府应该对教学制度、教材编写、课程标准等专业服务提供业务指导、政策标准。综上说明,管理规范性、参与民主性和教学合规性是政府交付服务的重要内容。最后,在基本公共教育服务输出的最后阶段,各级政府对教育政策依法实施情况、教育政策目标实现程度进行检查评价,建立激励问责机制,实现以评促改、以评促建,不断提升基本公共教育服务质量。如我国《义务教育法》第七

---

  ① 政策原文是:"国务院和县级以上地方人民政府应当合理配置教育资源,促进义务教育均衡发展,改善薄弱学校的办学条件,并采取措施,保障农村地区、民族地区实施义务教育,保障家庭经济困难的和残疾的适龄儿童、少年接受义务教育。"

章专门针对教育检查评价与问责事项进行了具体规定。这说明政府对公共教育产出负有结果考核的责任，独立承担法律责任，面临不断优化公共教育供给质量的外在压力。因而，结果验收、教育问责等是政府输出服务的重要内容。

第三，将政府供给基本公共教育服务的作用环节与受教育者在不同阶段的需求实现过程一一对应，便形成了基本公共教育服务供给与需求过程的三个主要阶段（如图3-8所示）。在受教育者入学阶段（进入基本公共教育服务系统），对应的是政府开启基本公共教育服务阶段。我国《义务教育法》相关规定：提供充足的义务教育财政经费、规范办学条件、促进义务教育均衡发展和保障入学公平是地方政府的法定职责，也是政府提供基本公共教育服务的首个内容。在受教育者获取与使用基本公共教育服务阶段（就学），对应的是政府管理监督服务、委托学校组织专业性教学服务、多元主体参与教育资源使用的过程。例如，我国《义务教育法》就对政府教育管理职责、学校举办教育内容、教师课程教学要求、多元主体参与教育等做了具体规定。最后，受教育者完成学业的过程也即是享益基本公共教育服务质量的过程。换言之，学生教育需求的满足与自身能力的增长是其离开学校的内部因素，同时也是检查评价地方政府完成既定公共教育政策目标的重要依据。政府通过检查评价公共教育政策目标的实现程度，强化结果运用，建立激励问责机制，实现以评促改、以评促建，不断提升基本公共教育服务质量。

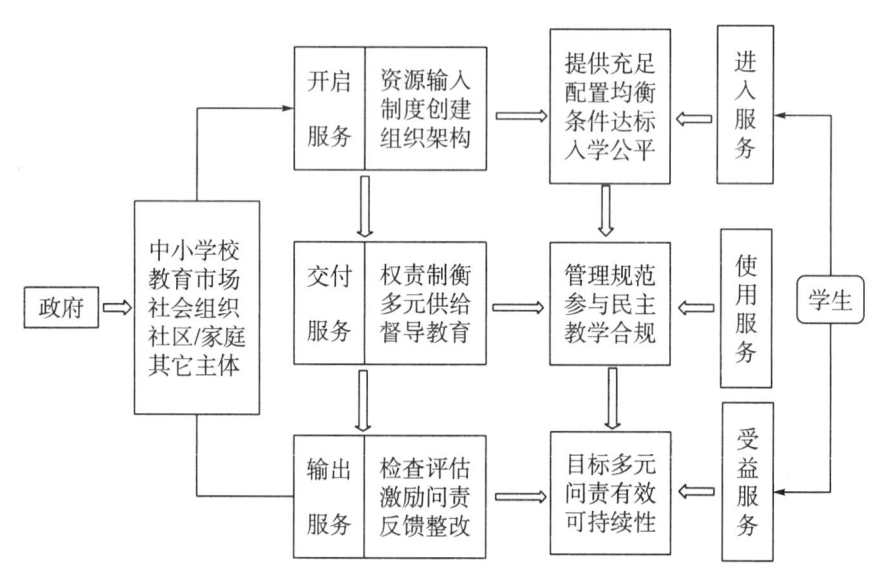

图3-8 西部地区基本公共教育服务质量维度的形成过程

资料来源：作者自制。

(二) 西部地区基本公共教育服务质量维度形成的阶段

如前文分析框架所示，西部地区基本公共教育服务质量的维度形成于基本公共教育服务供给与需求的适配过程之中。分解西部地区基本公共教育服务质量维度是深入理解基本公共教育服务质量供给与需求过程的逻辑延续。但是，基本公共教育服务质量的理论维度尚不具体清晰，本研究需要将服务的供给过程与需求过程分解为能被现实经验所能观察的具体环节，为后文构建基本公共教育服务质量的评价指标体系寻找理论依据。通过匹配供给与需求，西部地区基本公共教育服务质量被拆分为三个阶段。在每个形成阶段，都有供给过程与需求环节匹配。下文通过深入阐述西部地区基本公共教育服务质量维度形成的交互过程，详述基本公共教育服务质量维度的内涵与作用机理，为构建西部地区基本公共教育服务质量的维度提供自洽逻辑与理论依据。

第一阶段：政府开启服务与受教育者进入服务过程生成的基本公共教育服务质量维度。联合国教科文组织的特聘专家Atchoarena（2003）指出，"公共教育服务质量高低取决于于政府的财政拨款、基本建设和资源再分配的能力"[①]。也即是说，政府的基本公共服务供给能力体现为其开启教育服务的水平。具体而言，政府作为提供基本公共教育服务的责任主体，首先要通过充足的财政教育经费将义务教育纳入国家公益事业发展范围。其次，政府通过优化义务教育学校布局，规范学校设置规模，提高学校装备条件，加强教职工配备等学校标准化建设，来保障每位学龄儿童入学机会的公平。这是政府办学——开启基本公共教育服务的重要内容。与基本公共教育服务需求相对应，受教育者及其他利益相关者都把政府拨付充足的教育经费、提供标准化的办学条件、促进公共教育资源均衡分配、公平入学作为进入公共教育系统的基本需求。上述政府开启服务的完成也即是受教育者进入服务需求的实现，开启服务的完成程度从根本上决定了能否满足学生免费、就近入学的基本需要。

据此，将基本公共教育服务供给与需求的两个首要环节衔接起看，受教育者想进入基本公共教育服务系统，政府提供与需求相对应的公共教育资源与办学条件，供需双方的需求与行为特征都将影响基本公共教育服务质量。政府拨付财政教育经费、参与学校标准化建设、均衡配置公共教育资源与GMR

[①] ATCHOARENA D, GASPERINI L. Education for Rural Development towards New Policy Responses [M]. International Institute for Educational Planning (IIEP) UNESCO. 7-9 rue Eugene-Delacroix, 75116 Paris, France, 2003.

(2005) 所提出的投入环节基本对应，是基本公共教育服务供给过程的首个环节。与此对应，受教育者需要政府在服务开启阶段提供充足的教育经费、标准化的办学条件、均衡配置教育资源，切实保障入学公平。这是受教育者进入公共教育的基本需求，也是平等获取与享用基本公共教育服务的前提。将供需环节关联起来，则构成西部地区基本公共教育服务开启与服务进入的适配过程，共同构成基本公共教育服务质量在投入环节的四个维度：提供充足、条件达标、配置均衡和入学公平。

第二阶段：政府交付服务与受教育者使用服务过程产生的基本公共教育服务质量维度。政府交付服务是西部地区基本公共教育服务供给过程的第二个环节。政府筹措与提供充足的义务教育资源之后，就标志着基本公共教育服务供给过程从开启服务过渡到交付服务。政府交付服务的过程也是对公共教育服务进行权责同构、优化供给和指导监督的过程。概而言之，政府交付服务主要涉及如下内容：首先，中央政府通过权责同构，在学校管理、教育教学、教师建设、学生管理等专业领域加强业务指导与监督管理，促进公共教育学校管理的规范化和标准化。其次，通过权责制衡与组织架构，建立义务教育督学机构，重点围绕学校课程开启情况、硬件设施利用情况、教师资源对口情况、课程教学的标准化情况、教学方法与技术的科学使用情况等开展视察、督导和检查。再次，地方政府通过细化办事流程和服务指南，加强对学校建设、经费使用、教师管理和课程实施标准的业务指导与监督检查。同时督促各级政府按照职责权限与政策规定，引导学校按照教育规律和人才成长规律去组织使用教育资源。为提高教育资源供给的效率与质量，政府逐步向学校、市场和社会分权，构建现代学校管理制度。例如，推行参与民主，鼓励和引导教师、学生、家长、社区代表、社会组织参与公共教育服务供给，不断提升基本公共教育服务质量的满意度。

与此对应，使用服务是西部地区的受教育者实现教育需求的关键环节。联合国教科文组织在全球监测报告（GMR，2005）中使用的分析框架，就将合理与高效使用公共教育资源作为满足学生需求的重要一环。资源使用既包括在课堂之内的使用，还包括课堂之外的资源使用。[1] 首先，受教育者平等使用公共教育服务的前提需要政府和学校加强教育服务管理的规范化。这包括教育财政经费使用规范、教学教辅设施使用规范、后勤保障服务规范，等等。其次，

---

[1] UNESCO. EFA Global Monitoring Report 2005: The quality imperative [M]. Paris: UNESCO，2005

受教育者高效使用服务的关键是外在教育资源的组织形式要符合教育内在规律和学生身心特点。这就要求政府指导和督促学校课程设置合规、教学方法合规、课程标准合规、教师教育合规等。再次，受教育者使用教育服务的过程也是参与民主和共同治理的过程。美国教育政策学家Epstein认为，"针对学龄儿童或青少年的公共教育不仅是学校的事情，更需要家庭与社会的参与，才能提高各种教育资源利用的整体效益"[1]。例如，Sanders（2001）重视家长参与学校公共治理，他将家长的角色分为：家长是听众或旁观者、家长是学习者、家长是政策制定者、家长是子女的教师等类型。[2] 进一步，Chavkin（2000）认为，教育行政系统应建立咨询制度、听证制度、监督评议制度和直接参与制度，能促进社区代表、教师、家长、公众等主体自由选择和使用公共教育资源，增强公共教育服务供给的精细化、专业化和多元化。[3]

将使用服务与交付服务这两个需求与供给环节——对应，就形成了西部地区基本公共教育服务质量的供需适配过程。此过程是公共教育投入转化为基本公共教育服务产出的关键环节。在服务交付阶段，政府与学校通过职责分工，优化流程，构建多元治理结构，促进公共教育资源有效整合与高效使用，以保障教学和促进教学。此过程可概括为："管理规范化""参与民主化"。另外，政府通过委托学校、教师提供专业化的课程教学服务、优化教学内容与形式、改革育人机制等途径，推动公共教育资源的外在组织形式吻合教育内在规律与学生身心特点，促进学生的全面发展与能力增值。此过程可概念化表达为"教学合规性"。上述维度共同构成西部地区基本公共教育服务质量在服务交付与服务使用环节的三个组成维度。

第三阶段：政府输出服务与受教育者受益服务过程产生的基本公共教育服务质量维度。受益服务是受教育者在基本公共教育服务需求过程的末尾环节。在获取与使用基本公共教育服务之后，基本公共教育服务会以三种收益形态转

---

[1] EPSTEIN J L, SANDERS M G. What We Learn from International Studies of School-Family-Community Partnerships [J]. Childhood Education, 1998, 74 (6): 392-394.
[2] SANDERS M G. The role of "community" in comprehensive school, family, and community partnership programs [J]. The Elementary School Journal, 2001, 102 (1): 19-34.
[3] CHAVKIN N F. Family and community involvement policies: Teachers can lead the way [J]. The Clearing House, 2000, 73 (5): 287-290.

化为产出。① 这三种收益形态分别是教育的个体收益、内部收益和外部收益。教育政策学家王善迈（2013）认为，个体收益是指受教育者从基本公共教育服务发展中获取的直接收益，而外部收益是指社会或他人从基本公共教育服务发展中获取的间接收益。② 陈玉琨将学生内部发展的评价结果概括为"个适性质量观"，即政府提供的基本公共教育服务能促进自我实现的程度，包括知识、技能、情感、态度与价值观的增长。③ 同时，国外教育学界也将基本公共教育服务的外部收益纳入为享益环节的评价维度。孙绵涛（2007）认为，外部收益是指基本公共教育服务系统之外的利益相关者所获取的收益状况。④ 此外，教育实现既定教育政策目标的程度也构成教育系统的内部收益，如义务教育入学率、巩固率、普及率，等等。通过获取与使用基本公共教育服务，学生通过学习转换与能力增长完成自身预期的教育需求。这种终端的需求可归纳为毕业的需求、升学的需求等，可进一步概括为完成学业或退出基本公共教育服务系统而离开学校的需求。但是教育收益不仅是当下的状态，还体现为长远的收益。联合国教科文组织在2015年明确将"包容性"正式列入联合国制定的17项可持续发展目标（Sustainable Development Goals）。中国政府也将"坚持全面发展、包容发展，为学生终身发展奠基"作为公共教育发展的战略目标之一。Nikel指出，包容性从时间尺度（超过一代）和地理尺度等方面考虑了公共教育的长远影响和政府的责任范围。⑤ 从这个意义上看，将教育受益的包容性纳入基本公共教育服务质量的享益范围，体现了政府的担当和肩负的公共责任，是经济社会包容发展的根本保障。因此基本公共教育在服务输出与服务获益环节，应将教育的包容性作为基本公共教育服务质量在结果环节的组成维度。

与享益服务环节对应，政府需要对公共教育服务的产出或结果进行检查验收，作为其公共服务职能履行情况的考核依据。因此政府输出服务的内容主要

---

① OECD在《教育展望2010：OECD指标》明确将发展中国家的义务教育的收益形态分为三种：受教育者自身的收益，教育系统内部（如学校、教师）的收益和国家或社会间接获取的收益。具体见：Organisation for Economic Co-operation and Development (OECD). Education at a glance 2010: OECD indicators [M]. Paris: OECD, 2010.

② 王善迈，董俊燕，赵佳音. 义务教育县域内校际均衡发展评价指标体系 [J]. 教育研究，2013（2）：65-69.

③ 陈玉琨. 教育评价学 [M]. 北京：人民教育出版社，2009：225.

④ 孙绵涛. 教育效能论 [M]. 北京：人民教育出版社，2007：23.

⑤ NIKEL J, LOWE J. Talking of fabric: A multi-dimensional model of quality in education service [J]. Compare, 2010, 40 (5): 589-605.

是对教育政策目标实现程度的检查验收与结果运用等。换言之，政府作为基本公共教育服务的提供主体，须对基本公共教育服务发展目标与发展结果负主体责任。为加强依法治教，强化政府承担公共教育发展质量的主体责任，《国务院关于深入推进义务教育均衡发展的意见》提出，省（区、市）级政府要建立推动有力、检查到位、考核严格、奖惩分明、公开问责的义务教育均衡发展的责任机制。[①] 在具体实施细则上，评价验收工作主要以原国家教委颁发的《普及义务教育评价验收暂行办法》（以下简称《办法》）为主要依据。该政策文件对各级政府组织实施义务教育评价验收的组织架构、权责分工、工作机制、评价标准及奖惩措施做了细致规定。《办法》围绕评价项目与指标要求、评价验收程度、表彰和处罚等内容做了具体规定，是指导地方政府督导评价与反馈改进基本公共教育服务质量的重要依据。由此可见，检查验收与反馈问责是政府输出基本公共教育服务质量的"一体两面"：检查验收是考核政府公共服务供给质量的科学依据，反馈问责是强化基本公共教育服务质量结果运用的政策延续，二者共同构成政府输出基本公共教育服务质量的重要内容，是各级政府不断改进基本公共教育服务质量的动力机制。

将输出服务与受益服务两个过程一一对应，无疑强化了西部地区基本公共教育服务质量在结果环节的供需适配。在享益基本公共教育服务阶段，受教育者或其他主体对基本公共教育服务受益情况进行主观感知与收益评估，包括自身获取的直接收益，社会或他人获取的间接收益等。此过程可提炼为基本公共教育服务质量的第八个维度，与公共教育发展的包容目标相对应，政府的责任与行动至关重要。政府要通过政治激励、行政规划为实现"教育2030行动框架"提供组织领导、资源支持与政策指导，并创建支持公共结果包容发展所需的良好环境。[②] 也即是说，在受教育者享益基本公共教育服务的过程中，政府为受教育者输出的包容学习和终身学习的机会与资源越多，教育环境越包容、透明和开放，公共教育发展对国家和地区可持续发展的贡献也越大，基本公共教育服务的内部收益与外部收益、短期收益与长期收益也越多。此内容可概括为"包容性"。另外，与输出结果的评价验收环节相对应，政府作为基本公共教育服务的提供者，需监督、检查、验收与评价基本公共教育服务政策目标的实现程度，并及时问责，形成反馈整改意见，督促各级政府与学校不断提升基

---

① 中国网. 国务院关于深入推进义务教育均衡发展的意见[J]. 海南省人民政府公报，2012(18)：14−16.

② Agenda 2030 – Education and Lifelong Learning in the Sustainable Development Goals [M]. DVV international，2016.

本公共教育服务质量。此过程可概括为"问责有效性"。

二、扎根西部地区的基本公共教育服务质量维度形成过程

仅靠借鉴国外经典分析框架难以建构西部地区基本公共教育服务质量维度，具体表现为以下两点：一是虽然国外经典研究能够为本文的评价框架提供理论借鉴，但是这些理论研究并未在西部地区做实地调研与深入访谈，因此并不能准确反映西部地区公众这一特定群体的教育生活与教育经历，更不能分析与探讨西部地区背景下的基本公共教育服务质量形成过程，难以反映和解释西部地区基本公共教育服务质量的主要问题，更不能针对性地提出解决办法。二是传统研究路径难以填补理论研究与经验研究之间的鸿沟。国外既有研究倾向采用抽象、宏大的理论框架，追求样本的代表性，缺少对问题的深度研究，不能反映我国西部地区的基本公共教育服务质量形成的真实过程。如果简单照搬国外相关研究的评价框架，难以保证理论框架分析研究问题研究的适用性、有效性和深入性。因此，本研究采纳诺曼．K．邓津的研究思路，将未知或尚未检验的研究命题置于具体的社会情境下发掘和理解，采用扎根理论研究路径，试图弥补既有研究路径的不足。

（一）扎根理论研究西部地区基本公共教育服务质量维度的必要性

中国西部地区的基本公共教育服务供需规律与国外的基本公共教育服务研究结论存有较大差异。国外基本公共教育服务质量维度的分析框架虽然有助于建立理论共识，化解研究问题的分歧，但是国外地区的教育体制、经济水平、社会结构、文化素质与教育发展等领域与中国西部相差较大。中国西部地区的特殊性如下。

第一，西部地区基本公共教育服务供给空间的边陲性。中国西部地区包括十二个省、自治区和直辖市，国土面积678.1589万平方公里，占全国总面积的70.6%；2017年的数据显示人口为3.795587亿，占全国总人口的27.2%。西部地区疆地广人稀，除四川盆地和关中平原以外，绝大部分地区是我国经济和教育欠发达、需要加强开发的地区。西部地区多为少数民族聚居区，生活着44个少数民族，远离经济和文化中心，分享经济发展红利和优质教育资源的机会较少。由于地处偏远，地质地貌复杂，交通条件滞后，基本公共教育服务可及性差。同时西部地区幅员辽阔，国家优惠性政策的"抗阻效应"和"衰减效应"较大，制约了信息、技术、物质和能量传递的广度与深度，造成优质教

育资源的不足。加之地广人稀,地理偏远,实现集中办学与规范化办学的难点较大,基础教育公平问题更加突出。

第二,西部地区基本公共教育服务环境的封闭性。封闭性是中国西部地区农村教育和民族教育的又一属性特征,具体表现在教育信息闭塞、教育观念落后、教育内容及手段与方法更新慢等方面。其原因有以下方面:其一,地理环境的封闭性。西部地区大多远离中心城市和平原地带,多是高原、山地、荒漠,社会生活与生产方式相对封闭,特别是西部民族地区的产业结构单一,发展方式粗放,导致市场经济规模小甚至发展停滞,不仅制约区域经济开放与共享,也造成了社会文化与教育观念的保守封闭。其二,西部地区居民传统观念较为浓厚,一些较为落后的文化思想观念根深蒂固。宿命论思想、迷信和禁忌、血统观念、小农生产观念、平均主义等都在很大程度影响受教育者的观念和行为。其三,不少西部地区是国家通用语言建设薄弱的农村地区,如藏族、维吾尔族、蒙古族、壮族等少数民族聚居区中一般通行本民族的独立的语言文字,语言的障碍、文化的隔阂、认知的差异等都可能影响少数民族地区的教育质量。

第三,西部地区非传统安全问题与教育落后问题相互交织。中国西部地区的非传统安全问题日益受到国家和政府的高度关注。例如,中越、中缅边界的毒品贩卖、跨国犯罪、人口拐卖、艾滋病蔓延、战争问题等。这对西部地区国家安全教育、民族团结教育等提出更高的要求。因此,西部地区基础教育除了传承本民族优秀文化的功能外,还应强化铸牢中华民族共同体意识、巩固边防与社会稳定等教育功能。

(二)扎根理论研究方法及其优势

扎根理论是由美国学者巴尼·格拉泽(Barney Glaser)与安塞姆·斯特劳斯(Anselm Strauss)在1976年出版的《发现扎根理论:质性研究的策略》一书正式提出。扎根理论在国内外社会科学界产生了重要影响,被誉为20世纪末"应用最为广泛的质性研究解释框架"(Denzin,1994)。[1] 近二十年来,扎根理论研究在中国社会科学界产生了广泛影响,在教育学、管理学等众多研究领域中涌现出一批重要研究成果。[2] 扎根理论旨在弥合经验研究与理论之间

---

[1] DENZIN, N. K. "The Art and Politics of Interpretation." In N. K. Denzin & Y. S. Lincoln (eds.), Handbook of Qualitative Research. Thousand Oaks: Sage, 1994.

[2] 贾哲敏. 扎根理论在公共管理研究中的应用:方法与实践[J]. 中国行政管理,2015(03):90—95.

的二元对立，以开辟新的研究路径为目的，提出了一种非"验证的"而是"生成的"社会科学方法论。① 扎根理论研究认为，实在的理论通常是深藏于具体的时空、事件和行为关系的过程之中的，主张采用深度访谈法和参与观察法搜集一手资料，不断补充、修改和整合访谈资料，从而挖掘、归类和发展被现场资料所验证的理论。②

具体到本研究议题，国外公共教育服务质量的评价框架是西方教育体制与发展规律的总结，并不完全适用于中国西部地区。因此，将国外经典评价框架与中国西部地区实地经验资料联系起来，建构符合特定背景或空间的质量维度就十分必要。因此，本研究在西部地区通过深度访谈等方法系统地收集基本公共教育的发展资料和分析资料，获取官员、学校行政管理人员、教师和学生家长对基本公共教育服务质量的感受和态度，并将他们的需求与态度用结构化的理论表达与编译出来，构建适用中国西部地区的基本公共教育服务质量评价维度。

具体到基本公共教育服务领域，公共教育服务质量必然产生于特定的空间（学校）、特定的时间（从开学到放学）、事件（上课）、行为（教与学）等过程之中。本研究前期深入四川县级教育行政部门、学校开展调查，采用深度访谈，辅助实地走访、查阅文档、观察法、焦点小组等定性研究方法获取实地资料。研究者在后期需要整理备忘录，对访谈资料的词句、段落等信息片段进行整理与概括，通过三级编码厘清概念类属关系，提炼更高抽象层次的质量范畴，确定相关范畴的维度和性质，本研究借鉴孙晓娥的研究思路，将原始访谈和观察数据的编码过程概括为开放式译码（open coding）、主轴式译码（axial coding）、选择性译码（selective coding）三个编码过程。③ 在编码之前，我们鉴陈秋英的研究，把负责具体数据编码的人员分成两组，各自独立进行编码。④ 在获取初步编码结果后，课题组召开组内讨论会，将不同组的编码结果进行对比和交叉检验（cross validation），采取同行验证（peering debriefing）和三角验证（triangulation）方法检验各组编码的信度与效度，最终得出西部地区基本公共教育服务质量的表征维度。

---

① 吴肃然，李名荟. 扎根理论的历史与逻辑［J］. 社会学研究，2020（2）：25.
② STRAUSS A L. Qualitative analysis for social scientists［M］. Cambridge university press，1987.
③ 孙晓娥. 扎根理论在深度访谈研究中的实例探析［J］. 西安交通大学学报（社会科学版），2011，31（6）：87-92.
④ 陈秋英. 大学生感知价值实际维度的扎根理论研究［J］. 管理学报，2011，8（7）：1021-1026.

（三）访谈设计与理论抽样

按照汤姆·文格拉夫的建议，研究者以一种开放性和深入性的态度开展访谈。[1] 具言之，一是在访谈提纲准备过程中我们只暂定主要问题和理论框架，并根据受访者回答情况改进和完善访谈问题。二是对某些关键问题和概念不断追问或交谈，以探索知识细节和事实之间的意义关联。[2] 三是在访谈中，研究者采用渐进式聚焦法将话题更多地引向被访者的教育史与广阔的生活背景中，深度挖掘受访者对教育结构与教育生活的语言、行为与情感意义，进而发现和解答问题。[3] 另外，对于争议性较大或较模糊的核心概念，我们采用焦点小组法的多轮讨论形成概化知识和研究共识。

鉴于义务教育是国家予以保障的基本公共教育服务，是基本公共服务的重要组成内容。因而本次调查研究单位主要为小学和初中。由于西部地区地域辽阔，人口居住相对分散，社会经济发展与义务教育发展水平差距较大。西部地区分布有高山、高原、盆地、低山丘陵和荒漠，山路崎岖，交通不便，增加了本调查研究的难度和研究成本。为节约研究成本和降低调查难度，基于时间、精力、成本等各方面的限制，根据研究的便利性和可行性，我们选取四川省恩阳区、四川省大英县、四川省康定市作为访谈地点。

本研究采取分层随机抽样、整群抽样与简单随机抽样相结合的方式进行抽样。首先，在3县（区、市）分别随机抽取2所小学和1所初中；其次，在抽中的学校里随机抽取5个教学班级，并在每个班级中随机抽取5名学生家长作为访谈对象，并对抽中班级的1名班主任、2名主科专任教师开展访谈，访谈对象还包括抽中学校的中层及以上领导5人，县（市、区）级教育行政部门5名在编在岗工作人员，共计420名访谈对象（见表3-1）。

---

[1] WENGRAF TOM. Qualitative Research Interviewing Biographic Narrative and Semi-structured Methods [M]. London: SAGE Publications, 2001: 3-6.

[2] [美]克利福德·格尔茨. 文化的解释 [M]. 纳日碧力戈等译, 上海: 上海人民出版社, 1999: 18.

[3] CHAMBERLAYNE P, JOANNA B, TOM W. The Turn to Biographical Methods in Social Science Comparative Issues and Examples [J]. New York: Routledge, 2000: 17.

表 3-1　半结构化访谈和随访参与人员信息统计表

抽样框	初级单元（区、县）	二级单元（学校）	三级单元（班级）	最终单元（人）
恩阳区	1	1×（2+1）=3	3×5=15	15×8+20=140
康定市	1	1×（2+1）=3	3×5=15	15×8+20=140
大英县	1	1×（2+1）=3	3×5=15	15×8+20=140
合计	3	9	45	420

资料来源：作者自制。

（四）三级编码

1. 开放性译码

扎根理论研究需要整理访谈资料，即是对资料进行"概念化—类属化—找出核心类属—建立理论架构"的过程。[①] 开放性译码是研究者对所搜集的定性资料进行概念化与初始化的过程。第一级编码即开放性译码，是将初始资料拆解、检视、比较、概念化和类属化，主要环节包括：贴上概念标签—发现类属—提取类属—发展类属的属性和维度。[②] 本研究开放性译码步骤如下：首先，参照扎根研究方法的基本规范建立两个编码小组，分别对双盲编码的原始材料贴标签、发现和提取类属，按照最大可能性标准，对比分析两组所有编码，形成了1265条概念标签。其次，按照概念近似与同义原则，由两组编码成员背对背式对初始概念标签提取独立类属，保留603条概念标签。本研究对所有概念标签进行了多次核对、返回修正、类属合并，最终保留10余条类属、40余条属性维度集。此外，为了保证编码的科学性，本研究采用Atlas.ti9.0统计软件作为分析工具。开放译码的顺序为：地区编号（如N：恩阳区；K：康定市；D：大英县等）—机构/群体编号（G：政府；S：学校；T：教师；P：家长）—受访者编号—语句编号。例如KS002011，是指康定市某学校第2个受访者第11条访谈语句。限于篇幅，下文列举了代表性概念标签和类属编

[①] STRAUSS A, CORBIN J. Basics of Qualitative Research: Grounded Theory Procedures and Techniques [M]. Newbury Park: Sage Publications Inc, 1990: 61-65.

[②] STRAUSS A, CORBIN J. Basics of Qualitative Research: Grounded Theory Procedures and Techniques [M]. Newbury Park: Sage Publications Inc, 1990: 61-69.

码信息（见表3-2）。

2. 主轴编码

第二步是主轴编码。主轴式译码旨在回答"在哪里、为什么、谁、怎样以及结果如何"等问题。本研究从国家相关政策和文献表述的思路挖掘不同层级范畴的内涵、关系及其主要依据，以形成更高维度的类属维度，梳理访谈资料之间的脉络和性质。本研究综合概念标签和发展类属后，提炼出10个副范畴，分别是提供充足、配置均衡、条件达标、入学公平、管理规范、教学合规、参与民主、目标多元、问责有效和包容性（见表3-3）。

表 3-2 原始资料语句与义务教育服务质量维度的三级译码

访谈语句	开放编码			
	贴(概念)标签	类属	属性	维度
KG002010-12:"2017年教育部印发《县域义务教育优质均衡发展督导评估办法》,从办学条件、师资配备、资源配置、师资建设、均衡发展战略高质量实施的要求,就近入学等方面设计了30多项评估指标……优质均衡督导评估办法是全面实施高质量发展战略的指标,不因各办学的指标合格,还要这项指标'高质量'发展。从办学硬件建设,从重数量规模,转向更重质量,一手抓师资队伍和学校文化内涵建设,保障我市每位适龄儿童办学的指标合格,还要这项指标的书读……"NG001005-8:"我区始终坚持'科教兴区、人才强区'战略,以促进城乡教育服务差距、管均衡,管理水平均衡为目标,大力统筹城乡教育资源,缩小城乡教育差距。(看着手中的打印资料)我区已累计投资近5亿元,深入推进'十二五'工程建设,农村义务教育办学条件实现了焕新升级……近年来,我区人均保持在90%以上;N区始终高度重视残疾儿童少年接受义务教育的权利,'三残'儿童义务均保持在90%以上;N区始终高度重视残疾儿童少年施四大工程,引进优秀教师1173名,交流教师425名,交流校级干部21名,培养省市级名师152人,名校长17人,全区现有中小学教师学历达标率100%……"	教育资源、经费使用、均衡发展、资源配置、办学条件均衡、师资配备、均衡发展、高质量发展、缩小城乡教育差距、农村义务教育办学条件建设、抓硬件软件建设、师资队伍建设、随迁子女受就学免试入学、残疾儿童入学率等	基本公共教育服务投入环节	充足	充足-匮乏
			均衡	均衡-失均衡
DS030013-14:"推进学校学校的管理是有规定和标准的。我校严格按照国家《义务教育学校管理标准》推进学校管理标准化。具体的管理内容包括(拿着一份文件读):提升教育教学水平、保障学生平等权益,促进学生全面发展、引领教师专业进步,营造健康安全校园环境、建设现代学校制度……小学和初中主要管理职责涉及22项管理任务,具体包含'坚持免试就近入学','均衡编班'等88条具体内容……"	学校管理标准、提升教育教学水平、保障学生平等权益、小学生全面发展、引领教师专业发展和心理素质培养、营造主动管理环境、营造现代学校园环境、建设现代学校制度、教育过程中的规律、学习知识与创造的规律、注重全面发展和心理素质培养、引领教师专业发展、营造主动管理环境、平等合作的师生关系、多元学校制度	基本公共教育服务过程环节	标准	合格-不合格
NT003010-14:"《教育教学知识与能力》一书是讲过教育过程的(思考了一下)……一个同接规律是我们的课堂教学过程中,学生既要学习书本上的经验,又要学习自己生活中的经验。第二个是发展性规律,我们在课堂教学不能只注意输学生自身的智力与能力的发展……还有教育性规律大概是建构主义教学,例如老师只发挥抛砖引玉的作用,学生是学习过程中的主体,提启发式教学,研讨式教学,而目师生之间要建立合作、友好、民主平等的关系……"			公平	合乎规律-违背规律
KS001009-11:"是由学生、家长、社区代表、专家综合评……在现代学校制度背景下的教育管理出现新变化,比如现在开会的时候,行政领导说得少了,教师们和家长们说得多了……我校已按照省、市要求建立了校务委员会,成员包括由校长和党组织负责人、教师、家长和社区代表参人,初中还有学生代表参与,校务委员会主要民主管评议学校章程、发展规划、年度计划等重要重大事项,并报校长办公会审定。"	民主学校代表、校务委员会、现代学校制度、多元学校制度、民主决策、会员民主审议章程、发展规划、年度计划等重要重大事项等		民主	多数决定-少数决定

续表3-2

访谈语句	开放编码				维度
	贴（概念）标签	类属	属性		
DP005014-17："我们家长的看法比较简单，评价教育质量好不好，就看学生成绩有没有提高，能不能在期末考试中得高分（抿嘴一笑）……当然，除了掌握知识，提高学生成绩和应试技巧外，学校也应当促进孩子的身心健康发展……" KG001016："（受访者拿着文件读）《关于深化教育教学改革全面提高义务教育质量的意见》明确从县域、学校、学生三个层面评价义务教育质量，学生发展质量包括学生品德发展、学业发展、身心发展、审美素养、劳动与社会实践等五个方面；学校办学质量评价主要包括办学方向、课程教学、教师发展、学校管理、学生发展等……；县域义务教育质量评价主要包括评价导向、组织领导、教学条件、教师队伍、均衡发展等……"	学业成绩、基本知识、应试技巧、身心健康、全面发展、办学质量、优质教学、课程教学质量、学校管理、经费使用不均衡	基本公共教育服务结果环节	多元	单一——多样
NG002010-13："关于教育同责（思考了一下），主要依据是《中华人民共和国义务教育法》实施办法》，该办法第五十八条到第六十二条规定了教育同责的主体、对象、方式……从既有同责文件看，同责内容集中在义务教育经费使用不当、挤占、挪用教师编制的，恶意拖欠教师工资、教育乱收费，乱摊派、违规招生、考试泄密、举办企业或其他组织、个人侵占、实施体罚或变相体罚学生人格尊严的同责外，其次是针对教学活动、破坏教学秩序、师生人身财产安全等案件的……包括企业或其他组织、个人侵占、破坏学校的设施设备、方式主要是限期改正、通报批评、情节严重或社会影响较大的，对直接负责的主管人员和其他直接责任人员依法给予党纪政务处分……"	校安全事故、教育乱收费、经费使用不当、破坏学校设施、教学秩序、侵犯师生人身与财产安全、经济社会协调发展人与自然和谐、人的身心健康发展、人际和谐、人与自然共生、保护生态环境、节约资源、参加志愿活动、环境地理知识等	同责	严格——宽松	
DT005017-19："（教研室主任拿着一份资料读）《包含发展教育追求经济与社会的协调发展，人与自然共生、保护生态环境、节约资源、参加志愿活动、环境地理知识以及人的身心健康发展……包含发展教育还包括人际和谐、人与自然共生、保护生态环境、节约资源、参加志愿活动、环境地理知识等……少数民族地区的教育除了提升科学文化素质的要求外，政府还要考察学校开展国家自然教育、民族团结教育、爱国主义教育和社会主义宗教教育的情况》。"		包容	排斥——兼容	

资料来源：根据访谈资料整理。

表3-3 主轴编码形成的类型及其关系内涵、理论依据

主范畴	副范畴	包含的概念	政策依据与关系内涵
投入环节	提供充足	提供充足是指政府提供的义务教学和教育资源能够支撑学校包括教师队伍等资源供给充足	我国《义务教育法》第四十二条规定：各级政府足额支付义务教育财政性经费，全面纳入财政保障范围，确保教职工工资按照规定发放，确保学校的正常运转和校舍安全。国内关于义务教育资源提供与公共教育质量关系的研究文献较多。例如，林江（2011）研究表明，地方政府教育财政供给能力直接影响基本公共教育服务质量；胡妍（2016）认为，保障合格和专业化的教师队伍是提高基本公共教育服务质量的有效途径；王善迈（2014）认为，政府提供充足的教育设备设施及完备的教学辅助条件是保障教育质量的关键一环
	办学达标	办学达标是指义务教育学校办学条件达到中央或地方政府制定的政策标准。办学条件达标包括义务教育学校设置、校园规划、校舍建设、运动场地及绿化、教育装备等办学条件达到国家标准	我国《义务教育法》第四条规定：依法实施义务教育学校必须按照国家规定标准，确保教育教学质量。国内关于义务教育办学达标承载着促成教育教学质量关系的研究文献较多。张新平（2010）认为，办学标准是维持基本公共教育服务底线与合格的强制性条件；李鹏（2016）认为，促进基本公共教育服务优质化是义务教育质量优化的关键—是义务教育学校建设标准化
	配置均衡	配置均衡主要是指政府对义务教育资源配置实现区域均衡、县域均衡、城乡均衡和校际均衡。配置均衡的内容不仅包括义务教育办学条件的均衡，还包括师资水平、生源素质、教育质量等方面的均衡	我国《义务教育法》第六条规定：国务院和县级以上地方人民政府应当合理配置教育资源，并采取措施，保障学校均衡发展，改善薄弱学校的办学条件。国内关于义务教育均衡发展是保证教育服务公平与质量关键的研究文献多，例如唐小玲（2019）认为，义务教育质量对社会正义的追求，体现了基本公共教育服务公平的追求，"优质均衡"已经成为新阶段义务教育发展的重点任务、均衡以优质为目标；赵丹（2019）认为，优质均衡以均衡为基础
	入学公平	入学公平是指适龄儿童或少年就近免试和就近入读义务教育学校的一项基本需求。入学公平的内涵较为丰富，包括降低经济负担、破除制度壁垒，包容性教育文化，空间可达到等	我国《义务教育法》第四条规定：凡具有中华人民共和国国籍的适龄儿童、少年，依法享有平等接受义务教育的权利。例如，王亚明（2017）认为，由于教育资源的稀缺性和分配的失衡，实现人学公平逐渐成为教育权利平等与机会平等的根本保障。郑磊（2014）认为，教育资本化、居住区分割，收入差距都将影响受教育权利实现，会剥夺公众对基本公共教育服务的获得感

098

续表 3-3

主范畴	副范畴	包含的概念	政策依据与关系内涵
	管理规范	是指政府或学校依法治教、遵守基本教育教学与管理规律，激活学校发展潜力、创新活力，进而促进教育资源发挥最大教学效用与学习作用的过程。管理规范包括教育经费使用规范、制度运行规范、行政作风规范、教师培训规范、多元供给规范、底线教育管理规范、民族教育管理规范等	我国《义务教育法》第七条规定，县级以上人民政府及其有关部门各自职责范围内负责义务教育实施工作，县级以上人民政府教育行政部门具体负责义务教育实施工作。例如何鹏举（2008）认为，政府对公共教育的直接控制转变同学界关于公共教育的研究较多。例如何鹏举（2008）认为，政府对公共教育服务质量的研究较多。促进公共教育自主管理和运行效率，有助于学校自主管理的重心是促进教育秩序，依法治教的重心是促进教育秩序，行政适当体现教育分权，加强学校管理标准化，有助于学校自主发展和创新活力，提升义务教育服务供给质量
过程环节	参与民主	参与民主是指不同利益主体参与公共教育服务共创共建共享的治理过程。公共教育服务民主的治理过程。公共教育管理民主包括学校管理民主、社区参与民主、教师参与民主、学生参与民主和家长参与民主等内容	《国务院关于统筹推进县域内城乡义务教育一体化改革发展的若干意见》提出，推动社区参与学校品质提升，完善家长委员会，建立第三方评价机制，落实学校办学自主地位。国内对公共教育服务质量的有效途径。如许杰（2004）认为，教育分权是各学界都将参与作为提升公共教育服务质量的有效途径。如许杰（2004）认为，教育分权是各国对公共教育服务体制和组织进行再造和重构形成的教育质的基本共识，已成为学校提高公共教育的基本理念。杨慧敏（2004）指出，家庭和社会对个体的教育功能、效能和效益离不开社会，家庭和其它主体的参与。民主治理是提升义务教育服务的包容性和尊重、同等平等与透（2019）认为，义务教育阶段的参与民主，体现着义务教育服务的活力、效益和教育质量
	教学合规	教学合规性是指学校组织的教学服务和学习服务符合教育教学规律和学生的内部特点。教学合规主要包括课程设置合理、教学设计科学、教师素质专业、重视过程教学、教学功能多维等	我国《义务教育法》第 37 条规定，义务教育教学工作应当符合教育教学规律和学生身心发展特点。认为，在当前"以人为本、素质教育"的改革背景下，公共教育评价指标设计要将"教学力"在当前"以人为本、素质教育"的改革背景下，公共教育评价指标设计要将"教学力"为中心置；既关注结果，又强调过程，实现公平与质量并举。再如彭钢（2013）认为，国家公共教育制度设计的有效成长规律、是基于规律，实现真正实现公共教育资源配置所符合教育目标。孟宪云（2017）指教学规律，学生成长规律、学校治理规律才能真正实现公共教育资源配置所符合教育目标。孟宪云（2017）指出，教育教学规律直接影响学生教育需求的满足和教育质量水平，例如教师坚持内在教育哲学和外在教育行为从两个向度影响学生教育需求的满足和教育质量目标

第三章 西部地区基本公共教育服务质量的构成维度

099

续表3-3

主范畴	副范畴	包含的概念	政策依据与关系内涵
结果环节	目标多元	目标多元性是指义务教育服务质量产出形态的多样性，即受义务教育服务产出的直接收益、教育系统的内部收益，社会和他人获取的外部收益	我国《义务教育法》第三条对受教育者自身获取的个体教育收益作了明确规定：义务教育必须提高教育质量，使适龄儿童、少年在思想品德、智力、体质等方面全面发展。中共中央把办人民满意的教育，建设人力资源强国，提高国民基本素质作为公共教育产出的外部效益。《国务院关于深入推进义务教育均衡发展的意见》明确将国民基本素质作为公共教育系统的内部发展状态作了具体规定，例如到2020年，实现基本均衡的县（市、区）比例达到95%，全国义务教育巩固率达到95%。实际上，学界一直将公共教育产出主要包括不同类型作为公共教育服务产出质量，包括个人适性质量、内适性质量和外适性质量三种类型。姚昊（2010）认为，通过分析CEPS数据，指出义务教育服务质量产出主要是培养人质量和资源投入质量和资源结果的质量组成。司成勇（2019）指出，公共教育服务发展目标能够合格地做人、合格地做事、具体包括起点目标、发展目标、普遍向上目标等多元目标
	问责有效	问责有效性是指政府评估并强化收并验收的义务教育服务评估的效果结果主要的效应、效率，问责有效包括不同同责主体不同的效力，不同同责形式的效力等	我国《义务教育法》第八条规定：政府教育督导机构对义务教育教学质量、工作执行法律法规情况等进行督导，并在第七章中明确了各级提供教育质量的法律责任、成为教育问责的制度保障。如张雅慧（2019）指出，教育问责是国内外政府提升公共教育服务质量的有效保障，以促进学校教育治理的有效改善。由正传（2013）指出，政府机制能对学校义务教育进行全方位监测，以促进学校教育质量的提升或改善。问责保障教育服务质量的基石。王红（2014）认为，问责缺位和越位是导致义务教育经费短缺、管理不善、质量不高的重要原因，应该建立问责制度约束教育行政权力
	结果包容	教育目标的包容性是指政府要从稀缺资源局限性（并从时间尺度和地理尺度考虑了公共教育的长远影响）和人口范围等方面包容性。结果包容性主要的责任形式可兼容的价值观，包括的行为，包容的知识，包含的教育内容，包含财政投入等内容	联合国教科文组织在《教育：财富蕴藏其中》一书中认为"公共教育应该促进人的包容发展、学生受教育的目的既能保证其身心不受伤害、持久与和谐的发展而不均衡，具有强劲、全面与长久的发展动力、又能满足当代发展的需要。国内外学一直将教育为公共教育服务质量的重要组成维度。如李勤妍（2019）认为，法国公共教育服务包容知识、培养合格公民教育目标包容发展和社会长远发展的品格和相关能力，价值观融入国民教育体系。林崇德（2016）认为，公共教育综合素养、公共教育发展包容应对个人终身发展应体现的品格和关键能力，这是提升教育质量多方面起重要作用。培养学生服务于经济社会发展所要求的品格和社会长远发展的需求、培养学生课程标准充分体现了中国特色，要素核心素养，如集体性思维，集体生活技能与合作能力，中国基础教育的课程标准充分体现了的核心素养，这是公共教育质量的应有之义

资料来源：作者自制。

3. 选择性译码

选择编码也被称为核心编码，它是对副范畴概念的综合与系统化编码过程，旨在将最大多数的副范畴语句囊括在一个更高维度和包容性更强的理论概念之中。① 即是说，选择性编码是进一步聚类或概括主轴编码形成的概念类属关系，开掘故事线统领整个副范畴。② 卡麦兹认为，这种理论故事线要有逻辑连贯性，它蕴含的高维概念能涵盖副范畴的基本性质和主要特征。③ 选择性译码，首先要明确研究资料的故事线或理论联系，对主次范畴及其共同的属性和维度进行描述和概括，然后验证已建立的假设，并根据补充资料发展概念属性，通过剔除关联不够密切的次范畴，提升所构建理论的可靠性与一致性。④

本研究通过对原始资源的系统梳理和对副范畴概念的综合归纳，发现政府官员、学校领导、教师、家长都围绕相同的"故事线"展开叙事，即服务的提供者、分配者、交付者及其他利益相关者，都将基本公共教育服务质量的形成维度置于基本公共服务供需适配过程中进行理解。换言之，西部地区的受访者认同基本公共教育服务供需过程的关键特征，进一步验证了基本公共服务质量概念的理论定义：基本公共服务质量是指"基本公共服务的投入、过程和结果环节的相关规定有效满足公众需求与社会要求的程度"。学者秦玉友认为，符合"投入—过程—结果"模型设计的基本公共教育服务质量应该成为学界共识。⑤ 这说明基本公共教育服务质量系统也是一个资源配置的优化系统，按教育系统功能可拆解为如下命题："系统有多少资源可以投入？""如何有效使用这些资源？""这些资源使用后的效益如何？"上述分析思路有三个层面的含义（见图3—9）。其一，西部地区"有多少教育资源可以投入"，旨在探索基本公共教育服务质量的输入。教育资源输入主要包括义务教育充分发展所需的资源、经费、设施、设备，这是开启服务与进入服务的首要前提。其二，"如何有效使用这些资源"，旨在解答外在教育资源如何支持教学活动与满足受教育

---

① PATTON M Q. Qualitative evaluation and research methods [M]. SAGE Publications, inc, 1990.

② 汪涛, 周玲, 周南, 等. 来源国形象是如何形成的？——基于美、印消费者评价和合理性理论视角的扎根研究 [J]. 管理世界, 2012 (3): 113—126.

③ CHARMAZ K, BELGRAVE L. Qualitative interviewing and grounded theory analysis [J]. The SAGE handbook of interview research: The complexity of the craft, 2012, 2: 347—365.

④ BOGDAN R, BIKLEN S K. Qualitative research for education [M]. Boston, MA: Allyn & Bacon, 1997.

⑤ 秦玉友. 教育评价的取向与分析框架——联合国相关组织的研究与启示 [J]. 外国教育研究, 2008 (3): 20—23.

需求。政府及其教育职能部门与学校"如何组织整合与使用教育资源",涉及教育组织结构及其运行过程。外在教育资源的组织形式如何吻合教育规律与受教育者需求,是服务交付与服务使用的重要内容。其三,"资源使用效益如何",旨在回答基本公共教育服务质量目标的实现程度,是服务产出与服务获益的主要内容。

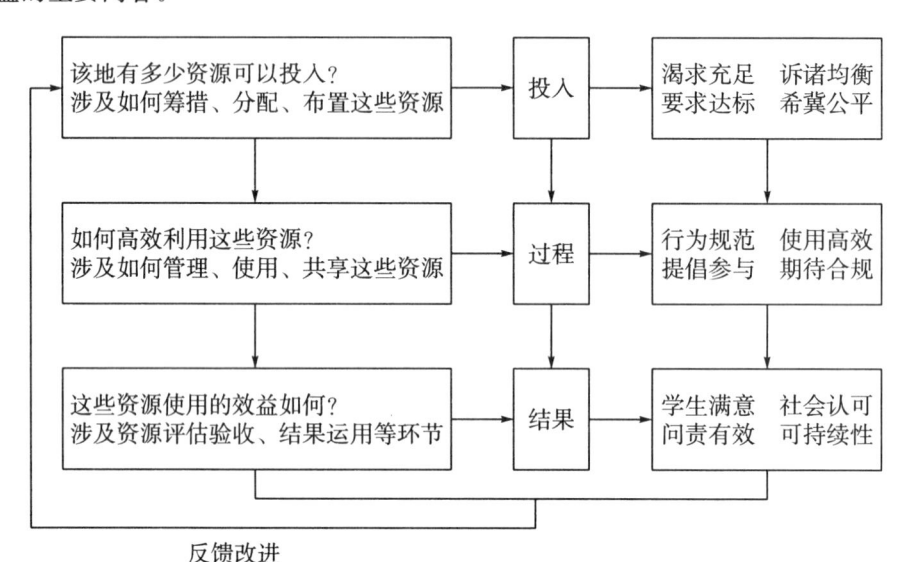

```
┌──────────────────────────────┐    ┌────┐    ┌──────────────────┐
│ 该地有多少资源可以投入?      │───▶│投入│───▶│渴求充足  诉诸均衡│
│ 涉及如何筹措、分配、布置这些资源│    │    │    │要求达标  希冀公平│
└──────────────────────────────┘    └────┘    └──────────────────┘
                │
                ▼
┌──────────────────────────────┐    ┌────┐    ┌──────────────────┐
│ 如何高效利用这些资源?        │───▶│过程│───▶│行为规范  使用高效│
│ 涉及如何管理、使用、共享这些资源│    │    │    │提倡参与  期待合规│
└──────────────────────────────┘    └────┘    └──────────────────┘
                │
                ▼
┌──────────────────────────────┐    ┌────┐    ┌──────────────────┐
│ 这些资源使用的效益如何?      │───▶│结果│───▶│学生满意  社会认可│
│ 涉及资源评估验收、结果运用等环节│    │    │    │问责有效  可持续性│
└──────────────────────────────┘    └────┘    └──────────────────┘

反馈改进
```

图 3-9 基本公共服务质量评价的"投入—过程—结果"逻辑思路图

资料来源:作者自制。

根据资料的选择性译码得出,受访者从服务开启与服务进入、服务交付与服务使用、服务输出与受益服务视角理解服务质量的分别占比 24.5%、26.9%、48.6%。总体而言,家长重视终结性评价和形成性评价,学校和教师重视终结性评价和输入性评价,而政府官员则关注输入性评价和终结性评价(见表3-4、3-5)。

表3-4 选择性译码条件下不同受访者的理解维度占比

维度/访谈者	政府官员	学校领导	教师	家长	占比
服务开启与服务进入	0.021	0.036	0.112	0.076	0.245
服务交付与服务使用	0.005	0.029	0.071	0.164	0.269
服务输出与服务受益	0.010	0.043	0.138	0.295	0.486
权重占比	0.036	0.107	0.321	0.536	1.000

资料来源:作者自制。

表 3-5 选择性译码形成的范畴类型及其隶属关系

主范畴	副范畴	次范畴
服务开启与服务进入	提供充足	义务教育财政经费充足
		学校教职工配备人数充足
		民族教育资源供给充足
	条件达标	学校基本装备达标
		学校设置规模达标
		民族教育办学条件达标
	配置均衡	办学条件均衡
		师资配置均衡
		特殊群体均等获取服务
		民族教育资源配置均衡
	入学公平	免费入学
		免试入学
		就近入学
服务交付与服务使用	管理规范	教育财政经费使用规范
		教学教辅设施使用规范
		教育底线管理规范
		教育督导检查规范
		民族教育管理行为规范
	服务合规	课程设置合规
		教师素质合规
		教学方法合规
		民族教育合规
	参与民主	学校管理民主
		社区参与民主
		教师参与民主
		家长参与民主
		学生参与民主

续表3—5

主范畴	副范畴	次范畴
服务输出与服务受益	目标多元	个适性质量
		内适性质量
		外适性质量
		民族教育质量
	问责有效	社会主体追责
		学校主体问责
		教育行政部门问责
		民族教育问责
	结果包容	包容性的财政
		包容性的体制
		包容性的态度
		包容性的机会
		包容的民族教育

资料来源：作者自制。

（五）理论饱和度检验

决定何时停止采样的鉴定标准一般是理论饱和度检验，是指研究者进一步发展某一个范畴时不需要再依靠额外的数据。[1] 本研究采用了互相比较的方法确定数据饱和度。研究者将第一组编码与第二组编码结果对比发现，资料编码的内部一致性达到82%，补充的数据资料没有发现新的类属。

第四节 西部地区基本公共教育服务质量的构成维度

依据上述建构过程，西部地区基本公共教育服务在供需适配过程中逐次产生了提供充足、配置均衡、条件达标、入学公平、管理规范、参与民主、教学合规、目标多元、问责有效和结果包容10个组成维度。其服务质量维度作为

---

[1] DENZIN N K, LINCOLN Y S. Handbook of qualitative research [J]. Bms Bulletin of Sociological Methodology, 1994, 16 (44): 113—114.

基本公关教育服务质量概念的具体指谓是其内涵属性的逻辑延续。结合前文的分析框架与概念界定，本节将对构成西部地区基本公共教育服务质量维度的具体内涵逐一解析。

一、提供充足性

提供充足性是西部地区基本公共教育服务质量的第一个维度，产生于服务对象进入基本公共教育服务和政府开启基本公共教育服务的过程之中。提供充足，即服务接受者在进入基本公共教育服务系统之后，对外在教育资源（包括人、财、物等）能否充分满足受教育者入学需求的综合判断。提供充足作为基本公共教育服务质量的构成维度，有充分的政策依据。例如，我国《义务教育法》第四十二条规定：各级政府足额拨付义务教育财政性经费，国家将义务教育全面纳入财政保障范围，确保教职工工资按照规定发放，确保学校的正常运转和校舍安全。在既有英文文献中，教育资源提供充足也是公共教育服务质量的构成维度之一。GMR（2005）提出，提供充足的教育资源是发展中国家发展基础教育的重要工作，具体包括充足的教育资金、硬件资源和教师资源等。其中充足的教育财政资金是维持教育公平的关键资源。学者 Huerta（2006）认为，"提供充足是指实现教育公平所需的最低财政投资水平"[①]。虽然财力投入从根本上决定了教育资源投入的总量，但并不能代表教育投入的全部内容与形式。教育投入充足还包括人、财、物等要素的足量供给，这是学界的基本共识。[②] 对于受教育者而言，入学的前提是居住地的片区或父母工作地有充足的教育资源，包括充足的教师、校舍、仪器设备、教学及生活场地、教育经费等。实现"学有所上"的前提是地方政府能够提供满足辖区适龄儿童的上学需求的教育资源，即建有符合国家办学标准、经费充裕、运转正常、教学质量合格的义务教育学校。义务教育是一项国家的公益事业，政府应建立义务教育经费保障机制，保障义务教育制度实施，为保障适龄儿童、少年接受义务教育的权利创造良好的教育条件和环境。在政府开启基本公共教育服务过程中，公众对外在教育资源满足孩子教育需求的程度有真切感受和实际体验，如教师数量的充足情况、设施设备齐全情况、教学设施使用的拥挤情况等，构成受访者评价基本公共教育服务质量的直观感受。然而长期以来，我国各级政府将教育资

---

① HUERTA L A. Next Steps for Results: Campaign for Fiscal Equity v. State of New York [J]. Journal of Education Finance, 2006, 31 (4): 379–394.

② 陈星，张学敏. 新中国的教育投入：评价的标准、方法和指标及其嬗变 [J]. 清华大学教育研究，2019 (4): 89–92.

源提供充足的标准简化为"保普及、保工资、保运转、保安全"等显性要求，忽视了支持学生全面发展的其他隐性教育资源，导致公众对基本公共教育服务质量的获得感不高。[①] 因此提供充足、丰富的公共教育资源是提升基本公共教育服务质量的前提基础。

二、配置均衡性

配置均衡性是西部地区基本公共教育服务质量在投入环节的第二个维度，产生于受教育者进入服务之前与政府配置基本公共教育服务过程之中。配置均衡主要指各级政府应当合理配置教育资源，缩小义务教育发展的城乡差距、校际差距和区域差距。配置均衡作为基本公共教育服务质量的构成维度，有充分的政策依据。我国《义务教育法》第六条规定：国务院和县级以上地方人民政府应当合理配置教育资源，促进义务教育均衡发展，改善薄弱学校的办学条件，并采取措施保障民族地区、农村地区实施义务教育，保障家庭经济困难的和残疾的适龄儿童、少年接受义务教育。截至2020年，全国96.8%的县实现义务教育基本均衡。《教育部办公厅关于开展县域义务教育优质均衡创建工作的通知》提出，到2035年我国要全面实现义务教育优质均衡发展。国家《县域义务教育优质均衡发展督导评估办法》也从资源配置、政府保障程度、教育质量、社会认可度等方面督导评估县域义务教育优质均衡发展。既有文献也将公共教育资源的均等作为基本公共教育服务质量的构成维度之一。Nikel（2010）认为，"发展中国家的基础教育应关注弱势群体、贫困居民和底层群众的平等获取教育资源的实际状况"[②]。有学者认为，实现教育资源均衡的关键是要缩小教育财政经费支出的差距。[③] 教育资源的配置均衡是教育资源投入的要求和逻辑延续。推进义务教育均衡发展的基本目标是每一所学校都符合国家办学标准，办学经费得到保障，而这一目标实现的关键是在城乡和校与校之间均衡配置义务教育办学资源。对于受教育者而言，政府提供充足的教育资源是第一步，如何使用和分配教育资源才是能否平等入学的关键。适龄儿童或少年要平等地享有进入义务教育学校的机会，前提是要实现教育资源配置的均等，

---

① 姚继军. 美国基础教育"教育充足"标准的确立与影响 [J]. 外国中小学教育，2018，307 (07)：12-18.

② TIKLY L. Towards a framework for researching the quality of education service in low-income countries [J]. Comparative Education, 2011, 47 (1): 1-23.

③ RESCHOVSKY A. Fiscal equalization and school finance [J]. National Tax Journal, 1994, 47 (1): 185-197.

即农村学生、少数民族学生、贫困学生和弱势群体不会因居住偏远、经济劣势和身份限制等障碍而减少或丧失入学机会。因此，政府切实缩小校际差距，加快缩小城乡差距，努力缩小区域差距。办好每一所学校，保障每一个学生"有学上"是县域义务教育实现基本均衡的重要目标。这是基本公共教育服务质量在服务开启与服务进入过程的第二个维度。

三、条件标准性

办学条件标准是西部地区基本公共教育服务质量形成的第三个维度，产生于受教育者获取基本公共教育服务之前和政府投入基本公共教育服务的过程之中。办学条件达标是指政府和社会举办的各类义务教育学校建设要达到国家规定的办学条件的标准。办学条件标准性作为基本公共教育服务质量的构成维度有充分的政策依据。我国《义务教育法》第十六条规定："学校建设应当适应教育教学需要，应当符合国家规定的办学标准、选址要求和建设标准。"既有英文文献也将标准化的办学条件作为公共教育服务质量的构成维度之一。联合国教科文组织在GMR（2005）报告中，明确将符合国家标准的办学条件作为公共教育服务质量在投入过程的重要维度。[①] Teeroovengadum（2016）在分层教育质量模型中，就将物理环境质量和配套设施质量作为公共教育服务质量的形成条件。[②] 具体到我国，义务教育学校办学条件的标准化主要指学校软硬件建设指标和办学要求的基本统一。《国务院关于统筹推进县域内城乡义务教育一体化改革发展的若干意见》明确将"城乡义务教育学校建设标准统一、生均公用经费基准定额统一、基本装备配置标准统一、教师编制标准统一"列为推进义务教育公办学校标准化建设的重点内容。具体而言，办学条件标准化就是国家硬性要求义务教育阶段的学校设置、学校规模、建设用地标准、校舍建筑标准、装备条件标准、经费保障、师资队伍建设等指标必须符合国家规定标准。这是保障适龄儿童和少年接受良好义务教育的基础条件。因此，仅仅确保了充足和均衡的教育资源并不能保障合格或标准化的办学条件，按照国家规定和政策要求组织、分配和使用各类教育资源才能形成良好的教育环境或合格的办学条件。

---

① UNESCO. EFA Global Monitoring Report 2005: The quality imperative [M]. Paris: UNESCO, 2005.

② TEEROOVENGADUM V, KAMALANABHAN T J, SEEBALUCK A K. Measuring service quality in higher education: Development of a hierarchical model（HESQUAL）[J]. Quality Assurance in Education, 2016, 24（2）: 244-258.

四、入学公平性

公平入学是西部地区基本公共教育服务质量形成的第四个维度,是适龄儿童或少年平等获取基本公共教育服务的重要内容,产生于受教育者上学需求与地方政府开启基本公共教育服务过程之后。公平入学是指受教育者能够根据自身经济社会情况平等地享有基本公共教育服务的机会,不因经济条件、居住位置和个人能力的限制而丧失平等入学的机会,主要包括免费入学、就近入学和免试入学三个方面的内容。入学公平作为基本公共教育服务质量的构成维度有充分的政策依据。我国《义务教育法》明确将保障适龄儿童或青少年平等地接受义务教育的权利作为政府的法定职责。《义务教育法》第十二条规定:地方各级人民政府应当保障适龄儿童、少年在户籍所在地学校就近入学;义务教育是国家必须予以保障的公益性事业,实施义务教育,不收学费、杂费。《成都市关于做好2022年义务教育招生入学工作的通知》规定,成都市义务教育学校招生严格执行义务教育适龄儿童少年免试入学规定。既有英文文献都将教育公平性作为基本公共教育服务质量的构成维度之一。如Jutta Nikel(2010)在"织物结构"教育质量模型的分析框架中,将公平性(fairness)等属性作为公共教育服务质量的构成维度。学者Brando(2017)将"教育公平"作为教育资源分配的正义原则。他认为,教育公平是指"每位学龄儿童或青少年都能平等地进入基本公共教育服务体系,并且这项权利不受经济、文化、性别、地域、种族、能力等个体内部与外部因素的限制"①。他提出的"教育公平"是从机会公平的角度来认识"公平入学"的。作为基本公共教育服务的使用者,学生在产生公共教育的需求之后,便根据自身条件选择地方政府就近提供的基本公共教育服务(学校就学),这个过程即是进入服务。

在此之前,政府对学校投资建设、均衡配置教育资源、规范办学条件是政府开启基本公共教育服务的过程,也是学生进入基本公共教育服务的前提。但是充足和均衡的教育资源、标准化的办学条件并不能保障每位适龄儿童或少年都能平等入学,因为他们还可能受经济条件、居住位置和学习能力的阻碍而"失学"。因此,保障适龄儿童或少年就近入学、免费入学和免试入学是促进教育机会公平的关键环节,也是他们平等进入和获取基本公共教育服务的前提。然而法律条款与政府督促,并不能全部消除适龄儿童平等获取基本公共教育服

---

① BRANDO, NICOLáS. Between equality and freedom of choice: Educational opportunities for the least advantaged [J]. International Journal of Educational Development, 2017, 53: 71-79.

务的障碍。特别是在贫困地区、民族地区和偏远地区，义务教育入学率与巩固率离国家标准尚有差距。据研究者访谈的资料，西部贫困地区的某县一直把"控辍保学"作为推进基本公共教育服务质量的重要工作来抓，仅2018年，全县若干名辍学学生中，政府组织的"控辍保学"工作已劝返人数占辍学总人数的88.2%。

五、管理规范性

管理规范性是西部地区基本公共教育服务质量形成的第五个维度，产生于政府交付服务和学生使用服务的过程之中。管理规范意味着教育权力运行的规范与政府公共服务职能的转变。即政府部门改变了传统对学校全过程、全方位的官僚行政，而变为宏观指导、向公众负责的新的服务行政。管理规范作为基本公共教育服务质量的构成维度有对应的政策依据。《中华人民共和国义务教育法（修订）》第七条规定，义务教育实行国务院领导，省、自治区、直辖市人民政府统筹规划实施，县级人民政府为主管理的体制。县级以上人民政府教育行政部门具体负责义务教育实施工作；政府其他有关部门协助实施工作。《国家中长期教育改革和发展规划纲要（2010—2020年）》指出，各级政府应当"健全权责明确、统筹有力的教育管理体制，以简政放权与转变政府职能为重点，明确各级政府责任，促进管办评分离，形成政事分开、权责明确、统筹协调、规范有序的教育管理体制，不断规范学校办学行为，提高基本公共教育服务水平"。褚卫中（2007）认为，规范有序的教育管理工作有助于促进基本公共教育服务的效率、民主参与和服务满意度，激发学校成员的主体意识和责任感，实现自主管理与自主发展。[1]既有经典文献都将规范化管理作为基本公共教育服务质量的构成维度之一。Cheng（2013）认为，规范的教育管理是指以学生学习发展为中心，以保障教学与促进教学为使命的现代教育管理机制。[2] Fullan（2000）将校本管理的规范性要素作为基本公共教育服务质量的组成维度。他认为，"规范化的学校管理是指遵循基本教育教学与管理规律，激活学校的发展潜力、创新活力、隐性资源，进而促进教育资源发挥最大教学

---

[1] 褚卫中，褚宏启."新公共服务"理论及其对当前公共教育管理改革的启示[J].教育理论与实践，2007（7）：23—27.

[2] CHENG Y C. School effectiveness and school-based management: A mechanism for development [M]. Routledge, 2013.

效用与学习功效的过程"①。可见，规范化的学校管理是一种以教与学为中心的公共管理。学校领导者同时是授权者、学习者、促进者以及与外界的沟通者。②

对于需求者而言，教育管理的规范性是受教育者对学校依法办学、保护受教育者权利、提高办学效益与教育质量的一种直观认识。在这一服务交付阶段，学校如何将有限的教育资源交付给师生使用，为学生创建最佳学习环境与便利条件，是提升教育服务质量的关键一环。该阶段，政府通过促进学校规范办学和科学管理，重点围绕教育经费使用、招生与教学、教学秩序维护、校园文化与安全保障等方面督导检查学校管理工作。教育管理的规范化是学生及家长对政府和学校保障教学、促进教学和服务教学过程的一种亲身感受和直观体验，是提高学生教育服务使用效率和质量的关键过程。对于受教育者而言，交付的教育服务越符合国家教育规范，越能强化受教育者的认知、合作、创新等关键能力和职业意识，实现素质教育和立德树人的目标。因此，受教育者高效使用教育服务的前提是政府和学校规范办学和科学管理，在教学管理的每个过程中切实保障学生平等的受教育权利。

六、参与民主性

参与民主性是西部地区基本公共教育服务质量形成的第六个维度，产生于受教育者使用服务与学校交付服务的过程之中。参与民主性是指不同利益主体共同参与公共教育治理的过程。这种民主与共治理念源于公共教育权力向不同社会部门和社会领域分化的结果。将参与民主性作为基本公共教育服务质量的构成维度有充分的政策依据。我国《义务教育学校管理标准》明确把建立健全学校民主管理制度、推动多元主体参与公共教育治理作为义务教育学校管理标准化的重要内容。《国务院关于统筹推进县域内城乡义务教育一体化改革发展的若干意见》也将参与民主作为建立现代学校制度的重要途径。既有英文文献，将参与民主作为基本公共教育服务质量的构成维度之一。Tikly 认为，民主性包括民主参与、多中心治理与需求回应三个维度，民主是提升发展中国家公共教育质量的三个途径之一。③在这里，参与民主反映的是公共教育权力的

---

① FULLAN M, WATSON N. School-based management: Reconceptualizing to improve learning outcomes [J]. School effectiveness and school improvement, 2000, 11 (4): 453-473.
② 毛亚庆. 应注重以学校为主体的校本管理 [J]. 教育研究, 2002 (4): 78-80.
③ TIKLY L. Towards a framework for researching the quality of education service in low-income countries [J]. Comparative Education, 2011, 47 (1): 1-23.

解制与规制。[1] 为提升义务教育供给的效益和质量，政府开始向社会组织、市场部门和学校分权，逐步形成了"政府依法管理、学校依法自主办学、社会各界依法参与教育治理分新格局"[2]。因此，交付服务与使用服务的第二个内容是政府及学校如何将"一元化"管理转变为"合作型"治理，拓宽师生、家长和社会参与学校治理的渠道，建设依法办学、自主管理、民主监督、社会参与的现代学校制度。政府和学校要实现精准供给与需求满足，就需要在交付服务的过程中做到"教育利益和教育资源的分配尽可能符合不同主体的意愿与自主选择，努力实现教育资源的共创共建共享，满足社会不同层次的教育需要"[3]。在这一供需适配阶段，不同利益相关者通过民主途径参与学校决策、管理、行政、后勤、考核评价等服务环节，可以激发教育资源的使用效益和创新活力，推动服务交付与使用的精准对接，促进公共教育发展成果更多更公平地惠及全体人民。[4]

七、教学合规性

教学合规性是西部地区基本公共教育服务质量形成的第七个维度，产生于学生使用服务与学校交付服务的过程之中。合规性教学是指政府委托学校提供的教学服务必须符合教育规律和学生身心发展特点。南纪稳（2016）指出，"教学合规不仅是课程教学的内在目标，也是受教育者对优质教育服务的外在追求"[5]。何克抗（2008）认为，政府提供的教学条件越符合教育规律与学生身心特点，学生主动学习与建构知识的积极性越高。[6] 将教学合规性作为基本公共教育服务质量有充分的政策依据。例如，我国《义务教育法》第 37 条规定，义务教育教学工作应当符合教育规律和学生身心发展特点。既有英文文献也将教学合规性视为基本公共教育服务质量在过程环节的关键维度。Teeroovengadum（2016）认为，"教育服务质量的核心是设计符合教学规律的

---

[1] 刘复兴. 公共教育权力的变迁与教育政策的有效性 [J]. 教育研究，2013（2）：10-14.
[2] 摘录自《教育部关于深入推进教育管办评分离促进政府职能转变的若干意见》等文件.
[3] HOWE K R. Understanding Equal Educational Opportunity. "Social Justice, Democracy, and Schooling." Advances in Contemporary Educational Thought，Volume 20 [M]. Teachers College Press, 1234 Amsterdam Avenue, New York, NY 10027, 1997.
[4] 程红艳，周金山. 论民主在学校教育中的作用与局限 [J]. 教育学报，2018（2）：65-72.
[5] 南纪稳，张立昌. 教学规律研究：必要性及研究逻辑 [J]. 教育研究，2010（12）：56-60.
[6] 何克抗. 建构主义——革新传统教学的理论基础（三）[J]. 教育学报，2008（5）：24-27.

教育活动，即核心教育质量"①。在这里，教学合规既是优化教学任务、适配教学情景、增强教学能力的服务交付过程，也是学生主动学习与知识建构的服务使用过程。因此服务交付与服务使用的前提是政府以业务指导者、监督者、服务者的身份来保障与促进公共教育教学的合目的性与合规律性。与这一环节对应，学生的教育需求从"有学上"转向"上好学"，希望政府委托学校提供的教育教学工作符合学生身心发展特点和教育内在规律，引领教师专业进步，提升教育教学水平，促进人的全面发展。因此，教学合规性的实质是公众要求学校课程教学必须遵循学生身心发展规律，提升课程科学性、系统性，优化课程教学，细化学科育人目标，引导育人方式变革，着力发展学生核心素养。这是交付服务与使用服务的重要内容。

八、目标多元性

目标多元性是西部地区基本公共教育服务质量形成的第八个维度，产生于受教育者使用基本公共教育服务之后与政府产出基本公共教育服务过程之中。构建多元性的基本公共教育服务质量产出目标有充足的政策依据。我国《义务教育法》第 3 条规定，义务教育必须贯彻国家的教育发展目标，提高教育质量，促进适龄儿童、少年"德智体美劳"全面发展，培养社会主义建设的"四有"新人。《义务教育法》第 34 条规定，教育教学应当注重培养学生独立思考能力、创新能力和实践能力。既有英文文献非常重视教育服务质量的多元性维度。GMR（2005）报告则将受教育者的内在需求、政策目标、外部社会评价等作为监测基本公共教育服务质量的重要指标。②

冯建军认为，基本公共教育服务目标大致分为基本公共教育服务的个体收益、教育系统产生的内部收益、社会（及他人）从基本公共教育服务获取的外部收益。③ 这既是教育目标现实分化的结果，也是教育多元性发展的需要。换言之，国家和社会希望受教育者形成正确的政治认同、道德修养、法治观念、健全人格、责任意识；学校和社区希望着力培养的学生核心素养，形成正确价值观、必备品格和关键能力；学生及家长尤其关心学生的学业成就，希望学生

---

① TEEROOVENGADUM V, KAMALANABHAN T J, SEEBALUCK A K. Measuring service quality in higher education: Development of a hierarchical model（HESQUAL）[J]. Quality Assurance in Education, 2016, 24（2）: 244-258.

② BARRETT A M, TIKLY L. Education quality: Research priorities and approaches in the global era [M]. Springer, Dordrecht, 2010: 195-201.

③ 王善迈. 经济变革与教育发展：教育资源配置研究 [M]. 北京：北京师范大学出版社，2014：67.

具备生存发展的知识和技能、良好的社会适应性并能独立谋划生计。多元性的根本目的是促进国家政策目标、学校教学目标、个人发展目标的衔接与融通。因此，多元性的教育目标可拆解为受教育者希望的发展状态（个适性结果）、教育系统内部（学校）的发展状态（内适性结果）和社会受益教育的状态（外适性结果）。[①] 因此，服务产出与服务获益阶段，促进教育增值与教育获益既是政府输出教育服务的预期目标，也是受教育者个人发展的外在需求。这一阶段，政府通过检查督导评估学校发展义务教育的质量。例如，通过成立督导评价机构，制定教育质量监测与质量考核办法，组织课程考试与素质测量，对地区和学校的基本公共教育服务产出进行验收评价。与此阶段对应，学生只有完成学校组织的课程考试、素质测试、学业评定等教育服务，才能获得权威的学业成绩，实现服务获益与需要满足。

九、问责有效性

问责有效性是西部地区基本公共教育服务质量形成的第十个维度，产生于受教育者使用基本公共教育服务与政府检查验收基本公共教育服务之后，是政府继续改进与优化基本公共教育服务质量的动力机制。将问责有效性作为基本公共教育服务质量的构成维度有坚实的政策依据。我国《义务教育法》在第七章针对各级政府承担义务教育的法律责任做了专门规定，这是我国建立教育问责制的法治化成就。既有英文文献十分关注问责制对于保障基本公共教育服务质量的重要作用。Ehren认为，政府的职责不仅是提供公共教育，还必须对服务供给的过程和结果进行督查总结、评价验收与责任追究，以谋求公共教育质量的持续改进和公众满意度的提升。[②] 英国颁布的《1992年教育法》，明确把教育问责规定为"依法对教育行政部门和各级各类学校进行监督、检查、评价和责任追究的行政过程"[③]。国外基础教育领域的问责领域主要有5个方面：①教育质量与目标；②教育环境；③教育过程；④财务管理；⑤学生综合发

---

① 冯建军. 义务教育的均衡内涵、特征及指标体系的建构 [J]. 教育发展研究，2011 (18)：11—15.

② EHREN M C M, LEEUW F L, SCHEERENS J. On the Impact of the Dutch Educational Supervision Act: Analyzing Assumptions Concerning the Inspection of Primary Education [J]. American Journal of Evaluation, 2005, 26 (1): 60—76.

③ EVANS J, PENNEY D. Whatever happened to good advice? Service and inspection after the Education Reform Act [J]. British Educational Research Journal, 1994, 20 (5): 519—533.

展。① 教育问责制度诞生于美国，随后问责体制逐步扩散到 OECD 国家和其他发展中国家，并成为基本公共教育服务质量的制度保障。学者 Darling-Hammond（2004）将公共教育领域的问责维度分为政治问责、法律问责、官僚问责、专业问责和市场问责。② 在我国，基本公共教育服务问责有效有具体的官方阐述。《义务教育法（2018 年修订）》第七章专门对教育问责作了正式规定。③ 司林波（2011）认为，教育问责有效是强化政府公共服务职责与响应公共教育需求的制度保障。④

在这里，受教育者在经历使用和受益基本公共教育服务之后，便对基本公共教育服务质量有直观认识与亲身理解。此时，受教育者或其他利益相关者，可感知政府在规定、保障和实现基本公共教育服务目标时的完成程度，以此作为追问政府完成公共服务职能情况的民主依据。换言之，公众对基本公共教育服务质量的评价是问责政府基本公共教育服务职能缺位、错位与越位的合法依据，客观上构成对政府及官员教育问责的外在压力。与此对应，政府构建回应公众诉求的问责制度是提高基本公共教育服务质量的重要保障。为此，各级政府须将教育履责情况纳入国家教育督导评价内容，并建立专职机构、工作办法和制度规定。例如，《国家中长期教育改革和发展规划纲要（2010—2020 年）》明确提出要"强化对政府落实教育法律法规和政策情况的督导检查"。国务院关于《对省级人民政府履行教育职责的评价办法》明确规定，对履行教育职责不到位、整改不力、有弄虚作假行为的人民政府，上级政府要加强教育问责。据此，通过政府自查、公众监督等过程强化基本公共教育服务质量评价结果的运用，实现问题诊断与教育问责，实现以评促建、以评促改，不断提升新一轮次的基本公共教育服务质量。⑤ 在访谈中，西部地区一位教科院专家谈到西部地区部分学校在触犯教育部"十严禁"条例时，就把问责机制缺乏和评价结果运用不够作为学校违规办学的重要原因。西部地区的崇左市教育局近年出台专门文件，重点针对市内公立中小学学籍造假、空挂学籍、师德建设不力、食品安全事故、责任安全故事、义务教育学校设立重点班或快慢班、变相"掐尖"

---

① WHITBY K. School inspection: Recent experiences in high performing education systems [J]. Reading: CfBT Education Trust, 2010.
② DARLING-HAMMOND L. Standards, accountability, and school reform [J]. Teachers college record, 2004, 106 (6): 1047-1085.
③ 教育督导的官方阐述详见我国《义务教育法（修订）》第八条规定与《国家教育督导条例》。教育问责制的法律规定详见《义务教育法（修订）》第九条。
④ 司林波, 孟卫东. 教育问责制在中国的建构 [J]. 中国行政管理, 2011 (6): 24-27.
⑤ 曾保根. 基本公共服务问责机制创新的四维构想 [J]. 中州学刊, 2013 (5): 10-14.

选生源等违规情况进行专项整治，严肃问责，得到了自治区教育厅的肯定和当地公众的积极评价。

十、结果包容性

结果包容性是西部地区基本公共教育服务质量形成的第九个维度，产生于受教育者受益服务与政府输出服务的过程之中。教育产出的包容性，是指受教育者在使用基本公共教育服务的过程之中所获得的包容性的价值观，目的在于帮助受教育者形成国家和地区可包容发展所需要的科学知识、学习能力、价值观念、生活方式，进而促进区域和环境的包容发展。[①] 将结果包容性作为基本公共教育服务质量的构成维度有充分的政策依据。联合国教科文组织在2015年明确将"包容和公平的优质教育，让全民终身享有学习机会"正式列入联合国17项可持续发展目标（Sustainable Development Goals）。中国政府也将"坚持全面发展、包容发展，为学生终身发展奠基"作为教育现代化的长远目标。[②] 既有英文文献，也将结果包容作为基本公共教育服务质量的构成维度之一。Jutta Nikel（2010）就将包容性（inclusive）作为基本公共教育服务质量的评价维度，原因在于有包容性的教育增加了教育对个人、社区和国家所承担全球环境变化责任以及对后代福祉的不确定性的考量，能够从时间尺度（超过一代）和地理尺度（认识到自然资源局限性并旨在突破这一局限）方面考虑公共教育的长远影响和责任范围。[③]

联合国教科文组织在《教育：财富蕴藏其中》一书中认为"教育在促进人的包容发展方面的内涵是既能保证人身心持久、得到和谐与均衡的发展而不受伤害，又能满足当代发展的需要，具有强劲、全面与长远发展能力"[④]。在这里，结果包容是指公共教育服务产出呈现兼容并包的质量形态，包括学生可持续学习能力、终身学习习惯的养成，也包括受教育者形成的新的包容的生活方式（比如绿色低碳等理念）、价值观念与社会责任感。[⑤] 受教育者在经历进入服务和使用服务的环节之后，便开始在真正意义上享益基本公共教育服务。公共教育收益不仅是短期收益，还包括长期收益。包容性的教育收益还包括终身

---

① 史根东，王桂英. 可持续发展教育基础教程 [M]. 北京：教育科学出版社，2009：59.
② 汤林春. 2035教育现代化义务教育的使命与担当 [J]. 中国教育学刊，2018（9）：14—19.
③ NIKEL J, LOWE J. Talking of fabric: A multi-dimensional model of quality in education service [J]. Compare, 2010, 40 (5): 589—605
④ 杨江丁.《教育：财富蕴藏其中》——解读国际21世纪教育委员会向联合国教科文组织提交的报告 [J]. 现代教学，2009（4）：76—78.
⑤ 史根东. 可持续发展教育对新时期学校教育的启示 [J]. 教育研究，2010（5）：96—99.

受益教育的理论内涵。与此对应，政府作为包容教育服务的提供者，需要为实现教育输出的包容性提供政治支持、组织架构、资源保障与政策指导，包括构建公平优质的国民教育体系；提供平等开放的终身学习的教育资源；成立专门的领导机构（如中国包容教育全国工作委员会）；等等。联合国制定的《教育2030行动框架》反复强调政府在包容性教育发展中的作用与责任："教育2030目标能否实现的关键在于政府的积极作为，政府要建立公共教育的财政保障和公平、高效、透明的基础教育管理体系，并通过政治激励、政策规划为实现教育2030目标提供组织领导、资源支持与业务指导，并创建教育可持续发展所需的开放、透明、包容的环境。"[①] 也即是说，在受教育者享益基本公共教育服务过程中，政府为受教育者增加包容性学习和终身学习的机会与资源越多，教育环境越包容、透明和开放，对地区和国家的包容性发展的贡献也越大，基本公共教育服务的长远收益、整体收益也越大。这是政府交付服务与公众受益服务过程的第三个质量维度。

---

① Agenda 2030 — Education and Lifelong Learning in the Sustainable Development Goals [M]. DVV international, 2016.

第四章 西部地区基本公共教育服务质量评价指标的设计与筛选

第一节 西部地区基本公共教育服务质量评价指标的设计

一、评价指标设计的原则与标准

（一）评价指标设计的原则

1. 价值平衡原则

公共服务质量的价值取向是"政府作为一个公共组织对服务行为最终目的的价值确认、价值判断和利益选择，是服务型政府转变公共服务职能的根本体现"[1]。公共服务质量评价应当找准其价值定位，其评价指标构建、目标设定、评价方法及评价结果的应用都应遵循这一价值原则。在基本公共教育服务领域，公平与效率是基本公共教育服务质量的基本价值追求。[2] 这就要求研究者在评价指标的设计与筛选过程中兼顾公平和效率原则。不同于其他地区的基本公共服务，西部地区基础教育还承载着政治功能和社会功能，即西部教育还具有"巩固边防、维护安全、爱我中华、民族团结"[3] 的治理功能。即使说，西部边境地区和民族地区的民族政策、守边政策、国防政策的相关目标也应当成为西部地区基本公共教育服务质量评价指标建构的有效依据。

---

[1] 姜晓萍，郭金云. 基于价值取向的公共服务绩效评价体系研究 [J]. 行政论坛，2013 (6).

[2] 丁维莉，陆铭. 教育的公平与效率是鱼和熊掌吗——基础教育财政的一般均衡分析 [J]. 中国社会科学，2005 (6)：47-57.

[3] 方盛举，苏紫程. 论我国陆地边疆治理的价值追求 [J]. 思想战线，2016，42 (3)：105-113.

2. 过程性原则

基本公共服务质量的实现关键在于评估基本公共服务过程如何转化为公众满意的服务质量。具体到基本公共教育服务领域，美国政策评价学家斯塔夫比姆（Stufflebeam）于1960年提出了评价基本公共教育服务的评价模型，将叙述性评价、形成性评价和终结性评价融为一体[1]。联合国教科文组织在此基础上提出了监测发展中国家基本公共教育服务质量的GMR（2005）报告。[2] 国内外研究表明，基本公共教育服务质量增长是一个复杂过程，质量高低取决于教育部门如何整合与高效利用教育资源，而不是简单地扩大教育投入的规模。西部地区基本公共教育服领域也不例外。供给规模和数量的提升可能会实现公共教育的底线公平和基本均衡，但并不能促进基本公共教育服务从"基本均衡"向"优质均衡"的目标转变。"优质公平"目标实现还依赖于教育资源的分配及使用。而公共教育管理的规范性、教学的合规性和教育的多元治理，有助于化解利益分歧，减少教育资源的浪费和腐败，推动教育资源公平、高效的分配和使用，促进教育产出的最大化和最优化。

3. 区域性原则

西部地区是我国少数民族主要的聚居区，大杂居、小聚居的分布格局较为明显。公共教育在民族地区的另一种形式是民族教育。如何妥善处理西部地区的民族教育与国家一般基础教育的关系是我国民族政策、教育政策、文化政策和边疆治理政策的内在需要。有学者提出，新时期的西部民族政策需要从"族际主义"转向"区域主义"。具体到基本公共教育领域，"区域主义"的治理思路要求西部地区的基本公共教育规划、管理和督导评估必须以国家教育政策为依据，而不是民族教育目标统揽本地公共教育工作的全局。民族教育政策目标应当是国家教育政策目标的补充与具体实现形式。具体到本研究议题，西部地区基本公共教育服务质量评价既要反映民族教育的特殊目标，又要以国家教育政策目标为基准，实现国家基础教育政策与民族语言文字政策、民族文化政策与民族教育政策互相协调和内在统一。

4. 综合性原则

综合性原则是由西部地区基本公共教育服务质量概念及评价维度的形成过

---

[1] STUFFLEBEAM D L, MADAUS G F, KELLAGHAN T. Evaluation models: Viewpoints on educational and human services evaluation [M]. Springer Science & Business Media, 2006: 180-313.

[2] UNESCO. EFA Global Monitoring Report 2005: The quality imperative [M]. Paris: UNESCO, 2005.

程决定的。从文献共识可知，西部地区的基本公共教育服务质量应当是主观性与客观性的统一。基本公共教育服务质量评价须以客观质量为基础，同时须以主观评价为补充。这是由公共教育服务质量的一般属性规定的。另外，国内外相关研究表明，基本公共教育服务质量应当是过程性与结果性的统一，公共教育的投入、过程和结果是影响和架构基本公共教育服务质量的关键环节。"综合性"原则就要求西部地区基本公共教育服务质量评价应当是多维评价、多主体评价、多目标评价及系统评价。综合性评价原则体现了西部地区基本公共教育服务质量的差异性、层次性和多样性。

（二）评价指标设计的标准

基本公共教育服务质量评价逻辑和价值取向规定了评价指标的多重标准，具体标准解析如下。

1. 价值标准

西部地区的基本公共教育服务质量必然会遭遇不同价值标准的冲突。调适这些冲突有助于化解基本公共教育服务质量评价分歧，形成研究共识。国内外既有研究表明，西部地区的基本公共教育服务质量的重要价值标准有四个：公平标准、包容标准、民主标准和相关性标准。石中英认为，教育公平是公共教育应有的价值选择，是保障人的发展的起点公平与维护现代社会公平的正义原则。[①] 除此之外，不少西部地区是教育欠发达地区，当地教育贫穷落后的重要根源在于教育资源分配的不正义。吕韦指出，"落后地区、少数民族、贫困家庭存在不公平地获取与享用公共教育的状况，这种不公平主要是教育资源分配不正义引起的"[②]。弗雷泽从再分配、承认与代表权的维度深入分析了社会资源分配不平等的根源。[③] Tikly教授在调查和分析发展中国家基础教育发展现状的基础上，发展了弗雷泽框架评价公共教育正义标准，即包容性、相关性和民主性。[④] 因此，根据西部地区基本公共教育服务质量的价值取向和研究共识，本研究将包容性、相关性和民主性作为设计与筛选西部地区基本公共教育服务质量评价指标的首要标准。

---

① 石中英. 教育公平的主要内涵与社会意义 [J]. 中国教育学刊, 2008 (3): 1-6.
② 吕韦. 权利正义还是价值正义：教育正义的矛盾与选择 [J]. 教育科学, 2018, 34 (3): 7-12.
③ 吴学东, 张道全. 弗雷泽对社会正义的研究及其启示 [J]. 华中科技大学学报（社会科学版），2012, 26 (4): 33-37.
④ TIKLY L. Towards a framework for researching the quality of education service in low-income countries [J]. Comparative Education, 2011, 47 (1): 1-23.

2. 过程标准

公共教育的作用过程反映了外在教育资源如何吻合教育规律的关键过程。基于上文的论述可知，基本公共教育服务质量不应是静态的产出或结果，而是一个供需适配的动态过程。具体到基本公共教育服务领域，供需适配过程体现为交付服务与使用服务。换言之，政府如何推动教育资源的外在组织形式吻合教育一般规律和学生内在特点，是基本公共教育服务质量发挥效用的关键环节。[1] 这就涉及政府和学校如何分配、整合与高效利用基本公共教育服务资源的过程。既有研究表明，公共教育的过程可拆解为两个环节：服务开启与服务进入、服务交付与服务使用。在服务开启与服务进入阶段，公共教育资源提供的充足程度、分配的均衡程度、办学条件的标准程度和入学机会的公平程度，直接影响受教育者实际获取教育资源的资格和使用情况，对基本公共教育服务交付形式和使用效果有重要影响。因此，本研究将充足性、均衡性、达标性作为基本公共教育服务在服务开启与服务交付阶段的评价标准。在服务交付与服务使用阶段，义务教育学校管理的标准化有助于减少资源浪费和腐败，节约管理成本，提高管理效益和服务质量。尤其是以多元治理为格局的现代学校制度有助于推动教育管理的协商与对话，提高教育回应性和治理的弹性化，减少教育分歧与资源分配不均，提高教育资源利用效率与质量。在此基础上，推动学校课程教学符合教育规律和学生特点，才能落实教育"立德树人"的根本目标，促进学生全面发展和满足国家或社会发展的需要。因此，管理的规范性、教学的合规性、参与的民主性共同构成了西部地区基本公共教育服务质量形成过程的第二个标准。

3. 结果标准

基于上文的研究框架，本研究所指的基本公共教育服务在服务产出与服务获益阶段有三个评价维度：目标多元性[2]、问责有效性[3]和教育发展的包容性[4]。目标多元性的是指政府为匹配不同主体的教育需求而制定了包容而多元化的教育政策目标。学者冯建军将基本公共教育目标细分为三种类型，即"教育结果的形态可进一步分为受教育者个体的发展状态（个适性结果）、教育系

---

[1] STUFFLEBEAM D L, MADAUS G F, KELLAGHAN T. Evaluation models: Viewpoints on educational and human services evaluation [M]. Springer Science & Business Media, 2006: 180-313.

[2] 沈勇. 教育服务质量感知维度探索 [J]. 高等工程教育研究, 2007 (2): 98-102.

[3] 谷源秘. 论中国教育行政部门问责制度的构建 [J]. 哈尔滨工业大学学报（社会科学版）, 2010, 12 (5): 113-117.

[4] 刘利民. 推进可持续发展教育提高教育质量 [M]. 北京：教育科学出版社, 2011.

统内部的发展状态（内适性结果）和社会受益教育的状态（外适性结果）"[①]。首先，满足国家、学校和个人需要的政策结果标准，即公共教育结构合乎国家发展需要、合乎学校管理需要、合乎受教育者个人需要的三重目标应当是西部地区基本公共教育服务质量评价指标的重要参考。其次，政府作为发展、管理和验收评价义务教育的法定主体，对发展教育的结果和出现的教育问题负直接责任。构建检查到位、考核严格、奖惩分明、公开问责的责任机制是我国《义务教育法》的既定内容。因此，教育问责的导向性、惩罚性、有效性是运用西部地区基本公共教育服务质量评价结果的重要依据。最后，教育结果的收益形态在时间轴上还表现为长期性，在空间范围上表现为延展性。即是说，西部地区的公共教育发展目标须从时间尺度（超过一代）和地理尺度（认识到教育资源的空间局限性并旨在突破这一局限）考虑公共教育的长远影响和惠及范围。联合国教科文组织将公共教育服务的这一结果属性概括为"包容性"[②]。因此，教育发展的时间、空间属性及包容性应当是西部地区基本公共教育服务质量评价在结果环节的有效补充。

4. 分类标准

西部地区基本公共教育服务的"分类标准"是指"西部地区的基本公共教育服务质量，应根据西部区域特点和不同族群的教育需求，对省（自治区、直辖市）、市（自治州、盟）、县（区、县级市）、乡（镇）等不同行政层级制定基本公共教育服务质量分级标准，采用分级评价；同时对不同居住地区和文化背景的少数民族杂居区、聚居区、交错杂居区制定民族教育评价的地方基准。这就要求评价者重点围绕具有自己语言文字的少数民族教育开展分类评价，力争做到"一族一策""一族几策""多族多策"等，监测与评价西部少数民族的教育政策目标的实现程度，诊断和发现少数民族教育发展问题。

二、CIPP 模型的修正与拓展

（一）CIPP 模型的引入

不同于平衡记分卡（BSC）在行政绩效评价中所获得赞扬与推崇，盛明科

[①] 冯建军. 义务教育的均衡内涵、特征及指标体系的建构［J］. 教育发展研究，2011（18）：11—15.

[②] 杨江丁. 《教育：财富蕴藏其中》——解读国际 21 世纪教育委员会向联合国教科文组织提交的报告［J］. 现代教学，2009（4）：76—78.

(2006)认为,私人部门的服务质量感知模型(SERVQUAL)在公共部门应用的有效性受到诸多质疑。[1] Orwig(1997)认为,服务质量感知模型在公共服务评价领域的失灵促使公共行政学界努力开发适合公共服务质量评价的模型与工具。[2] 其中比较有代表性的评价模型是投入(Input)—过程(Process)—产出(Output)模型。

具体到基本公共教育服务领域,美国政策评价学家斯塔夫比姆(Stufflebeam)于1960年提出了衡量公共教育服务质量的评价模型——"背景—投入—过程—结果"模型(CIPP)。该模型评价教育服务质量的初衷并不是检验教育政策目标的实现程度,而是为了督促政府更好地改进公共教育服务质量。换言之,公共教育服务质量评价应该是一种诊断、描述、反馈与解决服务质量问题的过程。该模型经过Stufflebeam等人组成的团队的多次修订,最终确立了四个评价维度,分别是背景评价(Context evaluation)、投入评价(Input evaluation)、过程评价(Process evaluation)和结果评价[3](Product evaluation),简称CIPP模型[4]。CIPP模型最大的优点是将公共服务质量视为由政策设计、实施、反馈和结果等环节影响的动态过程,这就超越了北美学派PZB仅仅基于服务交互过程而创建的服务质量感知模型(SERVQUAL)[5] 和北欧学派Grönroos等学者基于服务结果与过程所提出的功能(Functional quality)—技术(Technical quality)—图像(Image quality)服务质量模型[6]。由于CIPP模型是整合事实与价值的服务质量综合评价模型,其设计理念与公共服务质量评价之间具有一致性,因而在公共教育服务评价领域广泛应用,如世界银行、OECD、联合国教科文组织、欧盟委员会、经济学人智囊团等国际组织或团体都采纳CIPP模型作为评价工具。[7] 鉴于该模型评价思路与

---

[1] 盛明科,刘贵忠. 政府服务的公众满意度测评模型与方法研究[J]. 湖南社会科学,2006(6):36-38.

[2] ORWIG R A,COCHRAN J P. An empirical investigation into the validity of servqual in the public sector [J]. Public Administration Quarterly,1997,21(1):54-68.

[3] 《英汉牛津高阶辞典》显示,"Product"有"产出、结果、成果"的意思,而不是仅指"产品",本研究采取学界通用翻译,统一翻译为"结果"。

[4] STUFFLEBEAM D L,MADAUS G F,KELLAGHAN T. Evaluation models:Viewpoints on educational and human services evaluation [M]. Springer Science & Business Media,2006:180-313.

[5] PARASURAMAN A,ZEITHAML V A,BERRY L L. Servqual:A multiple-item scale for measuring consumer perc [J]. Journal of retailing,1988,64(1):12.

[6] GRÖNROOS C. A service quality model and its marketing implications [J]. European Journal of marketing,1984,18(4):36-44.

[7] STUFFLEBEAM D L. The 21st century CIPP model [J]. Evaluation roots,2004:245-266.

第三章西部地区基本公共教育服务质量构成维度的契合性、模型应用的成熟性和社会的认可性，本研究将依据前文服务质量的构成维度和CIPP模型的逻辑框架设计西部地区基本公共教育服务质量的评价指标体系。

(二) CIPP评价模型的内容

Stufflebeam基于对传统管理主义评价模型的反思与超越，在1966年正式提出了基于背景、投入、过程和结果的CIPP模型，奠定了他在公共政策评价领域的重要地位。[①] Stufflebeam认为，基础教育作为一项政府提供的公共产品，对它进行评价的目的有三个：其一，指导政府教育决策。即通过事实性评价增加决策者、管理者和执行者对公共教育服务的了解。其二，指出教育服务评价是一个过程（process）而不是一个事件（event）。此过程包括获取、划定、提供、应用信息等四个步骤。其三，发挥评价的多重功能。在总结性评价和结果性评价的基础上，重视叙述性及判断性评价，以提高形成性评价与反馈性评价的作用和价值。[②] CIPP评价模型主要包括四个维度，即背景（Context）、投入（Input）、过程（Process）和结果（Product）。[③] 以下简要介绍这四个维度。①背景评价（Context Evaluation）。背景评价是Stufflebeam是针对美国《中小学教育法案》在实施中暴露的问题而提出的评价维度。它指在特定环境下评价公共教育的资源、机会、需要和问题。背景评价的目的在于评价实践方案与理论方案之间的差距，是诊断性评价的重要维度。②投入评价（Input Evaluation）。投入评价是CIPP模型的第二个评价维度，主要是对公共教育服务所达到目标需要的资源、条件及各被选方案的优缺点制定的评价。投入项评价的本质是对公共教育资源投入的可行性与合理性进行判断。③过程评价（Process Evaluation）。过程评价是评价主体针对公共教育服务运作过程中所实施的引导、监督、检查的连续性过程。它的作用一方面是检验公共教育资源是否被有效地组织利用；另一方面是督促教育方法和资源作用吻合教学规律和学生需求。④结果评价（Product Evaluation）。结果评价是检验公共教育目标实现程度，包括判断、描述、度量、诊断、解释和反馈等内容。结果评价的实质是观察实际结果是否满足主体的需要、结果的优点与价值、结果的类型

[①] 肖远军. CIPP教育评价模式探析[J]. 教育科学，2013（3）：42—45.
[②] STUFFLEBEAM D L. The CIPP model for evaluation [M]. Evaluation models. Springer, Dordrecht, 2000：279—317.
[③] 《英汉牛津高阶辞典》显示，"Product"有"产出、结果"的意思，而不是仅指"产品"。

(如预期或非预期成果、积极或消极成果、一种或多种成果)有哪些。[①]

(三) CIPP 评价模型的优势

总结学界研究,应用 CIPP 模型评价公共教育服务质量具有以下三个优势:一是该模型扬弃了泰勒管理主义的评价成果。Stufflebeam 针对泰勒主义评价范式回避价值问题的缺陷,提出了基于价值判断的背景评价。基本公共服务质量不同于绩效评价的区别之一是前者引入了价值评价,即基本公共服务的投入、过程和结果是否符合经济社会的背景条件。同时,CIPP 吸收了泰勒主义管理评价的合理成分,在系统分析的视角下保留了投入评价和结果评价。赵晏(2012)认为,投入—输出环节是政府供给公共服务的重要过程,对公共服务投入和结果的评价尤为重要。[②] 二是该模型重点关注公共教育服务质量的形成过程。Andrews(2012)指出,地方公共服务质量产出的高低不是取决于投入的多少,而是取决于公共组织如何组织整合与有效地利用所投入的资源,即公共服务的资源作用过程。[③] 传统的公共服务评价将结果评价置于评价模型的中心地位,忽略了公共资源转化为服务产出的作用过程。耿华(2009)认为,基于技术、组织和制度驱动公共服务供给过程,能有效提升公共服务质量。[④] 与此相同,Stufflebeam 在保留对教育服务总结性和诊断性评价的基础上,更加重视服务流程优化的功能,在 CIPP 模型中增加了公共教育服务质量的形成性评价。[⑤] 三是该模型突破了私部门服务质量感知理论与方法的局限。Stufflebeam(1994)指出,政府提供的基础教育产品或服务具有公共产品的本质属性,公益性、公平性应该置于公共教育服务形成性评价、终结性评价和诊断性评价的核心位置。[⑥] 而对比服务质量感知模型(SERVQUAL)的构成维度,公益性、公平性、责任性、包容性等公共服务核心属性的缺失是

[①] STUFFLEBEAM D L. The CIPP model for evaluation [M]. International handbook of educational evaluation. Springer,Dordrecht,2003:31-62.

[②] 赵晏. 我国政府公共服务质量评价指标体系的构建与应用研究 [D]. 山东大学,2012.

[③] ANDREWS R,BOYNE G. Structural change and public service performance:the impact of the reorganization process in english local government [J]. Public Administration,2012,90(2):10-15.

[④] 耿华. 公共服务流程优化的理论框架与方法 [D]. 复旦大学,2009.

[⑤] STUFFLEBEAM D L. The CIPP model for program evaluation [M]. Evaluation models. Springer,Dordrecht,1983:117-141.

[⑥] STUFFLEBEAM D L. Introduction:Recommendations for Improving Evaluations in US Public Schools [J]. Studies in Educational Evaluation,1994,20(1):3-21.

SERVQUAL 模型在公共服务评价领域失灵的深层诱因。[①]

（四）CIPP 评价模型的修正与拓展

如前所述，虽然 CIPP 评价模型在教育政策评价领域的广泛应用获得较高认可与良好成效，但是 Stufflebeam 主要是从教育政策评价的角度来设计模型的，对公共教育服务质量的内涵及其构成维度的探讨不多，不能直接应用于基本公共教育服务评价，需要研究者依据第三章第四节所述西部地区基本公共教育服务质量的构成维度，对 CIPP 模型进行一定的调整与修正。因此需要研究者结合公共服务理论和西部地区基本公共教育服务质量的构成维度对 CIPP 模型维度重新命名，以更好体现西部地区基本公共教育服务质量评价指标体系的特色与逻辑思路，主要做法如下。

首先，将 CIPP 模型的"背景"维度予以剔除。CIPP 模型中的背景评价是指"研究者在特定的环境下评定其问题、需要、机会和资源"[②]。这里的"问题"是指在满足需要时必须克服的障碍，"需要"是指预期目标达成的有效事务，"机会"是指满足需要和解决相关问题的时机；"资源"特指本地专家可以提供的咨询和技术指导服务。[③] 从投入背景的关键词含义看，"问题"实际上反映了实现基本公共服务质量目标的可能途径，这与基本公共服务质量实现过程的内涵高度重合。而"需要"则反映了达到预期目标所需要的资源，这与基本公共服务质量的投入内涵基本相似。"资源"则是指狭义的专家咨询或技术指导的服务，与公共服务质量主观评价方法有相似之处。"机会"则是指解决问题的时间，实际上属于基本公共服务质量的实现机制或对策建议的组成内容，而不是公共服务质量维度本身。[④] 梳理国外文献可知，剔除公共教育服务质量评价模型的"背景维度"是通行做法，而采用 CIPP 模型评价公共教育服务质量的维度主要是投入（Input）、过程（Process）和结果（Product）。如联合国教科文组织在全球监测报告（GMR，2005）中，直接删除了 CIPP 模型的"背景维度"，重点从"投入—过程—结果"三个维度评价全球基础教育发

---

① 顾建光. 从公共服务到公共治理 [J]. 上海交通大学学报（哲学社会科学版），2007，15（3）：49—54.

② STUFFLEBEAM D L. The CIPP model for program evaluation [M]. Springer, Dordrecht, 1983：117—141.

③ STUFFLEBEAM D L. The CIPP Evaluation models [M]. Springer, Dordrecht, 2000：279—317.

④ HAKAN K, SEVAL F. CIPP evaluation model scale: development, reliability and validity [J]. Procedia - Social and Behavioral Sciences, 2011, 15 (15)：592—599.

展质量，这是投入（Input）—过程（Proces）—结果（Outcome）模型（简称 IPO 模型）产生的理论依据。①Tikly 教授直言不讳地指出，如果将发展中国家公共教育服务质量比喻成一桌"美味佳肴"，则"饭菜"的可口程度取决于投入、过程、结果之间的有效组合或匹配程度。②世界银行（World Bank）作为援助发展中国家基础教育最多的国际金融机构之一，在其 2016 年发布的《世界发展指标》报告中，也剔除了 CIPP 的"背景维度"，重点从教育投入、教育参与、教育效率、教育完成度和教育差距五个维度评价世界各国基础教育发展情况。③OECD 在《强势开端》报告中也采取了舍弃"背景维度"的评价模型。④借鉴上述国际组织的研究设计，本研究延续第三章第四节的服务质量维度构建的研究思路，重点从基本公共教育服务质量的实现机制的关键环节，即从投入、过程和服务产出与服务获益设计与筛选西部地区基本公共教育服务质量评价指标体系。

其次，从"服务开启与服务进入"视角拓展"投入"维度。CIPP 模型中的投入评价是指对"实现基本公共教育服务目标所需的资源、条件及备选方案的优点所作的评价"⑤。这是从政府提供基本公共服务过程的角度设计的评价维度，没有体现出服务对象对基本公共服务投入过程的需求内容和供需适配情况。回顾前文第三章第四节，既有文献和政策目标都将公众的态度和行为置于公共服务质量评价的中心位置。具体到基本公共教育服务领域，公众对资源充足、条件达标、配置均衡、入学公平的需求与实际体验都影响基本公共教育服务质量评价。在这里，开启服务是政府供给基本公共教育服务的首要过程，是受教育者获取服务和使用服务的基本前提。与此对应，受教育者对免费、免试与就近入学的基本需求构成了进入服务的主要内容。受教育者搜寻、接近并获取义务教育的过程，即是进入基本公共教育服务的过程。基本公共教育服务开启与进入的供需适配过程也是提升入学服务质量的过程。入学服务是基本公共教育服务体系的起始服务，关系到基本公共教育服务的使用与产出。本研究通

---

① UNESCO. EFA Global Monitoring Report 2005: The quality imperative [M]. Paris: UNESCO, 2005.

② TIKLY L. Towards a framework for researching the quality of education service in low-income countries [J]. Comparative Education, 2011, 47 (1): 1-23.

③ Word Bank. World Development Indicators 2016 [R/OL]. 2016-08-23. https://openknowledge.worldbank.org/bitstream/handle/10986/23969/9781464806834.pdf? sequence=2.

④ OECD. Education at a Glance 2015: OECD Indicators. [R]. OECD, 2015, 8.

⑤ STUFFLEBEAM D L. International handbook of educational evaluation [M]. Springer, Dordrecht, 2003: 31-62.

过实地调查和验证性因素分析可得，理论层面的"服务开启与服务进入"维度与实际观测数据的适配度较好，说明西部地区基本公共教育服务质量维度的信度与效度较高，可称为设计基本公共教育服务质量评价指标体系的重要依据之一。通过文献梳理和政策目标的归纳，本研究进一步将"服务开启与服务进入"维度细分为"提供充足""条件达标""分配均衡"和"入学公平"四个子维度。

再次，从"服务交付与服务使用"角度解析"过程"维度。CIPP模型的过程评价是指"评价主体针对基本公共教育服务作用过程所实施的连续性检查、监督、评价和反馈"[1]。这是从政府供给基本公共服务过程的角度设计的评价维度，没能体现出受教育者对基本公共教育服务供给的参与和直观感受。从本研究第三章第二节可知，既有文献和政策目标都将公众参与基本公共教育服务的使用过程置于基本公共服务质量维度的重要位置。具体到基本公共教育服务领域，基本公共教育服务质量的过程主要反映基本公共教育服务交付与使用的适配情况，影响基本公共教育服务质量作用效果。即是说外在教育资源作用于服务对象的最终效果取决于服务交付形式符合教育学规律与学生特点的一致性程度，其外在表现为学校管理的规范化情况、教学方式的合规性程度以及共同治理的民主性等维度。在这里，交付服务是政府供给基本公共教育服务的第二个过程，不仅直接决定基本公共教育服务质量的产出，而且影响受教育者使用服务和获益服务。与此对应，服务使用反映了服务对象获取与享受基本公共教育服务的情况，蕴含共创共建基本公共教育服务的基本诉求。进一步，教学合规、参与民主的过程体现了资源的整合与利用情况，也即是服务对象使用并享受基本公共教育服务的过程。服务使用的情况与政府监督、学校管理、课堂教学等服务交付情况密切相关。基本公共教育服务交付与使用的供需适配过程本质是提高就学服务质量的过程。就学服务是基本公共教育服务体系的核心服务，关涉到基本公共教育服务质量的收益与产出。本研究通过实地调查和验证性因素分析可得，理论层面的"服务交付与服务使用"维度与实际观测数据的适配度较好，说明西部地区基本公共教育服务质量维度的信度与效度较高，可构成基本公共教育服务质量评价指标体系的设计依据之一。通过文献归纳和政策目标的归纳，本研究进一步将"服务交付与服务使用"维度细分为"管理规范""教学合规"和"参与民主"三个子维度。

---

[1] STUFFLEBEAM D L. The CIPP model for evaluation [M]. Evaluation models. Springer, Dordrecht，2000：279-317.

最后，从"服务输出与服务获益"视角重构"结果"维度。CIPP模型的结果评价是指"评价主体针对基本公共教育服务目标实现程度的评价"[①]。这仍然是从基本公共服务产出过程的角度构建的评价维度，未能反映受教育者对基本公共教育服务的主观感知与获益体验。从本研究第三章第二节可知，既有文献和政策目标都将基本公共教育服务质量感知置于基本公共服务质量的服务产出与服务获益。基本公共教育服务质量结果，关涉到公共教育的多元产出、结果运用和长远效益。换言之，基本公共教育服务质量的服务产出与服务获益反映了受教育者、教育系统、社会及其他利益相关者所获取的教育收益大小、分担的责任和未来利益。在这里，输出服务是政府供给基本公共教育服务的第三个过程，其形式为基本公共教育服务质量的具体产出，其输出的内容、大小和程度构成受教育者感知基本公共教育服务结果的直观内容和真实感受。换言之，受益服务反映了个体直接从基本公共教育服务获取的收益，即基本公共教育服务需求的满足。受教育者获益服务的过程同时是政府验收服务的过程，基本公共教育服务享益与验收的供需适配过程本质是基本公共教育服务供给完成与需求满足的过程，需要指出的是受教育者获取的收益不仅是即期的，还包括未来可持续产生的收益。与此相对应，公众感知服务质量的结果构成政府评价验收、反馈问责的重要依据。进一步，政府通过自查、公众评议等方式强化服务质量评价结果的运用，达成以评促改和以评促建的目的。本研究通过实地调查和验证性因素分析可得，理论层面的基本公共教育服务质量的服务产出与服务获益与实际观测数据的适配度较好，说明西部地区基本公共教育服务质量维度的信度与效度较高，是设计基本公共教育服务质量评价指标体系的重要依据之一。通过文献归纳和政策目标的归纳，本研究进一步将"服务输出与服务获益"维度细分为"目标多元""问责有效"和"包容性"三个子维度。

三、评价指标设计的权重分配

确定了西部地区基本公共教育服务质量评价指标体系后，下一步就需要对评价指标体系进行赋权。科学确立指标权重是顺利完成基本公共教育服务质量评价和提高评价效度与信度的关键。实际上，指标权重反映了每个下级指标在其上级指标中的相对重要程度。彭国甫（2004）认为，这种重要性可以从评价

[①] STUFFLEBEAM D L. The 21st century CIPP model [J]. Evaluation Roots, 2004: 245-266.

对象的内在机理与指标的信息量、区分度和可靠性等方面来考量。[①] 因而，合理确定指标权重是科学评价服务质量的关键。由于每个指标的性质、指向及所处层级有所差别，指标的隶属度、相关性、鉴别力也不同，对评价的最终结果的重要性也就不同。这即是说，确定评价指标体系的权重既是一项复杂的工作也是一个重要的工作。权重直接决定了评价维度的相对排序和评价结果的一致性、可靠性。复杂性是因为不同指标的地位、性质、特征及其蕴含信息不同，所采取的赋权方法与计算过程较为复杂。因此，根据西部地区基本公共教育服务质量的具体特征、内涵维度等标准选择科学的赋权方法至关重要。确立指标权重的方法不胜枚举。任全（2003）认为，指标赋权方式大致可分为主观赋权法、客观赋权法和综合赋权法。[②] 主观赋权法是由决策人员依据自身经验和专业知识对指标属性的主观判断而进行赋权的方法，主要有 Delphi 法、AHP 法等。[③] 客观赋权法是依据指标自身信息和变异程度对指标相对重要性进行排序的方法，主要有变异系数法、主成分分析法、最大离差法、熵值法、灰色关联法等。[④] 而综合赋权法是指结合客观与主观两类权重信息，既满足决策者的主观意愿，发挥指标的价值信息，也充分利用指标内部的客观信息，尽可能地展示指标的相关信息和变异信息。[⑤] 综合赋权法包括最小偏差指标赋权法[⑥]、最小二乘意义赋权法[⑦]、组合赋权法[⑧]等。西部地区基本公共教育服务质量需要何种方法确立指标权重，则需要根据具体问题而定。正如崔杰（2009）所言："指标的权重既要反映自身的变异和相关信息，也要体现专业知识和专业经验

[①] 彭国甫，李树丞，盛明科. 应用层次分析法确定政府绩效评估指标权重研究 [J]. 中国软科学，2004（6）：136—139.

[②] 任全，李为民. 最小偏差的指标赋权方法研究与应用 [J]. 系统工程，2003，21（2）：116—119.

[③] 冯文强，宋冬梅，臧琳，等. 基于主客观赋权法的多目标多属性决策方法 [J]. 山东大学学报（工学版），2015，45（4）：1—9.

[④] 汪克夷，栾金昶，武慧硕. 基于组合客观赋权法的科技评价研究 [J]. 科技进步与对策，2009，26（6）：129—132.

[⑤] 许叶军，达庆利. 基于理想点的多属性决策主客观赋权法 [J]. 工业工程与管理，2005，10（4）：45—47.

[⑥] 任全，李为民. 最小偏差的指标赋权方法研究与应用 [J]. 系统工程，2013，21（2）：116—119.

[⑦] 毛定祥. 一种最小二乘意义下主客观评价一致的组合评价方法 [J]. 中国管理科学，2002，10（5）：95—97.

[⑧] 李刚，李建平，孙晓蕾，等. 兼顾序信息和强度信息的主客观组合赋权法研究 [J]. 中国管理科学，2017（12）：179—187.

的信息。"① 因此，本研究将根据研究问题的需要，在评价指标体系的权重设计方面通过组合赋权法实现评价过程价值量与信息量的统一，提高评价指标体系的客观性、专业性与合理性。

第二节 西部地区基本公共教育服务质量评价指标的筛选

前文通过对 CIPP 模型拓展与改良，确立了西部地区基本公共教育服务质量评价指标体系的设计思路和框架。在此基础上，通过文献的归纳和政策目标的梳理，开始对西部地区基本公共教育服务质量评价指标进行筛选。本研究主要采取定量与定性相结合的方法筛选质量评价指标。第一步，通过文献归纳和政策目标梳理设计第一轮西部地区基本公共教育服务质量初始指标，在此基础上采取德尔菲法征询专家、官员、学校领导、教师、学生和家长意见，对初始指标体系进行遴选；第二步，通过隶属度分析，剔除在第二级质量维度中不重要的指标；第三步，通过相关性分析考察质量指标之间的联系和变化趋势；第四步，通过鉴别力分析筛选出区分评价对象特征差异能力的指标；第五步，对西部地区基本公共教育服务质量评价指标进行信度与效度分析。

一、评价指标的初次筛选

（一）选择专家咨询法的理论依据

德尔菲（Delphi）法又称专家调查法，是美国兰德（Rand）公司智库专家戈登（T. Gordon）和海尔默（O. Helmer）在 1964 年发布的《长远预测研究报告》中提出的一种专家评价法，这也是德尔菲法被首次选用于技术调查中。② 本研究采用德尔菲法筛选西部地区基本公共教育服务质量评价指标，源于其调查技术的 4 个优势。③ 一是匿名性，有助于综合不同评价主体的多方意见。匿名评价能减少政府官员、学校领导等评价者的地位、身份、权力的影响，增强专家、教师、学生、家长等弱势一方的话语权，增加受教育需求和专

---

① 俞立平. 科技教育评价中主客观赋权方法比较研究 [J]. 科研管理，2009，V30（4）：154—161.
② 何俊德. 项目评估——理论与方法 [M]. 武汉：华中理工大学出版社，2000：36—41.
③ 袁志彬，任中保. 德尔菲法在技术预见中的应用与思考 [J]. 科技管理研究，2006，26（10）：217—219.

家意见的权重。二是集中性，有助于化解不同评价主体的意见分歧。德尔菲法通过多轮反馈和修正，可以整合不同主体利益诉求，大致确定其指标的权重，最终得到意见较为一致的评价结果。三是评价意见的收敛性较快，能节省调查过程的成本、时间和精力。德尔菲法可以减少如焦点小组、深度访谈等质性研究所花费的时间、精力，既能集思广益，又能化解分歧，使不同评价主体的意见快速收敛。这能提高多轮次筛选服务质量评价指标的效率。四是德尔菲法的规范化技术和标准化问卷能提升质量评价指标的科学性，提高评价结论的可靠性与一致性。

（二）德尔菲法筛选指标的调查样本

本研究主要以全国政府绩效管理研究会理事作为专家库。该专家库成员主要满足以下条件：第一，主要来自国内"双一流"高校及省属师范大学；第二，主要研究方向为教育政策评价、公共服务评价、政府绩效评价、教育经济与管理、教育质量监测等；第三，副高级职称以上，在该领域具有较大影响力。满足以上条件的调查对象可以提高德尔菲函询结果的专业性和可靠性。在第一轮调查中，研究团队一共发放60份专家问卷，收回问卷57份。在政府领域，研究团队在S省教育厅相关领导的协助下，从教育厅（教育工委）选取了8名工作人员作为函询专家，主要来自基础教育处、民族教育处、发展规划处、教育督导与审计处、教师工作处、办公室等职能部门。同时研究团队向S省Q区、D县、K市教育局15名工作人员发放专家函询表，收回12份。最后，研究团队对抽中学校的校领导、教师发放调查专家函询表30份，收回21份。调查方式以面访为主，辅以电邮方式，第一轮函询相关专家98份，第二轮研究者扩大了函询专家样本量，收回有效问卷153份（见表4-1、4-2）。

表4-1 第一轮德尔菲法调查对象的样本结构

职业领域	受访数量（人）	样本比例（%）
专家	57	58.16
政府官员	20	20.41
学校领导	6	6.12
教师	15	15.31

资料来源：作者自制。

表 4-2　第二轮德尔菲法调查对象的样本结构

职业领域	受访数量（人）	样本比例（%）
专家	79	51.63
政府官员	23	15.03
学校领导	16	10.46
教师	35	22.88

资料来源：作者自制。

（三）应用德尔菲法筛选指标

1. 问卷设置

在拟定西部地区基本公共教育服务质量评价初始指标的基础上，制定了第一轮德尔菲法的专家调查问卷。问卷内容包括：①评价者的个人情况，如性别、年龄、职业、职务职称、工作时间、研究领域等。②指标相对重要性赋值表。此处采用刘伟涛的建议，打分标准可依据李克特量表的 5 级评分法进行（1 分为非常不重要，2 分为不重要，3 分为同等重要，4 分为较重要，5 分为非常重要）[①]。③计算评价者的权威系数，包括各类评价者对三级指标的熟悉程度及判断依据，采用李克特 5 分量表形式设置评价问卷。问卷题项设置遵循"全面""简洁""准确""客观""可行"等原则。樊长军等（2011）建议每位评价者都对指标重要性进行打分，研究者通过征询不同评价主体对初步拟定指标的修改意见，及是否需要新增指标[②]。专家权威评价量化表见表 4-3：

表 4-3　专家权威评价量化表

判断依据	量化值	熟悉程度	量化值
实践经验	0.8	非常熟悉	1
理论认识	0.6	熟悉	0.8
同行了解	0.4	比较熟悉	0.4
直观感受	0.2	不太熟悉	0.2
比较陌生	0.0	不熟悉	0

资料来源：作者自制。

[①] 刘伟涛，顾鸿，李春洪. 基于德尔菲法的专家评估方法 [J]. 计算机工程，2011（s1）：189-191.

[②] 樊长军，张馨，连宇江，等. 基于德尔菲法的高校图书馆公共服务能力指标体系构建 [J]. 情报杂志，2011，30（03）：97-100.

2. 评价结果判断准据

德尔菲法是对多目标属性进行主观判断与决策的一种评价方法。评价者的专业知识、态度、经验、职业等背景因素对评价结果影响较大。为提高多轮评价结果的可靠性与一致性,研究者采取学界通行做法,即运用评价者积极系数、权威系数、意见变异系数和协调协系数等评价标准进行测算,保留通过的具体指标,剔除未通过的指标,并进行卡方检验。计算方法如下。

(1) 评价者的积极性。尹逊强(2012)认为,评价者的积极性一般是反映评价者对评价题项或主题的熟悉、关心程度。[①] 评价者的积极性通过 P_i 来反映,一般用实际参与者(问卷返回对象)的数量与评价者总数(问卷发放对象)的比例系数,即问卷回收率来衡量。尹逊强(2012)建议,当评价积极系数>50%,表明评价结果合格,评价系数>70%表明评价结果良好。在第一轮问卷咨询中,专家组的评价积极系数为95%(57/60),政府官员组的评价积极系数为87%(20/23),学校领导、教师组的评价积极系数为70%(21/30)。根据第一轮反馈结果,我们扩大了第二轮专家的数量(见表4—4)。

表4—4 调查问卷评价结果的积极系数

第一轮评价结果的积极系数			
评价组	发放问卷	回收问卷	积极系数 P_i
专家	60	57	95%
政府系统	23	20	87%
学校系统	30	21	70%
第二轮评价结果的积极系数			
评价组	发放问卷	回收问卷	积极系数 P_i
专家	85	79	93%
政府官员	30	23	77%
学校系统	57	51	89%

资料来源:作者自制。

从表4—4可以看出,第一轮德尔菲调查法的积极系数 P_i 均达到70%的合格标准,评价者的积极性较好。第二轮咨询的专家组和学校组的评价者积极性

[①] 尹逊强,梁颖,谭红专,等. 改良德尔菲法在学校卫生标准制定中的应用[J]. 中南大学学报(医学版),2012,37(11):1104—1107.

大于70%的合格标准。第二轮咨询中学校系统评分专家的积极性上升了19%，政府官员的评价积极性则下降了10%，专家系统评价的积极性下降了约2%，但评价积极性仍超过良好标准。这说明两轮调查对象对本研究主体的支持、关心程度普遍较高，调查结果反馈良好。

（2）评价意见的集中程度。减少分歧，以集中反映各位评价者的共同意见是德尔菲调查的优势所在。王春枝（2011）认为，评价意见的集中程度，也称为意见一致性系数，德尔菲法通常用重要性赋分的平均值 M_i 等指标衡量。[①]

$$M_i = \frac{1}{m_i}\sum_{j=1}^{m} B_{ij}$$

其中 m_i 是参加第 i 个指标评价的评价者数目；B_{ij} 是第 j 个评价者对第 i 项指标的评分数值，M_i 值越大，则该指标的重要性越高，指标通过检验的标准要求 M_i 大于 3。

（3）评价意见的协调系数。协调系数是反映不同背景、立场的评价者对同一研究对象的评价意见的收敛程度。协调系数一般以变异系数（本研究命名为 V_j）为基础。变异系数 V_j 值越小，评价者的意见越趋于某个常数值（即收敛），说明评价者对某一指标的协调程度越高。

$$V_j = \frac{\sigma_j}{M_j}$$

其中 σ_j 是 j 指标的标准差；M_j 是 j 指标的均值。当某个指标的变异系数大于 0.25 时，一般可判定该指标的专家分歧较大，协调度不够，应当予以删除。此时，假设参与评价的人数为 m，n 为需要评价的指标数，则全部 n 个指标 m 个评价者的权重评价的收敛程度被称为协调指标，用 W_c 表示。其计算方法为：首先按每位评价者对 n 个指标排秩评分，对同等评分时，取均值级数，并计算指标的等级和 T_j，最后统计 n 个指标的均值级数和 $\bar{T}_j$：

$$T_i = \sum_{i=1}^{m} R_{ij}; \quad \bar{T}_j = \sum_{j=1}^{n} \frac{T_j}{n}$$

式中：R_{ij} 是第 j 个指标上第 i 个专家的评分等级，T_j 为第 j 个评价的层级和，$\bar{T}_j$ 是 n 个指标的评价等级和。协调系数 W_c 公式为：

[①] 王春枝，斯琴. 德尔菲法中的数据统计处理方法及其应用研究［J］. 内蒙古财经大学学报，2011，09（4）：92-96.

$$W_c = \frac{12}{m^2-(n^3-n)-m\sum(t_k^3-t_k)} \sum_{j=1}^{n} d_j^2 \quad ; \quad \sum_{j=1}^{n} d^2 = \sum_{j=1}^{n} (T_j - \bar{T})^2$$

协调系数值越接近1，说明全部专家对指标评分的集中程度较好；反之，则说明专家意见较为分散，即专家对各项指标的权重排序存在很大分歧。本研究主要采用W_c作为协调系数，当$W_c<0.5$时，我们认为该指标专家协调度较低。

（4）专家权威程度Cr。如果专家来自不同领域，需要考虑专家评价的权威情况。王春枝（2011）认为，评价者的权威性通常会影响评价结论的准确性。影响专家权威的两个重要因素分别是专家的打分依据和知识水平，可用Ca代表，另一个指标是专家熟悉评价问题的程度，以Cs代表。德尔菲问卷中，都设有专家对问题的熟悉程度，还列有专家对各项指标赋权的判断依据及其影响大小等题项。评价者权威系数计算公式为：$Cr=(Ca+Cs)/2$。权威系数Cr介于0~1之间，$Cr\geq0.7$时，说明评价结果可靠，当$Cr>0.8$时，说明评价者对指标打分的准确性有较大把握。本研究的专家意见权威程度判断主要以自我评价为主，同时参考其个人信息如研究方向、职称职务等指标进行综合评定。本研究第二轮反馈的咨询结果表明，各评价组对西部地区基本公共教育服务质量评价指标的权威系数在［0.7，0.9］之间，说明本研究选取德尔菲法咨询多轮筛选初始评价指标的可靠性较高。杜占江（2011）认为，在考量专家权威意见和指标权重的基础上，应该将变异系数>0.3，指标重要性赋分均值<4分，专家权威系数<0.7的指标予以剔除①（见表4-5、4-6）。

表4-5 第一轮专家咨询法需要剔除的初始指标

指标编号	第一轮专家咨询法评判指数		
	集中程度	协调程度	权威程度
	$Mi<3$	$Wc<0.5$	$Cr<0.7$
B14	2.17	0.34	0.50
B35	1.55	0.27	0.41
C14	0.91	0.29	0.33
C24	1.03	0.35	0.41

---

① 杜占江，王金娜，肖丹. 构建基于德尔菲法与层次分析法的文献信息资源评价指标体系［J］. 现代情报，2011，31（10）：9-14.

续表4-5

指标编号	第一轮专家咨询法评判指数		
	集中程度	协调程度	权威程度
	$Mi<3$	$Wc<0.5$	$Cr<0.7$
C44	2.04	0.27	0.29
D24	1.51	0.31	0.18
E24	1.68	0.27	0.37
E44	0.92	0.33	0.22
F14	1.70	0.26	0.48
F34	2.32	0.32	0.31
F54	1.26	0.29	0.36
G14	1.91	0.39	0.25
G24	2.74	0.47	0.27
G34	1.03	0.22	0.09
H14	2.09	0.29	0.17
H24	1.48	0.46	0.51
H34	2.24	0.52	0.43
H44	1.03	0.39	0.45
H54	1.82	0.45	0.20
H64	2.17	0.31	0.64
I15	1.86	0.28	0.13
I26	2.29	0.42	0.40
I35	2.77	0.25	0.39
I44	1.61	0.36	0.43
J14	2.15	0.33	0.22
J24	2.03	0.40	0.14
K14	1.28	0.32	0.42
K55	2.36	0.21	0.38

资料来源：作者自制。

4－6 第二轮专家咨询法需要剔除的初始指标

指标编号	"第二轮"专家咨询法评价剔除的指标		
	集中程度	协调程度	权威程度
	$Mi<3$	$Wc<0.5$	$Cr<0.7$
B14	2.32	0.29	0.39
B35	2.26	0.26	0.25
C14	2.01	0.35	0.47
C24	2.53	0.31	0.19
C44	2.14	0.42	0.57
D24	2.27	0.39	0.28
E24	2.18	0.32	0.16
E44	1.29	0.30	0.23
F14	2.71	0.46	0.48
F34	2.02	0.38	0.30
F54	2.51	0.27	0.32
G14	1.65	0.33	0.41
G24	1.73	0.41	0.40
G34	2.19	0.39	0.32
H14	1.85	0.28	0.18
H24	2.42	0.36	0.17
H34	1.75	0.35	0.38
H44	2.07	0.26	0.35
H54	1.91	0.35	0.29
H64	1.07	0.18	0.54
I15	1.26	0.39	0.52
I26	2.02	0.32	0.30
I35	1.88	0.25	0.47
I44	2.41	0.42	0.59
J14	2.13	0.31	0.38
J24	2.35	0.30	0.24

续表4-6

指标编号	"第二轮"专家咨询法评价剔除的指标		
	集中程度	协调程度	权威程度
	$Mi<3$	$Wc<0.5$	$Cr<0.7$
K14	1.82	0.29	0.45
K55	2.09	0.36	0.13

资料来源：作者自制。

二、评价指标的隶属度分析

西部地区基本公共教育服务质量评价指标是依据基本公共教育服务质量的内涵、构成维度，并借鉴国内外相关研究成果与政策目标的梳理构建起来的。虽然第一轮和第二轮指标体系经过初次筛选后，指标的集中程度、权威程度和协调程度明显提高，但是专家筛选后的评价指标体系仍然具有较强的主观色彩，其客观性与科学性尚有待检验。因此，本研究通过引入模糊综合评价的隶属度函数，客观衡量各级指标对上级指标的隶属度，以增强西部地区基本公共教育服务质量评价指标体系的客观性、一致性、合理性与可操作性。本研究同样采取第四章第二节德尔菲法的调查方法，遵循相同的研究思路，对问卷内容稍做调整。第三轮问卷内容按照"维度指标—基本指标—单项指标"的分析进路，将指标的重要性分为5级，采用李克特5分量表来测量。其中1分为专家认为该指标"非常不重要"，2分为专家认为该指标"不重要"，3分为专家认为该指标"同等重要"，4分为专家认为该指标"重要"，5分为专家认为该指标"非常重要"。通过开放式问卷设置，让每位评价者在相应指标打分后，填写评判依据、熟悉程度、相对重要性的原因。本研究通过实地面访、电子邮件等方式发放问卷130份，返回有效问卷118份（见表4-7）。

表4-7 德尔菲法第三轮调查问卷的样本特征

职业领域	样本数量（份）	样本比例	熟悉比例	判断准据（比例）
专家	52	44%	79%（41）	理论观点（47，90%）
政府官员	17	14%	88%（15）	政策目标（16，94%）
学校领导	20	17%	85%（17）	实践经验（41，84%）
教师	29	25%	76%（22)	

资料来源：作者自制。

虽然各位评价者在指标打分过程中的主观性较强，但从打分的判断准据和熟悉程度的比例看，不同评价组给指标打分的可靠性仍然较高（70%以上）。[1] 通过科学的统计方法，剔除不能有效反映西部地区基本公共教育服务质量内涵及其所属维度的评价指标。本研究主要采取模糊综合评价的隶属度分析方法，对隶属度较低的指标予以剔除。研究者以收回的有效评分结果为基础，对第三轮评价指标进行隶属度分析。韩利（2004）认为，隶属度分析的思想来自模糊数学的知识体系，其基本思想是经济生活中的一些重要现象通常无法用准确的语言或概念进行清晰表达，而该现象的概念内涵与外延较为模糊，无法套用经典的集合论来进行归类分析。[2] 陈晓红（2015）也认为，某个元素对应某个集合（概念）来说，无法用绝对标准指向其归属的母集，但可以参考模糊集的标准将该指标划归某一集合（或概念类属）。[3] 如果将西部地区基本公共教育服务质量评价指标体系｛X｝定为一个模糊集合，该集合中每个元素都可以具体指标表示，此时就能运用模糊综合评价法则对每个评价指标进行隶属度分析。评价指标（或元素）的隶属度通常用 R_i 表示。假设在第 i 个评价指标上，被评价者选择归属某一集合（或评价维度）总次数为 M_i，即总共有 M 位专家认为元素 X_i 是西部地区基本公共教育服务质量评价的重要指标，此时该评价元素的隶属度 $R_i = X_i/118$，其中 118 是有效返回的问卷数量。金菊良认为，R_i 值表明该项评价元素在多大程度上属于该模糊集合，它说明评价元素 X_i 在此评价指标体系中很重要，需要保留该指标作为最终评价指标，反之，该评价指标必须删除或修正后重新评价。[4] 本研究借鉴范柏乃的研究[5]，将评价指标的隶属度临界值设定为 0.3，当每一个单项指标小于 0.3 时，则予以剔除，反之，则予以保留。本研究通过对 118 份调查结果的进行隶属度分析，删除隶属度低于 0.3 的评价指标（见表 4-8）。

---

[1] 学者王春枝认为，评价组依据主要判断准据做出判断的评价者比例在 70% 以上，视为合格。具体参见：王春枝，斯琴. 德尔菲法中的数据统计处理方法及其应用研究 [J]. 内蒙古财经大学学报，2011，09 (4)：92-96.

[2] 韩利，梅强，陆玉梅，等. AHP-模糊综合评价方法的分析与研究 [J]. 中国安全科学学报，2004，14 (7)：86-89.

[3] 陈晓红，杨志慧. 基于改进模糊综合评价法的信用评估体系研究——以我国中小上市公司为样本的实证研究 [J]. 中国管理科学，2015，23 (1).

[4] 金菊良，魏一鸣，丁晶. 基于改进层次分析法的模糊综合评价模型 [J]. 水利学报，2004，35 (3)：65-70.

[5] 范柏乃，朱文斌. 中小企业信用评价指标的理论遴选与实证分析 [J]. 科研管理，2003，24 (6)：83-88.

表 4-8 第三轮专家咨询须剔除指标的隶属值情况

维度指标	指标标识	隶属度
提供充足	B16	0.15
	B37	0.11
分配均衡	C16	0.20
	C25	0.17
	C35	0.23
	C45	0.09
条件达标	D15	0.29
	D25	0.06
	D35	0.12
入学公平	E15	0.14
	E25	0.35
管理规范	F25	0.28
	F35	0.07
	F45	0.14
	F55	0.25
教学合规	G15	0.13
	G16	0.10
	G25	0.16
	G26	0.23
	G35	0.11
	G36	0.08
	G46	0.13
参与民主	H15	0.19
	H25	0.25

续表4-8

维度指标	指标标识	隶属度
目标多元	I16	0.16
	I7	0.02
	I27	0.27
	I36	0.17
问责有效	I45	0.21
	J25	0.18
	J46	0.26
结果包容	K15	0.14
	K16	0.12
	K25	0.21
	K26	0.13

资料来源：作者自制。

三、评价指标的相关性分析

虽然隶属度分析简化了西部地区基本公共教育服务质量评价指标数目，但是不少评价指标还存在高度相关性。这种相关性会导致评价指标信息的重复和混杂，不仅增加了评价过程的难度和复杂性，而且降低了评价过程的效率与科学性。范柏乃（2012）认为，相关性分析是通过指标的协方差信息去反映指标之间的共变程度，即是说相关性分析可以提醒研究者剔除同一评价维度内相关系数大的指标，避免指标信息冗余。[①] 借鉴包明林（2015）的研究思路，本研究采用 Pearson 相关系数分析评价指标之间的相关性程度。[②] Pearson 相关系数主要反映两个定量指标之间呈线性关系以及指标蕴含共变信息的程度。本研究测评西部地区基本公共教育服务质量的评价指标体系全部属于连续性变量或等距变量，因此可采用 Pearson 相关系数法测定指标之间的线性相关程度。本研究的 Pearson 线性相关系数，以 r 表示，其公式为：

---

① 范柏乃. 政府绩效管理 [M]. 上海：复旦大学出版社，2012：229—241.
② 数据来源、问卷调查与抽样方式参见第四章第三节内容，限于篇幅不再赘述。

$$r = \frac{\sum_{i=1}^{n}(x_i - \bar{x}) - (y_i - \bar{y})}{\sqrt{\sum_{i=1}^{n}(x_i - \bar{x})^2 \sum_{i=1}^{n}(y_i - \bar{y})^2}}$$

在相关性分析前，本研究根据郭亚军的建议，在对指标进行相关性分析之前，首先对指标进行无量纲化处理。[①] 研究者主要采用 Stata15.0 中的 Pearson 相关法进行相关性分析。胡永宏认为，相关系数 r 在 [0, 0.2) 区间表示指标之间弱相关或不相关，相关系数 r 在 [0.2, 0.4) 区间内表示相关性较小，相关系数 r 在 [0.4, 0.6) 之间时表明中等相关，相关系数 r 在 [0.6, 0.8) 表示相关性较强，相关系数 r 在 [0.8, 1] 区间内表示高度相关或线性重合。[②] 徐明明（2015）指出，Pearson 相关系数越大，说明同一维度内的指标信息重复就越多，指标的独立性越小，评价指标间的独立性就越差。[③] 本研究借鉴罗贺（2012）的研究成果，当相关系数 $r>0.6$ 时，说明同一维度指标之间明显存在信息重复和指标冗余，需要对相关指标进行删除[④]。下面以各维度为例，分析同一维度观测指标的相关性，需要删除相关系数高于 0.6 的指标，分别有"提供充足"维度的 B38、"配置均衡"维度的 C26、"条件达标"维度的 D26、"入学公平"维度的 E36、"管理规范"维度的 F46、"教学合规"维度的 G47、"参与民主"维度的 H16、"增值性"维度的 I37、"满意性"维度的 J47、"特殊性"维度的 K56（见表 4-9 至 4-18）。

表 4-9 "提供充足"维度高相关须剔除的指标

指标	B31	B32	B33	B34	B38
B31	1	0.26	0.13	0.57	0.34
B32	0.26	1	0.11	0.25	0.69
B33	0.13	0.11	1	0.19	0.06
B34	0.57	0.25	0.19	1	0.45
B38	0.34	0.69	0.06	0.45	1

资料来源：作者自制。

[①] 郭亚军. 综合评价理论与方法 [M]. 北京：科学出版社，2002：15-18.
[②] 胡永宏. 综合评价中指标相关性的处理方法 [J]. 统计研究，2002，19 (3)：39-40.
[③] 徐明明，张立军，张潇. 综合评价指标体系的优良标准及测度方法 [J]. 统计与决策，2015 (3)：18-21.
[④] 罗贺，秦英祥，李升. 云计算环境下服务监管角色的评价指标体系研究 [J]. 中国管理科学，2012 (2)：671-675..

表4-10 "配置均衡"维度高相关须剔除的指标

指标	C21	C22	C23	C26
C21	1	0.29	0.40	0.37
C22	0.29	1	0.35	0.76
C23	0.40	0.35	1	0.17
C26	0.37	0.76	0.17	1

资料来源：作者自制。

表4-11 "条件达标"维度高相关须剔除的指标

指标	D21	D22	D23	D26
D21	1	0.33	041	0.20
D22	0.33	1	0.18	0.37
D23	0.41	0.18	1	0.65
D26	0.20	0.37	0.65	1

资料来源：作者自制。

表4-12 "入学公平"维度高相关须剔除的指标

指标	E31	E32	E33	E34	E36
E31	1	0.32	0.19	0.24	0.47
E32	0.32	1	0.25	0.19	0.73
E33	0.19	0.25	1	0.24	0.32
E34	0.24	0.19	0.24	1	0.28
E36	0.47	0.73	0.32	0.28	1

资料来源：作者自制。

表4-13 "管理规范"维度高相关须剔除的指标

指标	F41	F42	F43	F46
F41	1	0.21	0.35	0.47
F42	0.21	1	0.28	0.19
F43	0.35	0.28	1	0.76
F46	0.47	0.19	0.76	1

资料来源：作者自制。
注：F44、F45指标已在前轮指标筛选中予以剔除

表 4-14　"教学合规"维度高相关须剔除的指标

指标	G41	G42	G43	G44	G47
G41	1	0.16	0.21	0.25	0.42
G42	0.16	1	0.38	0.24	0.19
G43	0.21	0.38	1	0.40	0.12
G44	0.33	0.24	0.40	1	0.79
G47	0.42	0.19	0.12	0.79	1

资料来源：作者自制。

表 4-15　"参与民主"维度高相关须剔除的指标

指标	H11	H12	H13	H16
H11	1	0.31	0.16	0.23
H12	0.31	1	0.29	0.62
H13	0.16	0.29	1	0.35
H16	0.23	0.62	0.35	1

资料来源：作者自制。

表 4-16　"目标多元"维度高相关须剔除的指标

指标	I31	I32	I33	I34	I37
I31	1	0.24	0.30	0.17	0.22
I32	0.24	1	0.43	0.21	0.46
I33	0.30	0.43	1	0.15	0.81
I34	0.17	0.21	0.15	1	0.33
I37	0.22	0.46	0.81	0.33	1

资料来源：作者自制。

表 4-17　"问责有效"维度高相关须剔除的指标

指标	J41	J42	J43	J44	J47
J41	1	0.36	0.22	0.45	0.27
J42	0.36	1	0.15	0.31	0.40
J43	0.22	0.15	1	0.19	0.37
J44	0.45	0.31	0.19	1	0.85

续表4-17

指标	J41	J42	J43	J44	J47
J47	0.27	0.40	0.37	0.85	1

资料来源：作者自制。

表4-18 "结果包容"维度高相关须剔除的指标

指标	K51	K52	K53	K54	K56
K51	1	0.27	0.33	0.14	0.36
K52	0.27	1	0.50	0.32	0.29
K53	0.33	0.50	1	0.18	0.27
K54	0.14	0.32	0.18	1	0.71
K56	0.36	0.29	0.27	0.71	1

资料来源：作者自制。

四、评价指标的鉴别力分析

在对西部地区基本公共教育服务质量评价指标体系进行隶属度与相关性分析后，还需对余下指标进行鉴别力分析。[1] 鉴别力主要是反映评价指标区别评价对象特征差异的能力。西部地区基本公共教育服务质量评价指标体系的鉴别力则是评价指标区分和鉴别不同调查对象的服务质量差异的能力。范柏乃指出，若所有被评价的调查对象在某项评价指标上几乎一致地呈现较低或很高的分数时，那么认为该评价指标几乎无鉴别力，不能鉴别出不同调查对象的基本公共教育服务质量的差异。反之，如果被评价的对象在某项指标上得分出现明显差别，就表明这个指标蕴藏较高的鉴别力，能够区分和识别不同调查对象之间的服务质量差异。[2] 评价指标反应理论（index response theory）认为，反映指标特征曲线的斜率可以作为指标的鉴别力指数，也可以采取变异系数法间接测量指标之间的鉴别力。[3] 本研究采取变异系数法间接测量指标之间的鉴别力大小。变异系数用V_i表示，其公式为：

---

[1] 数据来源、问卷调查与抽样方式参见第四章第三节内容，限于篇幅不再赘述。

[2] 范柏乃. 我国城市居民生活质量评价体系的构建与实际测度[J]. 浙江大学学报（人文社会科学版），2006, 36 (4).

[3] 周霞，李红，欧凌峰. 创新型广东评价指标体系的构建[J]. 科技管理研究，2009, 29 (11): 137-139.

$$V_i = \frac{S_i}{\overline{X}} ; S_i = \sqrt{\frac{1}{n-1} \sum (X_i - \overline{X})^2} ; \overline{X} = \frac{1}{n} \sum_{i=1}^{n} X_i$$

其中 S_i 为标准差，$\overline{X}$ 是指标的均值。一般而言，指标的变异系数越大，对应的鉴别力就越高，反之，则越低。借鉴杨宇（2006）的研究，本研究在对指标进行方差分析的基础上计算出各指标的变异系数（鉴别力），删除变异系数值 $V_i < 0.3$ 的观测指标[1]（见表 4-19）。

表 4-19 鉴别力不合格需删除的评价指标

删除指标隶属的维度	被删除指标标识	变异系数
提供充足	B17	0.21
	B18	0.11
	B19	0.24
	B39	0.13
配置均衡	C17	0.17
	C18	0.16
	C27	0.14
	C46	0.20
	C47	0.22
	C48	0.12
条件达标	D16	0.15
	D27	0.19
	D36	0.10
入学公平	E16	0.23
	E37	0.11
管理规范	F16	0.18
	F26	0.07
	F36	0.16

---

[1] 杨宇. 多指标综合评价中赋权方法评析 [J]. 统计与决策，2006（13）：17-19.

续表4—19

删除指标隶属的维度	被删除指标标识	变异系数
教学合规	G17	0.24
	G27	0.08
	G37	0.15
	G48	0.17
参与民主	H17	0.21
	H26	0.06
	H27	0.19
	H35	0.24
	H45	0.22
目标多元	I28	0.13
	I38	0.20
	I46	0.09
	I47	0.19
问责有效	J15	0.18
	I16	0.14
	J26	0.10
	J27	0.07
结果包容	K17	0.15
	K27	0.04
	K35	0.16

资料来源：作者自制。

五、评价指标的信度与效度分析

西部地区基本公共教育服务质量评价指标体系的问卷内容与指标设置是否具有可靠性、一致性，还需要进行信度和效度的检验。信度和效度分析是检测来评价指标体系的科学性、完备性与合理性的重要途径。

（一）西部地区基本公共教育服务质量评价指标体系的信度检测

信度分析是一种测定评价指标体系是否具有一致性和稳定性的有效判别方

法。张虎（2007）认为，为深入研究一些理论性或本质性的问题，研究者通常要以问卷调查的方式询问调查者的主观感受，以测量较为抽象的"观念""看法""态度"或"情感"等问题。这就需要研究者采用信度分析检验问卷调查的数据是否准确、可靠。[1] 王孟成（2010）认为，信度分析一般分为复本信度法、重测信度法、α信度系数法、折半信度法。由于复本信度法要求两个问卷题项除表述方式不同外，在难度、格式、内容和对应题项的提问方向等保持完全一致，但实际调查问卷难以达到此要求，因此建议不用复本信度法检验。[2] 而折半信度与α信度系数法均属于内在一致性信度，故本研究采纳叶宝娟（2014）的建议，主要对评价指标体系进行α信度检验（内在信度）两种方式[3]。采取非概率抽样方式以第二轮德尔菲咨询的学校领导、政府官员为抽样框，随机编码后，以简单随机抽样方式向抽中的学校领导、政府官员发放268份问卷。第一轮调查在2018年11月进行，共发放有效问卷510份，收回问卷471份。

学者张虎（2007）建议，对验证性因子的信度分析应该采取内在信度分析，重点考察一组评价指标是否测量的是同一特征。[4] 内在信度越高，对应的评价指标越有意义，其评价结果也越可信。学界普遍采用克朗巴哈系数（Cronbach'α）测度量表内部一致性，即内部信度。其计算公式如下：

$$\alpha = \frac{k\bar{r}}{1+(k-1)\bar{r}}$$

其中 k 是评价的项目数，$\bar{r}$ 为 k 个评价项目相关系数的均值，Cronbach'α系数在0~1之间。当评价指标数目一定时，评价指标相关系数的均值越高，则指标体系的内在信度越低，因而，克朗巴哈系数是评指标体系内在信度的重要指标。[5] 一般认为，Cronbach'α系数越大，表明评价指标的内在信度越高。克朗巴哈系数在0.6以下，则认为量表设计存在部分问题，内部信度不合格。若克朗巴哈在[0.6，0.7]，则认为评价指标体系的内部信度勉强可接受；若克朗巴哈在[0.7，0.8]，则认为评价指标体系的内部信度合格，克朗巴哈在[0.8，0.9]之间，则说明指标体系的内在信度良好，克朗巴哈在[0.9，1]

---

[1] 张虎，田茂峰. 信度分析在调查问卷设计中的应用[J]. 统计与决策，2007（21）：25-27.
[2] 王孟成，戴晓阳，姚树桥. 中国大五人格问卷的初步编制Ⅰ：理论框架与信度分析[J]. 中国临床心理学杂志，2010，18（5）：545-548.
[3] 叶宝娟. 经典测验信度的现代估计方法[M]. 北京：中国社会科学出版社，2014.
[4] 张虎，田茂峰. 信度分析在调查问卷设计中的应用[J]. 统计与决策，2007（21）：25-27.
[5] 程颖，仲志杰，冯明. 情境判断测验的信度与效度研究：以我国公务员内隐知识测验为例[J]. 管理工程学报，2016，30（4）：53-60.

之间，这说明评价指标体系内在信度很高。评价指标体系的信度是效度的必要条件，信度低其效度一定低，但信度高并不能说明指标效度也高。因此，内部信度是测量评价指标体系稳定性和一致性的有效指标。西部地区基本公共教育服务质量评价指标体系的内部信度系数均在 0.682~0.871 之间，说明问卷设计的可靠性较高，指标体系之间的内部信度系数处于优良水平。具体附录表（见表 4-20）。

表 4-20　西部地区基本公共教育服务质量评价指标内在信度

评价项目	Cronbach'α 系数	指标数量	检测结果
提供充足	0.716***	10	合格
配置均衡	0.822***	13	良好
条件达标	0.871***	9	良好
入学公平	0.704***	13	合格
管理规范	0.728***	15	合格
教学合规	0.805***	13	良好
参与民主	0.730***	18	合格
目标多元	0.759***	16	合格
问责有效	0.682***	14	合格
结果包容	0.693***	16	合格

资料来源：作者自制。

注：* 代表 $P<0.1$，** 代表 $P<0.05$，*** 代表 $P<0.01$。

（二）西部地区基本公共教育服务质量评价指标体系的效度检测

效度（Validity）主要是指测量指标真实反映所要评价对象的有效程度，它是衡量指标可靠性的重要依据。效度分析主要分为内容效度、准则效度和结构效度。张五芳认为，内容效度是指测验题项反映测量行为偏差或测量内容准确性的参考指标，通常依靠专业领域的评价者系测量评价题项的效度。[①] 准则效度是同一构念可能有多种测量方法，如果以其中一种为参照准则，另外一种方法测量的结果与参照方法测度的结果大致相同，即为准则效度。结构效度是指实际评价项目实际测量到所要测量的理论结构（概念）或特质的程度，主要

---

① 张五芳. 重复性成套神经心理状态测验的信度、效度分析 [J]. 中国心理卫生杂志, 2008, 22 (12)：865-869.

反映观测数据与理论之间的一致性。结构效度的最大功能是用来提出和验证假设。[1] 本研究采纳竺培梁和黄小平的建议，检验评价指标体系的效度首先须以内容效度为基础[2]，其次参考其结构效度是否达标[3]。确定内容效度的方法主要有复本法、再测法、经验法和专家判断法。为避免内容效度和表面效度的混淆，本研究主要采取专家咨询法检验内容效度，同时按照胡中锋（2007）的建议，采用因子分析法测量评价指标体系的结构效度[4]。首先，内容效度专家评定法需要借鉴"内容效度比"（Content Validity Ratio，简称CVR）指标，从而考察评价指标与所需要测量的概念范畴间关系的紧密程度。计算CVR公式如下：

$$CVR = \frac{n_i - \frac{n}{2}}{\frac{n}{2}}$$

其中 n_i 是认为评价指标体系很好地体现了测量的概念范畴的专家人数，n 为参与打分的专家总数。当判定评价指标体系适当的专家少于半数时，CVR 值为负数，如果打分专家都认为评价指标体系不适合时，则 $CVR=-1$；相反，当全部专家认为构建的评价指标体系能很好地测量所反映的概念特质时，$CVR=1$。本研究问卷思路参照了黄小平的研究[5]，设计了专门的测评内容效度的标准化问卷。研究者以第二轮德尔菲法专家库为样本框，研究者以153位专家作为内容效度的评价者。样本结构见表4-21。

表4-21 参与问卷内容效度评价的专家信息

研究机构	数量	占比
高校	41	26.80%
社科院	9	5.88%
党委政府系统	23	15.03%
教科院	15	9.81%

---

[1] 刘全，黄珊燕，赵洁. 基于概化理论和结构方程模型的问卷效度研究——以中国公民的统计素养调查为例[J]. 统计与决策，2010（19）：31-33.

[2] 竺培梁. 如何分析心理测验的内容效度[J]. 外国中小学教育，2004（5）：32-34.

[3] 黄小平，胡中锋. 论教育评价的效度及其构建[J]. 高教探索，2014（2）：13-17.

[4] 胡中锋，莫雷. 心理与教育测量中效度理论的重建[J]. 华南师范大学学报（社会科学版），2007（6）：82-90.

[5] 黄小平，胡中锋. 论教育评价的效度及其构建[J]. 高教探索，2014（2）：13-17.

续表4-21

研究机构	数量	占比
其他智库	14	9.15%
中小学	51	33.33%
研究领域		
行政管理	12	7.84%
教育政策与管理	30	19.61%
教育经济	19	12.42%
课程教学	35	22.88%
公共服务	21	13.72%
教育评价	14	9.15%
民族教育	22	14.38%
专家职称		
正高级	31	20.26%
副高级	59	38.56%
中级及其他	63	41.18%

资料来源：作者自制。

研究者一共邀请153位专家参与评价指标体系内容效度的评定，其中有138位专家认为构建的评价指标体系能够反映西部地区基本公共教育服务质量的理论内涵，由内容效度比公式计算出$CVR=(138-76.5)/76.5=0.8039$，超过合格临界值（$CVR \geqslant 0.7$），说明西部地区基本公共教育服务质量的评价指标体系具有较高的内容效度。

第三节 西部地区基本公共教育服务质量评价指标的验证性分析

一、研究方法与抽样方案

（一）研究方法

社会科学领域中有很多潜在概念不能被直接测量，但可以通过问卷调查的题项设置间接测量。这就涉及多维概念的统计检验技术，目前常用的多维变量的检验技术主要是结构方程模型的探索性因素分析（EFA）和验证性因素（CFA）。探索性因素分析（EFA）通常没有预设理论的指导，受数据驱动较为明显，因此该检验技术主要考察的是理论维度数据特征而不是内在理论逻辑。探索性因素分析通常难以准确测量理论区分度较高的多维构念。① 相反，验证性因素分析是基于一定预设理论对经验数据进行实证检验的技术，并在社会科学实证方法领域广泛应用。验证性因素分析既能测量因子之间的相关性，也能测量一个更高阶的因子。Hu 与 Lentler P. 认为，验证性因素分析能够检验这些构念变量的收敛效度和区分效度，因而是开发和完善问卷量表及题项的常用工具。②

从第三章可知，质量维度形成于基本公共教育服务供给与需求的适配过程，可拆解为服务开启与服务进入、服务交付与服务使用、服务产出与服务受益三个理论维度。提供充足、配置均衡、条件标准、入学公平、管理规范、参与民主、教学合规、目标多元、问责有效和结果包容是上述理论维度的次级范畴，维度理论定义、特质属性和逻辑关系已经具有明确的理论阐述和假设，即潜在变量的定义问题已解决，因此不采用探索性因子分析。③ 本节研究的主要目的是检验西部地区基本公共教育服务质量的评价维度与问卷调查搜集的数据资料是否相符。因此借鉴姜勇的研究④，作者主要采取验证性因子分析检验西部地区基本公共教育服务质量评价指标体系的基本适配度、整体适配度与内在结构适配度如何。下文是数据搜集方法的介绍。

（二）抽样调查设计

鉴于义务教育是国家财政予以保障的基本公共教育服务，是基本公共服务的重要组成内容。因而本次调查研究单位主要为义务教育阶段的小学和初中。由于西部地域辽阔，人口分布与社会经济发展差距较大，义务教育发展水平参差不齐。⑤ 基于时间、精力、成本等各方面的限制，本研究不可能对所有地区

---

① BENSON J, NASSER F. On the use of factor analysis as a research tool. Journal of Vocational Education Research，1998，23（1）：13－33.
② 侯杰泰. 结构方程模型检验：拟合指数与卡方准则 [J]. 心理学报，2004，36（2）：186－192.
③ 张超，徐燕，陈平雁. 探索性因子分析与验证性因子分析在量表研究中的比较与应用 [J]. 南方医科大学学报，2007，27（11）：1699－1700.
④ 姜勇，庞丽娟. 幼儿责任心维度构成的探索性与验证性因子分析 [J]. 心理科学（04）：34－37.
⑤ 统计数据主要以 2018 年国家统计局和教育部公布的数据为准。

开展调查，基于研究的便利性和可行性，我们选取了四川省的5个县（区、市）作为本次问卷调查的地区。此处主要围绕抽样单位、抽样框、样本量、抽样步骤进行介绍。

一是抽样单位。本研究主要借鉴中国综合社会调查抽样方案，采取PPS多阶段概率抽样方法，确定四级抽样单位。抽样第一阶段以四川省183个县（区、市）为初级抽样单元进行抽样；第二阶段以抽中县（区、市）所属的义务教育学校（包括村小和教学点）为二级抽样单位；第三阶段以所在学校的行政职能部门等为三级抽样单位；第四阶段从抽中的学校随机抽取L名教育局官员、X名学校行政管理人员、Y名教师和Z名学生家长作为调查对象。

二是抽样框。本研究主要采取分层抽样确定抽样框的初级抽样单位。研究者依据四川省183县（区、市）人均GDP、适龄儿童或少年人口占比、生均教育经费等指标，将四川省内县（区、市）通过聚类分析划分三层，以下地区作为县级调查单元：第一，教育条件较好的地区。通过层内随机抽样，选取了成都市青羊区作为调查地区；第二，教育条件一般的地区：通过层内随机抽样，选取了遂宁市船山区、绵阳市江油市（县级市）作为调查地区；第三，教育条件较差的地区：通过层内随机抽样，选取了乐山市马边彝族自治县（以下简称"马边县"）、甘孜州雅江县作为调查地区。

三是样本量。众所周知，抽样误差与样本量成反比，而样本量与调查成本成正比。因此，确定样本的大小没有唯一的标准，而是要在减少误差与节约成本之间取得平衡。[1] 本研究借鉴抽样调查的概化设计思想，在充分考虑预算限制的条件下，选择合适的样本量发放问卷。[2] 结合抽样精度与调查成本的综合考虑，本研究将样本量预定在1200份左右。

四是抽样步骤。本研究采取分层随机抽样、整群抽样与简单随机抽样相结合的方式开展实地调查。首先，将5个县（区、县级市）作为初始抽样单位。其次，根据抽中的县（区、市）教育局提供的学校资料，按照小学和初中进行分层抽样，每个县分别随机抽取6所小学和2所初中作为二级抽样单位。再次，将抽中的学校班级进行随机编码，在每个学校分别随机抽取3个教学班级。最后，在抽中班级中随机抽取10名学生家长发放问卷，对抽中班级的1名班主任、2名主科专任教师发放问卷，并向抽中学校中层及以上领导发放问

---

[1] MARCOULIDES G A, GOLDSTEIN Z. The optimization of generalizability studies with resource constraints [J]. Educational and Psychological Measurement, 1990, 50 (4): 761—768.

[2] MARCOULIDES G A. Maximizing power in generalizability studies under budget constraints [J]. Journal of Educational Statistics, 1993, 18 (2): 197—206.

卷 5 份，其中至少有一名校级领导干部，其他中层干部主要来自学校办公室、教研处、政教处、总务处等部门。另外，市、县级教育行政部门通常是辖区中小学具体管理机构，因此分别在 5 个县（区、市）教育局随机抽取 5 名在编在岗工作人员发放问卷。研究者一共发放 1785 份问卷（见表 4-22），收回有效问卷 1208 份，有效回收率约为 67.68%。因此，本次调查的验证性因子分析共计有效样本 1208 份。

表 4-22 抽样设计与样本分配

抽样框	初级单元（区、县）	二级单元（学校）	三级单元（班级）	最终单元（人）
青羊区	1	1×（6+2）=8	8×3=24	24×13+45=357
江油市	1	1×（6+2）=8	8×3=24	24×13+45=357
船山区	1	1×（6+2）=8	8×3=24	24×13+45=357
马边县	1	1×（6+2）=8	8×3=24	24×13+45=357
雅江县	1	1×（6+2）=8	8×3=24	24×13+45=357
合计	5	40	120	1785

资料来源：作者自制。

需要指出的是，本研究对学校行政人员及教育局官员的调查主要采取非概率抽样方法。文军（2010）认为，田野调查很少采用概率抽样，而是采用具有典型性特征、机动灵活的非概率抽样方法，以最大限度的捕捉研究问题所需信息。[1] 本研究辅以目的抽样、异质抽样和滚雪球抽样方法作为非概率抽样。在确定最终访谈对象前，研究者尽力寻找对本研究问题最了解或工作内容最对口的业务骨干作为调查对象，提升问卷调查的效度。

二、问卷设计与研究样本

（一）问卷设计

作为抽样调查的基础，问卷设计的内容、格式与题项直接关系到数据采集的准确性、可靠性与有效性。本研究借鉴中国教育追踪调查（CEPS）的问卷，结合文献取证与专家咨询法，最终设计了西部地区基本公共教育服务质量调查的结构化问卷。该问卷的题项设置以既有的文献共识和理论维度的假设为依

---

[1] 文军，蒋逸民. 质性研究概论[M]. 北京：北京大学出版社，2010：32-129.

据。为拉开测量值之间的差距，本研究采用10分量表。经过前期指标的设计、筛选和检验，结构化问卷保留了137项观测指标。

调查团队主要来自四川大学和成都理工大学，通过为期1天的预调查和模拟调查，提高访员的素质和专业化水平。为控制无效问卷比例，前期按照既定抽样方案随机抽选2所学校作为预调查，及时修改问卷内容和提问方式。最后检验问卷信度与效度，达到统计合格标准后再统一实施。所有数据采取小组录入形式，每组2人，如果某组的变量描述不一致，则在监督员现场监督下重新录入数据。对调查数据进行数据前期处理和录入，对访谈和案例关键词进行编码，对调查数据及其他统计数据进行质量控制，包括检验数据异常、数据缺失情况、数据分布形态等。

（二）研究样本

鉴于义务教育是国家予以保障的基本公共教育服务，是基本公共服务的重要组成内容。因而本次调查研究单位主要为小学和初中。由于西部地域辽阔，人口分布与社会经济发展差距较大，义务教育发展水平参差不齐。[①] 不同于东部沿海和内陆平原，西部地区分布有高山、高原、盆地、低山丘陵和荒漠，不少地区山路崎岖，交通不便，人口居住较为分散，增加了调查难度和研究成本。为节约研究成本和降低调查难度，基于时间、精力、成本等各方面的限制，本研究不可能对所有地区开展调查，根据研究的便利性和可行性，我们随机抽取了四川省的成都市青羊区、绵阳市江油市、遂宁市船山区、乐山市马边县、甘孜州雅江县等5个（区）县作为本次问卷调查的地区。这些地区经济社会概况、基础教育水平和人口分布情况差距较大，基本能够代表西部地区义务教育发达地区、一般地区和落后地区。以下是调查地区的经济社会与义务教育发展简况。

青羊区位于成都市主城区，经济发展水平和基础教育水平位居四川前列。2019年，青羊区人均GDP为150785元，位居四川县域经济发展水平第二位，接近上海市人均GDP水平。青羊区作为成都市基础教育最发达的县级地区，系成都市基础教育综合改革试验区和教育强区。2019年末共有小学32所，在校小学生57159人，全区小学专任教师3174人，小学专任教师学历合格率100%，小学生师比18∶1。全区共有初中学校9所，在校生17309人。区初中专任教师1369人，生师比12.64∶1。年末，全区义务教育阶段学校寄宿生

---

① 统计数据主要以2018年国家统计局和教育部公布的数据为准。

1768人，占义务教育阶段在校生总数的比例为2.37%。[1]

江油市位于四川盆地北部，辖区面积2719平方公里，总人口86万，辖23个乡镇、1个办事处和1个省级高新技术产业园区。2022—2023年，江油市人均GDP为57978元，接近四川省人均GDP水平，在四川县域经济排名居中。现有义务教育阶段学校70所，其中初中17所，小学53所。初中在校学生16700人，小学在校生36300人，初中专任教师1216人，小学专任教师2271人。全市小学生师生比为13.46∶1，初中师生比为15.91∶1。[2] 2018年，启动新一轮义务教育学校标准化建设工程，先后投入资金2031万元，实施"全面改薄"项目59个。

船山区位于四川盆地中部遂宁市主城区，全区土地面积367.1平方公里，辖6镇1乡5个街道，73个行政村、48个社区，常住人口约40万。2019年，船山区人均GDP略超过四川省平均水平，为59287元。2019年，全区地方一般公共预算收入18.76亿元，增长3.8%。地方一般公共预算支出67.01亿元，增长8.4%。船山区有公办义务教育学校55所，在校学生64625人。全区小学36所，小学专任教师2986人，在校小学生49160人。全区初中学校数19所，普通中学专任教3175人，在校学生39860人。[3]"十三五"期间，小学和初中入学率、毕业率均超过100%。[4]

马边县位于四川盆地西南边缘小凉山区，辖区面积2293平方公里，常住人口188251人，2020年前曾为国家级贫困县。2019年人均GDP约为25283元，不到四川省人均GDP的1/2，经济社会发展较为滞后。马边县经过三年优化调整，现有单列初中7所、九年一贯制学校2所、小学31所，小学在校生人数22709人，小学专任教师1078人。全县义务教育阶段40所学校办学基本条件主要指标达标率为100%。马边县全面实施贫困学生资助免费教育，自2014年起实施"十五年免费教育""青少年教育促进计划"，每月资助寄宿制学生1.27万人，确保无一名学生因贫失学。[5]

雅江县位于四川省甘孜藏族自治州南部，辖区面积7558平方公里，常住人口为51162人，下辖6个镇、10个乡，2020年前曾为国家级贫困县。2019

---

[1] 数据来源：《成都市统计年鉴2020》《2019年成都市青羊区教育事业发展统计公报》等。

[2] 数据来源：《2020年江油市国民经济和社会发展统计公报》。

[3] 数据来源：《遂宁市船山区2019年国民经济和社会发展统计公报》。

[4] 遂宁日报. 规划投资5亿多元力促义务教育均衡发展 [N]. 2017-03-29. http://snrb.snxw.com/html/2017-03/29/content_8_1.htm.

[5] 中央广电总台国际在线. 乐山马边：着力改善办学条件 推进义务教育优质均衡 [EB/OL]. 2020-07-21. http://sc.cri.cn/n/20200721/e10a2128-1ebe-dded-d44d-22643a873438.html.

年，雅江县人均 GDP 为 26022 元，不及全四川省的平均水平的 1/2，经济社会发展较为滞后。雅江县拥有甘孜州第一个教育园区，计划到 2022 年，完成迁建二完小、雅江中学初中部、新城区幼儿园等 3 所校园。雅江县拥有小学 16 所，小学在校生人数 4854 人，小学专任教师 335 人；有普通中学 2 所，在校生人数 2681 人，专任教师 174 人。①

三、统计软件与样本特征

（一）统计软件

本研究主要借鉴 Amos17.0 软件进行服务质量维度的验证性因子分析。林嵩（2008）认为，Amos 软件是"结构方程建模（SEM）的常用工具，Amos 的最大特点是可以通过 SEM 的'界定搜索'功能，能让研究者从大量候选的理论模型中筛选出最佳模型，研究者还可以通过在模型上设定参数值约束条件，来进行验证性因子分析，同时整合了探索性因子分析的功能"②。本研究采用 Amos17.0 版软件进行统计分析，运用结构方程模型（SEM）方法的验证性因子分析（Confirmatory Factor Analysis）检验预设模型的适配度如何。该模型及分析软件的适用性、功能、操作步骤和优势可参阅侯杰泰（2004）③、秦浩（2006）④、Wen（2004）⑤ 等人的研究成果，在此不再赘述。

（二）样本特征

本研究通过概率抽样与非概率抽样获取数据，对最终收回 1208 份有效问卷整理可得到样本结构及其特征情况见表 4-23。

---

① 数据来源：《甘孜州统计年鉴 2020》。
② 林嵩. 结构方程模型原理及 AMOS 应用 [M]. 武汉：华中师范大学出版社，2008：14-36.
③ 侯杰泰. 结构方程模型及其应用 [M]. 北京：教育科学出版社，2004.
④ 秦浩，陈景武. 结构方程模型原理及其应用注意事项 [J]. 中国卫生统计，2006，23 (4)：367-369.
⑤ WEN Z L, HAU K T, MARSH H W. Structural equation model testing: Cutoff criteria for goodness of fit indices and chi-square test [J]. Acta Psychologica Sinica, 2004, 36 (2): 186-194.

表 4-23 样本结构与分布特征

样本来源	类别	样本数量（份）	占比
学校	小学（所）	30	76%
	初中（所）	10	24%
地区	城区	616	61%
	农村（乡镇）	592	56%
性别	男	628	52%
	女	580	48%
民族	汉族	1003	83%
	少数民族	205	17%
年龄	18~35 岁	550	46%
	36~55 岁	471	39%
	56~65 岁	187	15%
受访者类型	学生家长	808	67%
	教师	242	20%
	学校行政人员	133	11%
	政府官员	25	2%

资料来源：作者自制。

四、评价指标的验证性因子分析

因子分析主要分为探索性分析和验证性分析。Hemsley-Brown（2006）认为，前者主要用于探索研究人员未知的隐藏因素（数据驱动：非预设理论模型），而后者用于确认或审查已经存在的因素（实证检验：预设理论模型）。[①] 验证性分析（CFA）是社会科学用以检测理论模型（即基本公共教育服务质量的构成维度）与西部地区所采集的实际数据的一致性程度（适配度）。因此本研究的目的是检验第三章第四节依据理论文献总结的服务质量构成维度（理论模型）符合实际观测数据的符合性情况，即检验本章构建的基本公共教育服

[①] HEMSLEY-BROWN J, OPLATKA I. Universities in a competitive global marketplace: A systematic review of the literature on higher education marketing [J]. International Journal of Public Sector Management，2006，19（4）：316-338.

务质量评价指标体系契合理论模型及其构念的适配程度。吴明隆（2009）认为，模型适配度一般分为基本适配度、整体适配度和内在结构适配度。[①]温忠麟（2004）指出，适配度指标是一套综合比较的判断标准，研究者不能依据某一类适配度指标单独做出模型适配度高低的判断。[②]

  本研究主要采取Amos17.0分析软件，此软件不仅可以提供模型适配度指标，还能产生修正指标。本研究显著性水平值设为0.05，将第三章第四节所提出的西部地区基本公共教育服务质量的维度细分为42个具体维度，作为基本指标。其中"提供充足"维度包括义务教育财政经费充足、学校教职工配备充足、民族教育资源提供充足；"配置均衡"维度包括城乡办学条件均衡、师资配置均衡、特殊群体享益均衡、民族教育资源配置均衡；"条件达标"维度包括学校设置规模达标、学校基本装备达标、民族教育办学条件达标；"入学公平"包括免费入学、就近入学、免试入学、民族教育入学公平；"管理规范"维度包括教育财政经费使用规范、教学教辅设施使用规范、教育底线管理规范、教育督导检查规范、民族教育管理规范；"教学合规"包括课程设置合规、教学方法合规、教师教学合规、民族教育合规；"参与民主"维度包括学校管理民主、社区参与民主、教师参与民主、家长参与民主、学生参与民主、民族教育参与民主；"目标多元"包括外适性目标、内适性目标和个适性目标；"问责有效"包括不同主体问责效力、不同内容问责效力、不同问责作用的效力、民族教育问责效力；"结果包容"包括教育财政的包容性、包容教育的价值观、包容教育的行为、包容教育的知识、民族教育的包容性。10个具体维度依次编码为构念变量B到K。所有构念变量的观测指标均为各维度下基本指标。具体指标的数值来源于问卷调查，依次编号为PLF1—PLF137。验证性因子分析的方法和指标主要借鉴了Bollen（1993）[③]、卞冉（2007）[④]、吴明隆

[①] 吴明隆. 结构方程模型：AMOS的操作与应用[M]. 重庆：重庆大学出版社. 2009：122-127.

[②] 温忠麟，侯杰泰，马什赫伯特. 结构方程模型检验：拟合指数与卡方准则[J]. 心理学报，2004, 36 (2): 186-194.

[③] BOLLEN K A, LONG J S. Testing structural equation models[M]. Sage, Publications, inc. Newbury Park, California, 1993.

[④] 卞冉，车宏生，阳辉. 项目组合在结构方程模型中的应用[J]. 心理科学进展，2007, 15 (3): 567-576.

(2009)[①]、吴艳（2011）[②]、Kline（2015）[③] 等学者的研究成果。

（一）基本适配度检验

考虑到评价指标体系涉及不同维度，具有不同的理论内涵，因此研究者对评价指标体系的每个基本维度进行分开检验，以提高验证性分析的合理性与科学性。具体做法：首先，检验模型估计参数是否出现负的误差方程。本模型所有估计参数的误差方程均为正数，说明质量组成维度符合标准。其次，检验模型的误差方程是否达到统计显著性水平。本模型所有误差的方程均在 0.05 水平下显著，说明服务质量组成维度满足该标准。再次，检验观察指标（题项）的因子载荷量是否在 0.5~0.95 之间。本模型估计的各观察指标相对于其所在维度的标准化回归系数（Standardized Regression Weights），代表该观察指标的信息被所属服务质量维度能解释的部分，数值越高，该指标的特质符合该维度特质的比例越高。这是检验模型适配度与效度的关键指标之一。本模型所有因子载荷量都>0.5，并且模型参数不存在很大的标准误。本模型的绝大部分参数标准误都在 0.001~0.196 之间，说明服务质量维度的标准误处于可接受水平。这说明西部地区基本公共教育服务质量评价指标体系的每个基本维度的实测数据与理论模型构成维度的基本适配度良好，没有违背模型辨认规则。限于篇幅，本书不再单列每个维度的基本适配度参数检验结果（见表 4-24）。

表 4-24　西部地区基本公共教育服务质量评价维度基本适配度

评价项目	检验结果数据	模型适配判断
是否没有负的误差变异量	最小值为 0.071	是
检验模型的误差方程是否显著	P<0.05	是
因素负荷量是否位于 0.5~0.95 之间	0.592~0.940	是
是否没有很大的标准误	0.001~0.196	是

资料来源：作者自制。

---

① 吴明隆. 结构方程模型：AMOS 的操作与应用 [M]. 重庆：重庆大学出版社. 2009：12-381.
② 吴艳，温忠麟. 结构方程建模中的题目打包策略 [J]. 心理科学进展，2011，19（12）：1859-1867.
③ KLINE R B. Principles and practice of structural equation modeling [M]. Guilford publications，2015.

（二）整体适配度检验（外在质量评价）

整体适配度指标由于易受非主观因素的干扰（如样本容量），因而不能仅靠一个或几个指标对服务质量的组成维度进行外在质量的评价，应该综合所有指标进行整体判断。本研究选取了学界通用的重要指标，以全面、清晰地展现模型整体适配度。模型的统计指标的选取依据参考了吴明隆（2009）[1]、洪涛（2019）[2] 的研究。由于本研究的评价指标体系涉及 10 个维度、42 个基本指标和 137 个具体指标，指标体系的内涵差异较大，数量较多。为提高验证性因子分析的效率，本研究不对评价指标体系进行整体验证性分析，而是对每个维度下的基本指标及其所属的具体指标进行验证性因子分析。在基本公共教育服务质量评价指标各基本维度中，绝大多数的二级指标及其观测指标的适配度指标均达到合格标准，这表明模型外在质量较好。例如，各指标基本评价维度的绝对适配度指标 GFI 均>0.9，PMR 均<0.05；所有增值适配度指标 CFI≥0.9、IFI>0.9；所有简约适配度指标 PNFI、PCFI、PGFI 均>0.5。整体适配度检验表明，西部地区基本公共教育服务质量基本维度及具体指标均达到合格标准。限于篇幅，本书不再单列每个维度的整体适配度参数检验结果（见表 4-25）。

表 4-25　基本公共教育服务质量"提供充足"维度的整体适配度

适配度指标	评价结果	评价标准	适配性判断
绝对适配度			
RMSEA	0.012～0.078	<0.08	基本合格
PMR	0.001～0.049	<0.05	合格
GFI	0.916～0.964	≥0.9	良好
AGFI	0.897～0.933	≥0.9	良好
增值适配度			
NFI	0.904～0.981	≥0.9	良好
IFI	0.893～0.956	≥0.9	良好

---

[1] 吴明隆. 结构方程模型：AMOS 的操作与应用 [M]. 重庆：重庆大学出版社. 2009：123-124.

[2] 洪涛，孙煜泽，梅萍. 公共治理、激励结构与开发区可持续发展——基于结构方程模型的个案研究 [J]. 管理评论，2019，31（02）：254-265.

续表4-25

适配度指标	评价结果	评价标准	适配性判断
CFI	0.908~0.945	≥0.9	良好
TLI	0.895~0.970	≥0.9	良好
简约适配度			
PGFI	0.529~0.762	>0.5	是
PNFI	0.550~0.807	>0.5	是
PCFI	0.624~0.853	>0.5	是

注：考虑到评价指标体系的复杂性和内涵的差异性，本研究选取的适配度评价的判断标准较为宽松。

（三）内在结构适配度检验（内在质量评价）

理论预设模型一般由结构模型和测量模型组成。Bollen（1993）认为，结构模型是解释模型所包含的关键变量（一般为潜在变量，即本研究的服务开启与服务进入、服务交付与服务使用和服务产出与服务获益）之间的关系。[1] 测量模型解决的是模型构念如何测量的问题。Bagozzi（1988）认为，模型内在结构适配度检验分为两个方面：一是观察西部地区基本公共教育服务质量的观测指标是否足以反映它所指涉的构念变量，即42个二阶因子；二是检验模型所蕴含的因果关系是否成立。[2] 本研究主要检验模型的信度与效度。检验内在结构适配度主要分有5个方面。

首先是模型所有估计参数须通过显著性检验。本研究模型所有估计参数P值都在0.01水平下显著。Hooper（2008）指出，Amos软件会将潜在变量及其下属观测指标的非标准化回归系数设定为1，此条路径的标准误、显著性因而无需检验。[3] 其次，模型估计参数的复相关系数均在0.5及以上。R^2复相关系数是模型信度衡量的常用指标，代表观测指标的变异信息被所属构念变量解释的程度，测量误差则为不能解释的部分。Joreskog（1993）认为，复相关系

---

[1] BOLLEN K A, LONG J S. Testing structural equation models [M]. Sage, 1993：67—91.

[2] BAGOZZI R P, Yi Y. On the evaluation of structural equation models [J]. Journal of the academy of marketing science, 1988, 16 (1)：74—94.

[3] HOOPER D, COUGHLAN J, MULLEN M. Structural equation modelling：Guidelines for determining model fit [J]. Articles, 2008：2.

数越高，观测指标被核心构念所解释的比例越高，表示该测量量表的信度较好。[1] 再次，模型各基本指标的组合信度均高于0.6。组合信度是评价一组构念指标的信度的指标，也称建构信度，即所有观测指标分享某个维度的程度。组合信度高代表观测指标内在关联性较好，即因素的信度越好。Schermelleh-Engel（2003）建议，构念维度的建构信度通常要采取Cronbach'a值进行评判。[2] 西部地区基本公共教育服务质量的42个基本维度的克朗巴哈值在均高于0.6，这说明西部地区基本公共教育服务质量初始量表对应的模型组合信度较好。最后，各项指标的平均方差提取量（Average Variance Extracted）均大于0.5，说明137个具体指标能够有效反应西部地区基本公共教育服务质量的基本维度，即西部地区基本公共教育服务质量评价指标体系具有良好的效度与信度。此外，本模型所有标准化残差的绝对值小于2.58（见表4—26）。

表4—26 西部地区基本公共教育服务质量构成维度结构适配度

评价项目	检验结果数据	模型适配判断
所估参数均达到显著水平	t值介于1.98~65.06之间	是
个别项目的信度高于0.5	在0.501~0.783之间	是
潜在变量的平均抽取变异量>0.5	在0.523~0.804之间	是
潜在变量的组合信度>0.6	在0.622~0.861之间	是
标准化残差绝对值<2.58	最大绝对值在0.813~2.58之间	是

资料来源：作者自制。

表4—27是检验通过后的西部地区基本公共教育服务质量评价指标体系。

---

[1] JORESKOG K G. Testing structural equation models [J]. Sage focus editions, 1993, 154: 294-294.

[2] SCHERMELLEH-ENGEL K, MOOSBRUGGER H, MÜLLER H. Evaluating the fit of structural equation models: Tests of significance and descriptive goodness-of-fit measures [J]. Methods of psychological research online, 2003, 8 (2): 23-74.

表 4-27　西部地区基本公共教育服务质量评价指标体系（筛选与检验后）

一级指标	二级指标	三级指标	四级指标	问卷题项编号
服务开启与服务进入	提供充足	义务教育财政经费充足	国家政策性教育经费的充足程度	B11
			生均教育经费支出的充足程度	B12
			教育经费财政补助支出的充足程度	B13
		学校教职工配备充足	每百名学生拥有县级以上骨干教师数的充足程度	B21
			每百名学生拥有音体美专任教师数的充足程度	B22
			每百名学生拥有大专以上学历教师数的充足程度	B23
		民族教育资源提供充足	民族教育专项补助经费的充足程度	B31
			中央一般转移支付对当地民族教育的倾斜程度	B32
			民族教育经费财政补助支出的充足程度	B33
			每百名少数民族学生拥有双语教师数的充足程度	B34
	配置均衡	城乡办学条件均衡	城乡义务教育学校建设标准统一	C11
			城乡生均公用经费基准定额统一	C12
			城乡教育基本装备配置标准统一	C13
		师资配置均衡	义务教育阶段师生比城乡差距	C21
			教师学历合格率的城乡差距	C22
			专任教师绩效工资城乡差距	C23
		特殊群体获取服务均衡	特殊教育学校生均公用经费不低于6000元	C31
			随迁子女在公办学校入读率	C32
			随迁子女在政府购买民办学校入读率	C33
			县域内适龄残疾儿童入学率	C34
		民族教育资源配置均衡	民族中小学生均公用经费基准定额校际差距	C41
			民族中小学义务教育阶段师生比校际差距	C42
			民族中小学生均教学仪器设备值校际差距	C43

续表4-27

一级指标	二级指标	三级指标	四级指标	问卷题项编号
服务开启与服务进入	条件达标	学校设置规模达标	学校教学用地面积达标情况	D11
			学校教学岗位设置达标情况	D12
			学校教学班额设置达标情况	D13
		学校基本装备达标	学校教室采光照明达标情况	D21
			校区绿化及卫生达标情况	D22
			学校消防与应急设施达标情况	D23
		民族教育办学条件达标	双语教师专业素质达标情况	D31
			教学及辅助用房面积达标情况	D32
			民族教育教学器材达标情况	D33
	入学公平	免费入学	享受免除学费的学生占比情况	E11
			享受免费杂费的学生占比情况	E12
			享受免费教科书的家庭经济困难适龄儿童或少年占比情况	E13
		就近入学	农民工随迁子女人数入学占比	E21
			适龄儿童就近划片入学率	E22
			外地生源就近协调安排入学率	E23
		免试入学	学生特长生人数占比	E31
			学校特优生人数占比	E32
			残疾儿童入学人数占比	E33
			小初生通过摇号入学比例	E34
		民族教育入学公平	少数民族学生厌学学生占比	E41
			少数民族学生逃学学生占比	E42
			少数民族学生辍学学生占比	E43

续表4-27

一级指标	二级指标	三级指标	四级指标	问卷题项编号
服务交付与服务使用	管理规范	教育财政经费使用规范	学生人均公用经费规范使用情况	F11
			教职工的工资福利支出的规范执行情况	F12
			义务教育经费专项转移支付规范使用情况	F13
		教学教辅设施使用规范	教学设施仪器使用符合操作规范的程度	F21
			教材教辅资料使用符合教材标准的程度	F22
			学校设备保障条件符合技术规范的程度	F23
		招考教学管理规范	招生工作的规范程度	F31
			考试工作的规范程度	F32
			教学管理的规范程度	F33
		教育发展督导规范	县域义务教育办学条件督导情况	F41
			县域义务教育均衡发展督导情况	F42
			县域义务教育教育质量督导情况	F43
		民族教育管理规范	民族教育专项资金规范使用情况	F51
			民族中小学义务教育管理标准化情况	F52
			民族中小学义务教育督导常态化情况	F53
	教学合规	课程实施合规	必修课程开齐开足情况	G11
			综合实践活动开展情况	G12
			落实"双减"负担情况	G13
		教学方法合规	信息化手段组织教学覆盖率	G21
			自主支持型教学方式使用率	G22
			学习引导型教学方法使用率	G23
		教师素质合规	教师师德师风合格情况	G31
			教师知识素养合格情况	G32
			教师能力素养合格情况	G33

续表4-27

一级指标	二级指标	三级指标	四级指标	问卷题项编号
服务交付与服务使用	教学合规	民族教育方式合规	教学内容符合少数民族学生文化背景	G41
			教学语言符合少数民族语言文字习惯	G42
			教学模式符合民族少数学生认知规律	G43
			学制安排符合少数民族工作劳动作息	G44
	参与民主	学校管理民主	学校民主决策水平	H11
			学校自主办学水平	H12
			学校依法治校水平	H13
		社区参与民主	社区或村提供支教活动次数	H21
			社区代表参与学校管理次数	H22
			校园文体设施向社会开放程度	H23
		教师参与民主	教代会骨干教师占比情况	H31
			教师参与学校领导干部民主评议情况	H32
			教师参与学校章程制定情况	H33
		家长参与民主	家长参与"五项管理"情况	H41
			家长评议学校办学条件情况	H42
			家长评议教学质量情况	H43
		学生参与民主	学生评议教师师风师德的情况	H51
			学生参评学校管理质量的情况	H52
			学生参评课程教学质量的情况	H53
		民族教育参与民主	社会力量参与民族教育办学情况	H61
			民族教育专家参与教育督导的比例	H62
			少数民族学生家长评议教育质量情况	H63
服务输出与服务获益	目标多元	学生综合素质达标情况	国家义务教育质量监测主科目学生学业水平达到Ⅲ级以上的科目数占比	I11
			学生德育状况监测结果达标情况	I12
			学生心理健康素质监测达标情况	I13
			学生体能健康素质监测达标情况	I14

续表4-27

一级指标	二级指标	三级指标	四级指标	问卷题项编号
服务输出与服务获益	目标多元	政府均衡发展义务教育的目标	近三年义务教育巩固率达到95%以上	I21
			主要劳动年龄人口平均受教育年限	I22
			义务教育质量监测得分达到全国平均水平	I23
			基本实现县域义务教育均衡发展	I24
			学校办学质量达到全省平均水平	I25
		教育目标达成的社会认可度	社会认可教育质量达到85%以上	I31
			社会认可教师素质达到85%以上	I32
			社会认可学校管理达到85%以上	I33
			社会认可教育服务达到85%以上	I34
		少数民族教育目标	民族自治地方义务教育巩固率情况	I41
			少数民族劳动年龄人口平均受教育年限	I42
			采用国家通用语言文字教学的少数民族学校占比	I43
	问责有效	社会主体的追责	胁迫或者诱骗适龄儿童、少年辍学的责任追究情况	J11
			对非法招用童工的企业的责任追究情况	J12
			侵犯未成年人其他合法权益的责任追究情况	J13
		学校主体的问责	学校重大违法违纪事件的问责情况	J21
			学校履行安全责任不力的问责情况	J22
			学校违规收取学生费用的问责情况	J23
		教育行政部门问责	侵占、挪用义务教育经费的问责情况	J31
			向学校非法收取或者摊派费用问责情况	J32
			学校建设不符合国家规定标准的问责情况	J33
			县级教育行政部门渎职失察的问责情况	J34
		民族教育问责	挤占截留挪用民族专项教育经费问责	J41
			利用宗教活动阻挠学生接受教育问责	J42
			违规使用未经审定的双语教材问责	J43
			民族地区"控辍保学"未达目标问责	J44

续表4-27

一级指标	二级指标	三级指标	四级指标	问卷题项编号
服务输出与服务获益	结果包容	包容性的财政	教育财政拨款增长与经济发展水平相适应	K11
			教育财政拨款增长与人口增长结构相适应	K12
			教育财政拨款增长与国家发展需要相适应	K13
		包容性的态度	保护生态环境的态度	K21
			节约能源资源的态度	K22
			资源循环利用的态度	K23
		包容性的体制	包容教育的政治支持程度	K31
			包容教育的组织架构规范	K32
			包容教育的资源保障程度	K33
		包容性的机会	公平优质的国民教育体系	K41
			平等开放的终身学习机会	K42
			透明包容的全民学习氛围	K43
		包容性的民族教育	社会主义宗教教育的成效	K51
			民族团结教育的成效	K52
			爱国主义教育的成效	K53
			铸牢中华民族共同体意识的成效	K54

第五章 研究结论与研究展望

本章主要总结全文，研究者通过上述研究得出 4 点主要结论。当然，本书的研究也存在诸多不足，研究者力争在后续研究中弥补短板，强弱项，不断深化课题的实证分析与理论研究。

第一节 研究结论

本研究在国内外关于基本公共服务质量及其评价研究的基础上，围绕西部地区"基本公共教育服务质量的构成维度为何？""如何构建基本公共教育服务质量评价指标体系？"两个核心问题开展研究，主要得出以下结论。

第一，基本公共教育服务质量是指"政府提供的基本公共教育服务的投入、过程和结果的相关规定有效满足公众需求与社会要求的程度"。本研究从理论定义的角度将基本公共教育服务规定为政府旨在保障教学、促进教学、规范教学和监督评价教学活动而提供的基本公共服务。由此观之，基本公共教育服务质量是由服务提供者与服务接受者等利益相关者进行综合评价的，评价的内容覆盖政府提供基本公共教育服务的主要环节（包括投入、过程和结果），依次对应受教育者入学、就学与毕业等全过程。换言之，服务质量的维度形成于供给与需求的适配过程，并逐次产生了不同阶段的基本公共教育服务质量的构成维度。

第二，西部地区基本公共教育服务质量维度形成于服务供需适配过程的三个核心阶段，分别是开启服务与进入服务、交付服务与使用服务、输出服务与受益服务。比较国外关于公共教育服务质量维度分析的四个经典框架，借鉴"投入—过程—结果"评价模型、"良好公共教育"模型、"教育织物结构"模型和"教育服务质量分层"模型建立公共教育服务质量维度的共识，并将西部地区基本公共教育服务质量维度的形成置于供需匹配的过程中理解。结合我国西部地区基本公共教育服务发展的现状、问题和特点，构建了一个嵌入服务供需全过程的西部地区基本公共教育服务质量维度的分析框架。将西部地区基本公共教育服务供给过程拆解为开启服务、交付服务、输出服务三个核心环节，需求过程依次拆分为进入服务、使用服务和受益服务三个环节，分别对应受教育者进入学校、就读学校和学校毕业等享用服务的过程。服务供需环节逐一对应，依次形成了西部地区基本公共教育服务供给与需求过程三个主要阶段：即开启服务与进入服务、交付服务与使用服务、输出服务与受益服务。这是基本公共教育服务质量维度形成的具体过程。

第三，提供充足、配置均衡、条件达标、入学公平、管理规范、教学合规、参与民主、目标多元、问责有效和结果包容是西部地区基本公共教育服务质量的构成维度。如前所述，基本公共教育服务质量是指政府提供的基本公共教育服务的投入、过程和结果的相关规定有效满足公众需求与社会要求的程度，那么经典文献的共识、公众的需求与感知、政策目标的规定对挖掘和总结西部地区的基本公共教育服务质量维度的形成过程至关重要。因此，本研究主要从经典文献归纳、扎根研究与政策目标梳理等思路深挖基本公共教育服务质量维度的形成过程。特别是扎根理论研究可指引研究者搁置既有理论预设，保持开放性的态度，考察政府官员、学校领导、教师、家长等利益相关者对基本公共教育服务质量的感知与理解，缩小理论构建与现实经验的鸿沟。通过扎根理论研究路径得出，无论是西部地区的政府系统、学校系统还是社会系统，都表达了不同层次的基本公共教育服务质量需要。概括而言，受访者从服务开启与服务进入、服务交付与服务使用、服务输出与受益服务视角理解服务质量的分别占比24.5%、26.9%、48.6%。这三个环节与受教育者进入学校、就读学校和从学校毕业等需求过程逐一对应。这进一步验证了西部地区基本公共教育服务质量维度的形成过程：即在服务开启与服务进入、服务交付与服务使用、服务输出与受益服务的供需适配三个阶段，可以逐次产生提供充足、配置均衡、条件达标、入学公平、管理规范、教学合规、参与民主、目标多元、问责有效和结果包容等构成维度。

第四，基于改进与修正的CIPP评价模型设计与筛选了具有四川特色且简约可行的基本公共教育服务质量评价指标体系。按照评价原则与评价标准的要求，本研究结合服务质量维度形成思路与西部地区基本公共教育服务供需特点，对CIPP评价模型进行了适当修改与拓展。即从服务开启与服务进入、交付服务与使用服务、输出服务与受益服务三个视角分别去扩展CIPP模型的投入、过程和服务产出与服务获益。根据改良后的CIPP模型的设计思路，按照"维度指标—基本指标—具体指标"的树状指标结构体系，采用德尔菲法征询专家、政府官员、学校领导、教师、学生和家长的意见，遴选出若干个初始指标。结合相关性分析法、隶属度分析法、鉴别力分析法等方法筛选出了若干个观察指标组成西部地区基本公共教育服务质量评价指标集。西部地区基本公共教育服务质量评价指标体系包括"服务开启与服务进入""服务交付与服务使用"和"服务产出与服务获益"三个一级维度。"服务开启与服务进入"包括"提供充足""配置均衡""条件达标"和"入学公平"四个二级维度指标，这四个二级维度指标又包括 14 个三级指标以及 45 个四级指标；"服务交付与服务使用"包括"管理规范""教学合规""参与民主"三个二级维度指标，这三个二级维度指标又包括了 15 个三级指标及 46 个四级指标；"服务产出与服务获益"包括"目标多元""问责有效"和"结果包容"三个二级维度指标，这三个二级维度指标又包括了 13 个三级指标及 46 个四级指标。其中每个二级维度指标都设有评价民族地区基本公共教育服务质量的 10 个三级指标及 34 个反映西部民族教育服务质量的四级指标。验证性因子分析表明，西部地区基本公共教育服务质量评价指标体系的基本适配度、整体适配度和内在结构适配度良好，能够有效测量西部地区的基本公共教育服务质量。

本研究可能的创新在于：首先，本研究按照"建立文献共识—政策目标梳理—了解公众感知"的思路，开掘了西部县域基本公共教育服务质量的形成过程及评价维度，验证了公共服务质量理论的重要命题，即将服务质量置于基本公共服务供需适配过程考察，有助于政府引导隐形社会需求与创新供给模式、满足个性化需求与提供高品质服务、保障基本需求与维护教育公平，有效减少基础教育发展不平衡不充分的问题。其次，构建了基于 CIPP 修正与拓展的服务质量评价模型，采用定性与定量等多种指标筛选方法构建出一套具有西部特色、科学有效、简约可行的县域基本公共教育服务质量的评价指标体系。

第二节　研究展望

本研究开掘了西部地区基本公共教育服务质量的构成维度，在此基础上设计与筛选了西部地区基本公共教育服务质量的评价指标体系。但是，基本公共教育服务质量评价是一个充满复杂性和挑战性的技术与实践课题，本研究尚存在诸多不足。基于本书研究的不足，作者提出了未来拓展相关研究工作的展望。

一、进一步完善西部地区的基本公共教育服务质量评价指标体系

基本公共教育服务质量的评价体系是一项复杂的系统工程，涉及评价主体、评价对象、评价方法、评价标准、评价指标、评价框架等诸多内容。本书所述基本公共教育服务质量的评价框架主要是根据 CIPP 模型拓展而得，但是基本公共教育服务质量的评价指标体系还需要结合我国西部基础教育改革发展的最新动态不断扩展或完善，及时补充或挑战评价内容、评价标准和评价方式，不断改进结果评价、强化过程评价、探索增值评价、健全综合评价，强化教育评价的诊、咨、督、促、导的作用。

二、进一步扩充西部地区的基本公共教育服务质量的评价资料

由于我国政府部门和第三方尚未提供相对完整和比较规范的基本公共教育服务质量评价数据，既有文献对西部地区的基本公共教育服务质量评价指标构建的研究较少，相关领域第一手调查资料稀缺，高质量实证研究不多。由于中国西部地域辽阔，民族众多，人口居住较为分散，不少地区多为高寒地区、高原、荒漠、高山和峡谷等，地形较为崎岖陡峭，交通不便，增加了实地调查的难度和成本。但是从提升本研究结论的外部效度而言，作者未来还需要把抽样调查的范围和访谈地点扩展到西部不同地区的学校。无论存在何种数据采集的困难和挑战，数据的代表性和可靠性是任何科学评价的基本前提之一。研究者虽然在四川实施了抽样调查和深度访谈，但对西部地区而言，数据的代表性和可靠性仍然不够。因此本研究评价指标的调查数据和实地资料需要不断调整、扩充、完善。

三、还需加强西部地区基本公共教育服务质量评价的理论内涵研究

本书对于西部地区的基本公共教育服务质量研究主要是应用性研究，议题聚焦在如何评价基本公共教育服务质量上。因此对基本公共教育服务质量的理论内涵、作用机理、逻辑结构等认识不够全面和深入。在未来的研究中，还需要研究者深入西部其他地区，通过系统的观察和调查，对西部地区的基本公共教育服务质量的需求特点、供给模式、质量标准等方面加强理论研究，弥补既

有研究的不足。因此，未来还需要研究者坚持民族因素和区域因素相结合，从公共管理学视角加强对少数民族基础教育的监测评价，在内涵诠释、构成要素、评价框架、对策建议方面充实研究内容，提高基本公共服务质量评价理论在西部地区的解释力、吸引力和生命力。

参考文献

[1] DUNLEAVY P, HOOD C. From old public administration to new public management [J]. Public money & management, 1994, 14 (3): 9-16.

[2] FREDERICKSON H G, SMITH K B, Larimer C W, et al. The public administration theory primer [M]. Routledge, 2018.

[3] DENHARDT R B, DENHARDT J V. The new public service: Serving rather than steering [J]. Public administration review, 2000, 60 (6): 549-559.

[4] HOLZER M, CHARBONNEAU E, KIM Y. Mapping the terrain of public service quality improvement: twenty-five years of trends and practices in the United States [J]. INTERNATIONAL REVIEW OF ADMINISTRATIVE SCIENCES 75. 2009 (3): 403-418.

[5] RIEPER O, MAYNE J. Evaluation and public service quality [J]. Journal of Social Welfare. 1997, 23 (6): 118-124.

[6] DEININGER K, MPUGA P. Does greater accountability improve the quality of public service delivery? Evidence from Uganda [J]. World development, 2005, 33 (1): 171-191.

[7] KORUNKA C, SCHARITZER D, CARAYON P, et al. Employee strain and job satisfaction related to an implementation of quality in a public service organization: a longitudinal study [J]. Work & stress, 2003, 17 (1): 52-72.

[8] JORDAN S R. Public service quality improvements: A case for exemption from IRB review of public administration research [J]. Accountability in Research, 2014, 21 (2): 85-108.

[9] RHEE S K, RHA J Y. Public service quality and customer satisfaction: exploring the attributes of service quality in the public sector [J]. The service Industries journal, 2009, 29 (11): 1491-1512.

[10] BROWN T. Coercion versus choice: Citizen evaluations of public service quality across methods of consumption [J]. Public Administration Review, 2007, 67 (3): 559-572.

[11] BEHRMAN J R, CRAIG S G. The distribution of public services: An exploration of local governmental preferences [J]. The American Economic Review, 1987: 37-49.

[12] POLLITT C. public service quality—between everything and nothing? [J]. International Review of Administrative Sciences, 2009, 75 (3): 379-382.

[13] ZAFRA-GÓMEZ J L, ANTONIO M, MUÑIZ P. Overcoming cost-inefficiencies within small municipalities: improve financial condition or reduce the quality of public services? [J]. Environment and Planning C: Government and Policy, 2010, 28 (4): 609-629.

[14] SCHACHTER H L. Reinventing government or reinventing ourselves: The role of citizen owners in making a better government [M]. SUNY press, 1997.

[15] OSBORNE D, GAEBLER T. How the entrepreneurial spirit is transforming the public sector [J]. New York: Plume, 1993.

[16] GILMOUR R S, JENSEN L S. Reinventing government accountability: public functions, privatization, and the meaning of "state action" [J]. Public Administration Review, 1998: 247-258.

[17] KYMLICKA W. Nation-Building and minority rights: Comparing Africa and the West [J]. Ethnicity and democracy in Africa, 2004, 168.

[18] RAWLS J. Kantian constructivism in moral theory [J]. The journal of philosophy, 1980, 77 (9): 515-572.

[19] DAHL R A. Who governs?: Democracy and power in an American city [M]. Yale University Press, 2005.

[20] MICHALOS A C, ZUMBO B D. Public services and the quality of life [J]. Social indicators research, 1999, 48 (2): 125-157.

[21] BARROWS S, HENDERSON M, PETERSON P E, et al. Relative performance information and perceptions of public service quality: Evidence from American school districts [J]. Journal of Public Administration Research and Theory, 2016, 26 (3): 571-583.

[22] LAPUENTE V, VAN DE WALLE S. The effects of new public management on the quality of public services [J]. Governance, 2020, 33 (3): 461-475.

[23] OCAMPO L, ALINSUB J, CASUL R A, et al. Public service quality evaluation with SERVQUAL and AHP-TOPSIS: A case of Philippine government agencies [J]. Socio-Economic Planning Sciences, 2019, 68: 100604.

[24] BERGLAS E. Quantities, qualities and multiple public services in the Tiebout model [J]. Journal of Public Economics, 1984, 25 (3): 299-321.

[25] WIMMER A, SCHILLER N G. Methodological nationalism, the social sciences, and the study of migration: An essay in historical epistemology 1 [J]. International migration review, 2003, 37 (3): 576-610.

[26] BRUBAKER R. Between nationalism and civilizationism: the European populist moment in comparative perspective [J]. Ethnic and Racial Studies, 2017, 40 (8): 1191-1226.

[27] KINNVALL C. Globalization and religious nationalism: Self, identity, and the search for ontological security [J]. Political psychology, 2004, 25 (5): 741-767.

[28] NAGEL J. Masculinity and nationalism: Gender and sexuality in the making of nations [J]. Ethnic and racial studies, 1998, 21 (2): 242-269.

[29] MUMMENDEY A, KLINK A, BROWN R. Nationalism and patriotism: National identification and out-group rejection [J]. British Journal of Social Psychology, 2001, 40 (2): 159-172.

[30] BALABANIS G, DIAMANTOPOULOS A, MUELLER R D, et al. The impact of nationalism, patriotism and internationalism on consumer ethnocentric tendencies [J]. Journal of international business studies, 2001, 32 (1): 157-175.

[31] BRUBAKER R. Ethnicity, race, and nationalism [J]. Annual Review of Sociology, 2009: 21-42.

[32] JOHNSON N. Cast in stone: monuments, geography, and nationalism [J]. Environment and planning D: society and space, 1995, 13 (1):

51—65.

[33] ALONSO A M. The politics of space, time and substance: State formation, nationalism and ethnicity [J]. Annual review of anthropology, 1994: 379—405.

[34] COENDERS M, SCHEEPERS P. The effect of education on nationalism and ethnic exclusionism: An international comparison [J]. Political psychology, 2003, 24 (2): 313—343.

[35] CALHOUN C. Nationalism and ethnicity [J]. Annual review of sociology, 1993: 211—239.

[36] STUFFLEBEAM D L, MADAUS G F, KELLAGHAN T. Evaluation Models: Viewpoints on Educational and Human Services Evaluation (2nd ed) [M]. Boston: Kluwer Academic Publishers. 10—510.

[37] PARASURAMAN A, ZEITHAML V A, BERRY LL. A Conceptual Model of Service Quality and Its Implications for Future Research [J]. Journal of Marketing, 1985, 49 (4): 41—50.

[38] GRÖNROOS C. A service quality model and its marketing implications [J]. European Journal of marketing, 1984, 18 (4): 36—44.

[39] GRÖNROOS C. The perceived service quality concept—a mistake? [J]. Managing Service Quality: An International Journal, 2001, 11 (3): 150—152.

[40] O'TOOLE L J, MEIER K J. Parkinson's Law and the New Public Management? Contracting Determinants and Service — Quality Consequences in Public Education [J]. Public Administration Review, 2010, 64 (3): 342—352.

[41] ARAMBEWELA R, HALL J. A comparative analysis of international education satisfaction using SERVQUAL [J]. Journal of Services Research, 2006 (6): 141—163.

[42] HOOD C. Contemporary public management: a new global paradigm? [J]. Public policy and administration, 1995, 10 (2): 104—117.

[43] ISAAC M J. Performance management model: A systems — based approach to public service quality [J]. International Journal of Public Sector Management, 2000, 13 (1): 19—37.

[44] ORWIG R A, PEARSON J, COCHRAN D. An empirical investigation

into the validity of SERVQUAL in the public sector [J]. Public Administration Quarterly, 1997: 54−68.

[45] CHEONG CHENG Y, MING TAM W. Multi−models of quality in education [J]. Quality assurance in Education, 1997, 5 (1): 22−31.

[46] UNESCO. EFA Global MonitoringReport 2005: The quality imperative [M]. Paris: UNESCO, 2005

[47] NIKEL J, LOWE J. Talking of fabric: A multi−dimensional model of quality in education [J]. Compare, 2010, 40 (5): 589−605.

[48] TIKLY L. Towards a framework for researching the quality of education in low−income countries [J]. Comparative Education, 2011, 47 (1): 1−23.

[49] TEEROOVENGADUM V, KAMALANABHAN T J, SEEBALUCK A K. Measuring quality in higher education: Development of a hierarchical model (HESQUAL) [J]. Quality Assurance in Education, 2016, 24 (2): 244−258.

[50] ATCHOARENA D, GASPERINI L. Education for Rural Development towards New Policy Responses [M]. 2003, Paris: International Institute for Educational Planning (IIEP) UNESCO. 7−9.

[51] EPSTEIN J L, SANDERS M G. What We Learn from International Studies of School−Family−Community Partnerships [J]. Childhood Education, 1998, 74 (6): 392−394.

[52] BRANDO, NICOLáS. Between equality and freedom of choice: Educational opportunities for the least advantaged [J]. International Journal of Educational Development, 2017, 53: 71−79.

[53] HEYNEMAN S P, LOXLEY W A. The effect of primary−school quality on academic achievement across twenty−nine high−and low−income countries [J]. American Journal of sociology, 1983, 88 (6): 1162−1194.

[54] FAUTH B, DECRISTAN J, RIESER S, et al. Student ratings of teaching quality in primary school: Dimensions and prediction of student outcomes [J]. Learning and Instruction, 2014, 29: 1−9.

[55] DE GIULI V, DA POS O, DE CARLI M. Indoor environmental quality and pupil perception in Italian primary schools [J]. Building and

Environment, 2012, 56: 335-345.

[56] FAIRCLOUGH S J, HACKETT A F, DAVIES I G, et al. Promoting healthy weight in primary school children through physical activity and nutrition education: a pragmatic evaluation of the CHANGE! randomised intervention study [J]. BMC public health, 2013, 13 (1): 1-14.

[57] WANG T H. Developing Web-based assessment strategies for facilitating junior high school students to perform self-regulated learning in an e-Learning environment [J]. Computers & Education, 2011, 57 (2): 1801-1812.

[58] OZDEMIR A, YILMAZ O. Assessment of outdoor school environments and physical activity in Ankara's primary schools [J]. Journal of Environmental Psychology, 2008, 28 (3): 287-300.

[59] WANG T H. Implementation of Web-based dynamic assessment in facilitating junior high school students to learn mathematics [J]. Computers & Education, 2011, 56 (4): 1062-1071.

[60] NATHAN N, YOONG S L, SUTHERLAND R, et al. Effectiveness of a multicomponent intervention to enhance implementation of a healthy canteen policy in Australian primary schools: a randomised controlled trial [J]. International Journal of behavioral nutrition and physical activity, 2016, 13 (1): 1-9.

[61] LLOYD C B, MENSCH B S, CLARK W H. The effects of primary school quality on school dropout among Kenyan girls and boys [J]. Comparative education review, 2000, 44 (2): 113-147.

[62] GLICK P, SAHN D E. The demand for primary schooling in Madagascar: Price, quality, and the choice between public and private providers [J]. Journal of development economics, 2006, 79 (1): 118-145.

[63] HARDMAN F, ABD-KADIR J, SMITH F. Pedagogical renewal: Improving the quality of classroom interaction in Nigerian primary schools [J]. International journal of educational development, 2008, 28 (1): 55-69.

[64] BRAUN A, MAGUIRE M. Doing without believing—enacting policy in

the English primary school [J]. Critical Studies in Education, 2020, 61 (4): 433-447.

[65] FAUTH B, DECRISTAN J, RIESER S, et al. Teaching Quality in Primary School from the Perspectives of Students, Teachers, and External Observers: Relationships Between Perspectives and Prediction of Student Achievement [J]. Zeitschrift fur Padagogische Psychologie, 2014, 28 (3): 127-137.

[66] KONUR O. Participation of children with dyslexia in compulsory education: Current public policy issues [J]. Dyslexia, 2006, 12 (1): 51-67.

[67] NYAGA S, ANTHONISSEN C. Teaching in linguistically diverse classrooms: Difficulties in the implementation of the language - in - education policy in multilingual Kenyan primary school classrooms [J]. Compare: A Journal of Comparative and International Education, 2012, 42 (6): 863-879.

[68] MILLS C. Framing literacy policy: Power and policy drivers in primary schools [J]. Literacy, 2011, 45 (3): 103-110.

[69] CHATTERJEE I, LI I, ROBITAILLE M C. An overview of India's primary school education policies and outcomes 2005-2011 [J]. World Development, 2018, 106: 99-110.

[70] HELAKORPI J, LAPPALAINEN S, MIETOLA R. Equality in the making? Roma and Traveller minority policies and basic education in three Nordic countries [J]. Scandinavian Journal of Educational Research, 2020, 64 (1): 52-69.

[71] HODGSON D. Disciplining the conduct of young people in compulsory education policy and practice [J]. Discourse: studies in the cultural politics of education, 2018, 39 (1): 1-14.

[72] NORDIN A. Towards a European policy discourse on compulsory education: The case of Sweden [J]. European Educational Research Journal, 2017, 16 (4): 474-486.

[73] HODGSON D. Conceptualising the compulsory education policy apparatus: Producing and reproducing risky subjectivities [J]. Journal Of Education Policy, 2019, 34 (1): 117-132.

[74] RONG W. Reform of the rural compulsory education assured funding mechanism: policy design perspective [J]. Chinese Education & Society, 2008, 41 (1): 9-16.

[75] BAICAI S, MINGREN Z, JAIYI W. Monitory report of the implementation of the free compulsory education policy [J]. Chinese Education & Society, 2008, 41 (1): 23-29.

[76] CUSHING I. Prescriptivism, linguicism and pedagogical coercion in primary school UK curriculum policy [J]. English Teaching: Practice & Critique, 2019.

[77] BOLAJI S D, CAMPBELL-EVANS G, GRAY J. Universal basic education policy implementation in Nigeria [J]. KEDI Journal of Educational Policy, 2016, 13 (2).

[78] FAIRHURST J, NEMBUDANI M. Government policy, demography and primary school enrolment in Vhembe District, Limpopo, South Africa [J]. Education as Change, 2014, 18 (1): 151-161.

[79] SUTTON A, BENSEMAN J. Adult literacy and basic education policy in New Zealand: one step forward and two back [J]. New Zealand Journal of Educational Studies, 1996, 31: 131-142.

[80] TEITTINEN A. Realities of inclusion. A critique of education policy in basic education [C] //Journal of intellectual disability research. 9600 garsington rd, oxford ox4 2dg, oxon, england: blackwell publishing ltd, 2004, 48: 399-399.

[81] STRAUSS A L. Qualitative analysis for social scientists [M]. Cambridge university press, 1987.

[82] WENGRAF T. Qualitative Research Interviewing Biographic Narrative and Sem-i structured Methods [M]. London: SAGE Publications, 2001: 3-6.

[83] PRUE C, BOORNAT J, WENGRAF T. The Turn to Biographical Methods in Social Science Comparative Issues and Examples [M]. New York: Routledge, 2000: 17.

[84] STRAUSS A, CORBIN J. Basics of Qualitative Research: Grounded Theory Procedures and Techniques [M]. London: Sage Publications, 1990: 61-69.

[85] PATTON M Q. Qualitative evaluation and research methods [M]. London: SAGE Publications, inc, 1990.

[86] CHARMAZ K, BELGRAVE L. Qualitative interviewing and grounded theory analysis [J]. The SAGE handbook of interview research: The complexity of the craft, 2012, 2: 347-365.

[87] BOGDAN R, BIKLEN S K. Qualitative research for education [M]. Boston: Allyn & Bacon, 1997.

[88] RESCHOVSKY A. Fiscal equalization and school finance [J]. National Tax Journal, 1994, 47 (1): 185-197.

[89] FULLAN M, WATSON N. School — based management: Reconceptualizing to improve learning outcomes [J]. School effectiveness and school improvement, 2000, 11 (4): 453-473.

[90] HOWE K R. Understanding Equal Educational Opportunity. Social Justice, Democracy, and Schooling. Advances in Contemporary Educational Thought, Volume 20 [M]. New York: Teachers College Press, 1997.

[91] BARRETT A M, TIKLY L. Education quality: Research priorities and approaches in the global era [M]. Springer, Dordrecht, 2010: 195-201.

[92] EHREN M C M, LEEUW F L, SCHEERENS J. On the Impact of the Dutch Educational Supervision Act: Analyzing Assumptions Concerning the Inspection of Primary Education. [J]. American Journal of Evaluation, 2005, 26 (1): 60-76.

[93] EVANS J, PENNEY D. Whatever happened to good advice? Service and inspection after the Education Reform Act [J]. British Educational Research Journal, 1994, 20 (5): 519-533.

[94] DARLING — HAMMOND L. Standards, accountability, and school reform [J]. Teachers college record, 2004, 106 (6): 1047-1085.

[95] STUFFLEBEAM D L, MADAUS G F, KELLAGHAN T. Evaluation models: Viewpoints on educational and human services evaluation [M]. Springer Science & Business Media, 2006: 180-313.

[96] ORWIG R A, COCHRAN J P. An empirical investigation into the validity of servqual in the public sector [J]. Public Administration

Quarterly, 1997, 21 (1): 54-68.

[97] STUFFLEBEAM D L. The 21st century CIPP model [J]. Evaluation roots, 2004: 245-266.

[98] ANDREWS R, BOYNE G. Structural change and public service performance: the impact of the reorganization process in english local government [J]. Public Administration, 2012, 90 (2): 10-15.

[99] HAKAN K, SEVAL F. CIPP evaluation model scale: development, reliability and validity [J]. Procedia – Social and Behavioral Sciences, 2011, 15 (15): 592-599.

[100] HOOPER D, COUGHLAN J, MULLEN M. Structural equation modelling: Guidelines for determining model fit [J]. Articles, 2008: 2.

[101] JORESKOG K G. Testing structural equation models [J]. Sage focus editions, 1993, 154: 294-294.

[102] SCHERMELLEH-ENGEL K, MOOSBRUGGER H, MÜLLER H. Evaluating the fit of structural equation models: Tests of significance and descriptive goodness–of–fit measures [J]. Methods of psychological research online, 2003, 8 (2): 23-74.

[103] RAMSEOOK-MUNHURRUN P, LUKEA-BHIWAJEE S D, NAIDOO P. Service quality in the public service [J]. International journal of management and marketing research, 2010, 3 (1): 37-50.

[104] CRONIN JR J J, TAYLOR S A. SERVPERF versus SERVQUAL: reconciling performance-based and perceptions-minus-expectations measurement of service quality [J]. Journal of marketing, 1994, 58 (1): 125-131.

[105] SUCHMAN E. Evaluative Research: Principles and Practice in Public Service and Social Action Program [M]. Russell Sage Foundation, 1968.

[106] OSTROM E. Multi-Mode Measures: From Potholes to Police [J]. Public Productivity Review, 1976, 1 (3): 51-58.

[107] FOLZ D H. Service Quality and Benchmarking the Performance of Municipal Services [J]. Public Administration Review, 2004, 64 (2): 209-220.

[108] ROWLEY J. Quality measurement in the public sector: Some perspectives from the service quality literature [J]. Total Quality Management, 1998, 9 (9): 321-333.

[109] CHRIS SKELCHER. Improving the Quality of Local Public Services [J]. Service Industries Journal, 1992, 12 (4): 463-477.

[110] WISNIEWSKI M. Using SERVQUAL to assess customer satisfaction with public sector services [J]. Managing Service Quality: An International Journal, 2001, 11 (6): 380-388.

[111] HERBERT D. Continuous improvement in public services — a way forward [J]. Journal of Service Theory & Practice, 1998, 8 (5): 339-349.

[112] KANG G D, JAMES J. Service quality dimensions: an examination of Grönroos's service quality model [J]. Managing Service Quality: An International Journal, 2004, 14 (4): 266-277

[113] AGUS A, BARKER S, KANDAMPULLY J. An exploratory study of service quality in the Malaysian public service sector [J]. International Journal of Quality & Reliability Management, 2007, 24 (2): 177-190.

[114] 袁利平, 姜嘉伟. 关于教育服务乡村振兴战略的思考 [J]. 武汉大学学报 (哲学社会科学版), 2021 (1): 159-169.

[115] 罗哲, 张宇豪. 基本公共教育服务均等化绩效评估理论框架研究——基于平衡计分卡 [J]. 四川大学学报 (哲学社会科学版), 2016 (2): 132-138.

[116] 陆梦秋. 撤点并校背景下农村义务教育服务半径分析 [J]. 经济地理, 2016 (1): 143-147.

[117] 郑磊, 王思檬. 学校选择、教育服务资本化与居住区分割——对"就近入学"政策的一种反思 [J]. 教育与经济, 2014 (6): 25-32.

[118] 崔慧广. 县域基本公共教育服务均等化: 分析框架、评价指标与测算方法 [J]. 教育理论与实践, 2014 (31): 18-22.

[119] 刘琼莲. 论基本公共教育服务均等化及其判断标准 [J]. 中国行政管理, 2014 (10): 33-36.

[120] 王小龙, 方金金. 政府层级改革会影响地方政府对县域公共教育服务的供给吗? [J]. 金融研究, 2014 (8): 80-100.

[121] 温娇秀，蒋洪. 我国基础教育服务均等化水平的实证研究——基于双变量泰尔指数的分析 [J]. 财政研究，2013 (6)：68-72.

[122] 蒲蕊. 基本公共教育服务体系研究现状与发展动态述评 [J]. 武汉大学学报（哲学社会科学版），2012 (2)：11-17.

[123] 龚奇峰. 教育服务品质、学员满意度和忠诚度：SERVQUAL 还是 SERVPERF？——来自上海教育服务行业的证据 [J]. 中国软科学，2011 (S2)：1-26.

[124] 蒲蕊. 公共教育服务体制创新：治理的视角 [J]. 教育研究，2011 (7)：54-59.

[125] 周翠萍，范国睿. 政府购买教育服务何以可能 [J]. 教育学报，2011 (1)：93-98.

[126] 龚锋，卢洪友，卢盛峰. 城乡义务教育服务非均衡问题研究——基于"投入—产出—受益"三维视角的实证分析 [J]. 南方经济，2010 (10)：35-48.

[127] 胡祖才. 努力推进基本公共教育服务均等化 [J]. 教育研究，2010 (9)：8-11.

[128] 王莹. 基础教育服务均等化：基于度量的实证考察 [J]. 华中师范大学学报（人文社会科学版），2009 (1)：112-118.

[129] 尹后庆. 建立和完善公共教育服务体系的思考 [J]. 教育发展研究，2009 (1)：22-24.

[130] 沈勇. 教育服务质量感知维度探索 [J]. 高等工程教育研究，2007 (2)：98-102+106.

[131] 靳希斌. 论教育服务及其价值 [J]. 教育研究，2003 (1)：44-47.

[132] 郑杰. 教育服务是一项特殊的服务 [J]. 全球教育展望，2003 (1)：70-73.

[133] 翁列恩，胡税根. 公共服务质量：分析框架与路径优化 [J]. 中国社会科学，2021 (11)：31-53+204-205.

[134] 张启春，梅莹. 基本公共服务质量监测：理论逻辑、体系构建与实现机制 [J]. 江海学刊，2020 (4)：242-247.

[135] 杨钰. 公共服务质量改进：国际经验与中国实践 [J]. 东南大学学报（哲学社会科学版），2020 (2)：123-131.

[136] 兰旭凌，范逢春. 政府全面质量治理：新时代公共服务质量建设之道 [J]. 求实，2019 (4)：30-43+110.

[137] 陈朝兵. 基本公共服务质量：概念界定、构成要素与特质属性［J］. 首都经济贸易大学学报，2019（3）：65－71.

[138] 谢星全. 基本公共服务质量：多维建构与分层评价［J］. 上海行政学院学报，2018（4）：14－26.

[139] 陈振明，耿旭. 中国公共服务质量改进的理论与实践进展［J］. 厦门大学学报（哲学社会科学版），2016（1）：58－68.

[140] 韩万渠. 公共服务质量评价机制及其路径创新［J］. 中国特色社会主义研究，2015（5）：54－59.

[141] 张锐昕，董丽. 公共服务质量：特质属性和评估策略［J］. 北京行政学院学报，2014（6）：8－14.

[142] 陈振明，耿旭. 公共服务质量管理的本土经验——漳州行政服务标准化的创新实践评析［J］. 中国行政管理，2014（3）：15－20.

[143] 陈文博. 公共服务质量评价与改进：研究综述［J］. 中国行政管理，2012（3）：39－43.

[144] 陈振明，李德国. 公共服务质量持续改进的亚洲实践［J］. 东南学术，2012（1）：102－112.

[145] 张钢，牛志江，贺珊. 地方政府公共服务质量评价体系及其应用［J］. 浙江大学学报（人文社会科学版），2008（6）：31－40.

[146] 宗爱东. 教育评价的症结及出路［J］. 探索与争鸣，2022（4）：126－132＋179.

[147] 刘志军，徐彬. 教育评价的实践定位及其实现——基于实践哲学的视角［J］. 中国电化教育，2022（4）：64－70.

[148] 刘志军，徐彬. 论我国现代教育评价理论体系的建构［J］. 中国教育科学（中英文），2022（2）：79－87.

[149] 刘云生. 论新时代系统推进教育评价改革［J］. 国家教育行政学院学报，2022（2）：13－24.

[150] 万永奇. 好的教育评价及其实现［J］. 湖南师范大学教育科学学报，2021（6）：109－115.

[151] 周作宇. 论教育评价的治理功能及其自反性立场［J］. 华东师范大学学报（教育科学版），2021（8）：1－19.

[152] 司林波. 新时代教育评价改革的现实背景、内在逻辑与实践路向［J］. 陕西师范大学学报（哲学社会科学版），2022（1）：96－110.

[153] 程天君，张铭凯，秦玉友，眭依凡，周海涛，郑淑超. 深化新时代教育

评价改革的思考与方向［J］．中国电化教育，2021（7）：1—12+21.

[154] 袁梅，苏德．新时代民族教育评价审视［J］．教育研究，2021（5）：117—124.

[155] 李涛．迈向强国之路的中国教育评价改革［J］．教育发展研究，2021（10）：3.

[156] 赵勇．教育评价的几大问题及发展方向［J］．华东师范大学学报（教育科学版），2021（4）：1—14.

[157] 唐景莉，袁芳，王锋，常静．以教育评价改革为牵引统筹推进改革［J］．中国高等教育，2021（6）：4—7.

[158] 王义遒．落实教育评价改革与发展素质教育要并驾齐驱［J］．中国大学教学，2021（Z1）：12—16.

[159] 周洪宇．以科学的教育评价推动新时代教育学发展［J］．中国教育学刊，2020（12）：1—2.

[160] 中共中央、国务院印发《深化新时代教育评价改革总体方案》［J］．教育发展研究，2020（20）：78.

[161] 刘海峰，李木洲．构建"四位一体"功能互补的教育评价新体系［J］．中国考试，2020（9）：1—4+14.

[162] 辛涛，姜宇．基于核心素养的基础教育评价改革［J］．中国教育学刊，2017（4）：12—15.

[163] 戚业国，杜瑛．教育价值的多元与教育评价范式的转变［J］．华东师范大学学报（教育科学版），2011（2）：11—18.

[164] 杨向东．教育测量在教育评价中的角色［J］．全球教育展望，2007（11）：15—25.

[165] 姜晓萍．基本公共服务应满足公众需求［N］．人民日报（07版），2015—08—30.

[166] 孙保全．中国民族国家构建与边疆形态的转型［J］．思想战线，2016（2）：113—117.

[167] 周平．努力推进民族政治与边疆治理研究［J］．思想战线，2016（5）：63.

[168] 段金生．近代中国的边疆社会政治及边疆认识的演变［J］．社会科学战线，2012（9）：124—130.

[169] 袁剑．边疆结构与"历史中国"认知［J］．复旦学报（社会科学版），2016（5）：11—12.

[170] 张冰. 民族地区基层政府公共服务能力均等化评价——基于广西12个市的Topsis分析[J]. 湖北社会科学, 2009 (11): 37-39.

[171] 张创新, 梁爽. 西藏县级政府公共服务能力评价体系研究[J]. 西藏大学学报 (社会科学版), 2013 (2): 7-11.

[172] 孙杰远, 黄李凤. 民族文化变迁与教育选择——对广西龙胜侗、瑶民族地区的田野考察[J]. 西北师大学报 (社会科学版), 2007 (5): 55-60.

[173] 崔登峰, 王秀清, 朱金鹤. 边疆民族地区农村义务教育优先序研究——基于新疆42个县市96个村镇的调研数据[J]. 农业经济问题, 2012 (3): 70-76.

[174] 陈会方, 许虹. 民族地区基本公共均等化问题特征与政府治理变迁——以广西公共卫生服务供给为例[J]. 学习与探索, 2014 (7): 57-60.

[175] 徐莉. 从受援国到援助国: 中外基础教育合作项目经验与国际教育援助启示——基于SBEP在广西壮族自治区执行的个案分析[J]. 广西师范大学学报 (哲学社会科学版), 2012, 48 (4): 100-103.

[176] 江凤娟, 海路, 苏德. 从政策文本到学校行动: 双语教育政策执行偏差研究——以广西壮族自治区为个案[J]. 民族教育研究, 2018 (5): 31-39.

[177] 杨丽萍. 从文化认知、文化自信到民族认同的转化与整合——壮族认同教育新论[J]. 湖南师范大学教育科学学报, 2012, 11 (6): 26-30.

[178] 张勇生. 多民族杂居地区教育发展中的特殊性探究——广西隆林个案研究[J]. 民族教育研究, 2008, 19 (1): 19-24.

[179] 孙杰远, 李运奎. 共生教育: 文化失衡下的应然选择——那坡县黑衣壮族文化的人类学考察[J]. 广西师范大学学报 (哲学社会科学版), 2010, 46 (5): 5-8.

[180] 李长安, 龙远蔚. 民族地区教育公平问题研究——基于2011年广西调查数据的实证分析[J]. 民族研究, 2013 (5): 35-44.

[181] 柳劲松. 民族地区教育技术装备经费使用效率研究——基于广西244所中小学的DEA分析[J]. 中国教育学刊, 2013 (4): 21-25.

[182] 孙杰远, 黄李凤. 民族文化变迁与教育选择——对广西龙胜侗、瑶民族地区的田野考察[J]. 西北师大学报 (社会科学版), 2007, 44 (5).

[183] 黄凯宁. 少数民族山区县推进义务教育发展问题探索——以广西南宁市K县为例[J]. 广西社会科学, 2017 (11): 218-220.

[184] 沈有禄，谯欣怡. 基础教育均衡发展：我们真的需要一个均衡发展指数吗？[J]. 教育科学，2009，25（6）：9-15.

[185] 许丽英，王联英. 建党百年民族教育方针的演进理路[J]. 黑龙江民族丛刊，2022（1）：151-156.

[186] 钱民辉，陈婷丽. 民族教育理论范式与中华民族共同体意识的话语建构[J]. 贵州民族研究，2021（5）：40-47.

[187] 王世忠，王明露. 中国共产党民族教育政策的三重逻辑[J]. 中南民族大学学报（人文社会科学版），2021（10）：80-88.

[188] 苏德，张良. 中国共产党百年民族教育的初心和使命研究[J]. 西南民族大学学报（人文社会科学版），2021（7）：72-82.

[189] 吴明海. 中国共产党民族教育理论、政策、实践互动机制研究[J]. 民族教育研究，2021（3）：5-14.

[190] 祁进玉，侯馨茹. 中国民族教育研究百年回顾与前瞻[J]. 民族教育研究，2021（3）：54-63.

[191] 袁梅，苏德. 新时代民族教育评价审视[J]. 教育研究，2021（5）：117-124.

[192] 武永超，周永华. 百年以来党的少数民族教育制度的嬗变逻辑——基于历史制度主义的透视[J]. 广西民族研究，2021（2）：61-69.

[193] 陈达云，赵九霞. 民族教育塑造中华民族共同体意识的四重逻辑——学习习近平总书记关于民族教育重要论述研究[J]. 新疆大学学报（哲学·人文社会科学版），2021（2）：66-71.

[194] 赵伦娜. 铸牢中华民族共同体意识与新时代民族教育的使命[J]. 学术探索，2021（1）：150-156.

[195] 白贝迩. 民族教育政策评估：内涵、特征与价值[J]. 民族教育研究，2020（6）：40-45.

[196] 欧阳常青. 民族教育政策生成研究：基于关系论的视角[J]. 广西民族大学学报（哲学社会科学版），2020（5）：94-99.

[197] 钱民辉. 论民族教育研究对铸牢中华民族共同体意识的理论贡献[J]. 民族教育研究，2020（4）：5-11.

[198] 金志远. 新中国70年民族教育领域的一次大论争：关于民族教育的本质[J]. 民族教育研究，2020（3）：35-40.

[199] 李芳. 我国民族教育单行条例的立法原则与实践路径——基于教育单行条例的文本分析[J]. 西南民族大学学报（人文社科版），2020（5）：

211−218.

[200] 袁梅，苏德，江涛. 新时代民族教育的应然价值观照［J］. 教育研究，2019（10）：102−108.

[201] 孟立军. 关于建构中国特色民族教育理论话语体系的思考［J］. 民族教育研究，2019（5）：5−13.

[202] 陈立鹏，仲丹丹. 新中国成立70年：对民族教育"深层次问题"的再思考［J］. 民族教育研究，2019（5）：14−21.

[203] 田养邑. 逻辑与格局：构建新时代中国特色民族教育学术话语体系［J］. 西南民族大学学报（人文社科版），2019（9）：214−220.

[204] 江涛，苏德，阿木古楞. 民族教育史的梳理逻辑［J］. 贵州民族研究，2019（7）：178−183.

[205] 金海英，任路. 中国民族教育研究述评［J］. 北方民族大学学报（哲学社会科学版），2019（4）：63−71.

[206] 陈彦飞. 新时代民族教育政策的创新和完善［J］. 吉首大学学报（社会科学版），2019（S1）：264−266.

[207] 蒋珍莲. 生态和谐：民族教育政策与民族文化协同路向［J］. 贵州民族研究，2019（4）：196−200.

[208] 薄辉龙，魏国红. 少数民族教育优惠政策评价及影响研究——基于新疆南疆S县的调查［J］. 新疆社会科学，2019（2）：56−64+145.

[209] 李祥云，童泽峰. 发展公平而有质量的义务教育需要多少财政投入——以B县和W县小学为案例的研究［J］. 宏观质量研究，2022（4）：118−128.

[210] 张玉环，吴佳桧. 法国义务教育学生综合素质评价研究［J］. 比较教育学报，2022（3）：108−121.

[211] 郑星媛，柳海民. 基础教育高质量发展：理论认知与实践推进［J］. 天津师范大学学报（基础教育版），2022（3）：19−23.

[212] 张岩，董竞遥，闪茜. 从生命教育视角来看基础教育高质量发展——访我国著名教育学家顾明远先生［J］. 中国电化教育，2022（5）：1−7.

[213] 龙宝新，赵婧. "双减"政策破解义务教育内卷化困境的机理与路向［J］. 现代教育管理，2022（4）：20−29.

[214] 浦昆华，褚远辉，尹可丽. 我国基础教育控辍保学政策的发展历程、经验与意义［J］. 教育科学研究，2022（4）：19−25.

[215] 阚阅，万年. 不向宗教让步——法国维护基础教育世俗性的举措与评价

[J]. 比较教育研究, 2022 (4): 37−45+71.

[216] 王湛. 深化改革, 努力构建新时代高质量的义务教育课程体系 [J]. 全球教育展望, 2022 (4): 3−5.

[217] 彭骏, 赵西亮. 免费义务教育政策与农村教育机会公平——基于教育代际流动性的实证分析 [J]. 中国农村观察, 2022 (2): 144−164.

[218] 王萌萌. 高质量视域下基础教育新设学科评价探索 [J]. 东北师大学报 (哲学社会科学版), 2022 (2): 168−174.

[219] 卢盛峰, 时良彦, 马静. 九年义务教育政策的长期收入效应研究 [J]. 财经问题研究, 2022 (3): 92−102.

[220]. 推动基础教育整体高质量发展 [J]. 教育发展研究, 2022 (4): 67.

[221] 赵瑞雪, 靳玉乐, 艾兴. 国外基础教育监测体系的建构及启示 [J]. 基础教育, 2022 (1): 104−112.

[222] 靳玉乐, 李子建, 石鸥, 徐继存, 刘志军. 高质量基础教育体系建设与发展的核心议题 [J]. 中国电化教育, 2022 (1): 24−35.

[223] 袁建林, 熊颖. 我国基础教育评价制度的结构、问题及完善路径 [J]. 中国考试, 2022 (1): 53−62.

[224] 陈宣霖. 政策执行的地区差异是如何发生的——意义建构视角下的随迁子女义务教育政策考察 [J]. 教育学报, 2021 (6): 172−181.

[225] 马立超, 蒋帆. 义务教育优质均衡发展的政策注意力分配偏差及其优化——基于"空间·过程·要素"三维框架的文本编码分析 [J]. 现代教育管理, 2021 (12): 29−38.

[226] 邓云锋. 推动基础教育高质量发展的"山东行动" [J]. 中小学管理, 2021 (12): 29−32.

[227] 高鑫, 宋乃庆. 增值评价促进我国基础教育高质量发展探析 [J]. 江西师范大学学报 (哲学社会科学版), 2021 (6): 100−106.

[228] 范涌峰. "后减负时代"基础教育高质量发展的生态重构 [J]. 四川师范大学学报 (社会科学版), 2021 (6): 42−52.

[229] 贾伟, 邓建中, 蔡其勇. 新时代我国实施义务教育控辍保学的内在价值、政策沿革及发展经验 [J]. 教育与经济, 2021 (4): 29−37.

[230] 杨小燕. 当代中国社区教育服务质量提升研究——评《社区教育概论》 [J]. 科技管理研究, 2021 (15): 243.

[231] 宋乃庆, 郑智勇, 周圆林翰. 新时代基础教育评价改革的大数据赋能与路向 [J]. 中国电化教育, 2021 (2): 1−7.

[232] 张雅慧. 为质量和正义而问责：美国基础教育问责的历史演进及启示 [J]. 外国教育研究，2021（1）：77−89.

[233] 郑富芝. 建设高质量基础教育体系要在六个"强化"上下功夫 [J]. 中国教育学刊，2021（1）：5.

[234] 王艳玲，胡惠闵. 从三级到五级：我国基础教育教研制度建设的进展与问题 [J]. 全球教育展望，2020（12）：66−77.

[235] 薛二勇. 深化基础教育改革的关键问题与政策路径 [J]. 中国教育学刊，2020（12）：7.

[236] 孙梦阳. 义务教育均衡发展中政府权力配置的路径优化——以制度分析为视角 [J]. 社会科学战线，2020（12）：266−270.

[237] 杨清溪，柳海民. 优质均衡：中国义务教育高质量发展的时代路向 [J]. 东北师大学报（哲学社会科学版），2020（6）：89−96.

[238] 严文法，刘雯，李彦花. 全球基础教育质量评估变化趋势及其对我国基础教育质量监测的启示——以 PISA、TIMSS、NAEP 为例 [J]. 外国教育研究，2020（9）：75−86.

[239] 杨卫安. 城乡义务教育一体化：制度形态与新时代特征 [J]. 现代教育管理，2020（9）：31−37.

[240] 辛涛，赵茜. 基础教育质量监测评价体系的取向、结构与保障 [J]. 国家教育行政学院学报，2020（9）：16−23+43.

[241] 朱之文. 深入学习习近平总书记关于教育的重要论述，助力新时代基础教育高质量发展 [J]. 中国教育学刊，2020（9）：1−3.

[242] 高凌飚. 基础教育考试评价三个视角的融通转换与观念更新 [J]. 中国教育科学（中英文），2020（5）：77−84.

[243] 赵冬冬，朱益明. 试论如何实现公平而有质量的基础教育 [J]. 中国教育学刊，2020（7）：28−33.

[244] 李玲，刘一波，戴秋萍. 义务教育"十四五"发展规划目标任务的评估指标体系研究 [J]. 中国电化教育，2020（7）：10−19+44.

[245] 王桐，司晓宏. 七十年来我国义务教育政策的演变与发展 [J]. 现代教育管理，2020（6）：34−40.

[246] 袁梅，张良，田联刚. 民族基础教育政策变迁历程、逻辑及展望 [J]. 西南民族大学学报（人文社科版），2020（5）：219−225.

[247] 殷世东. 新中国基础教育课程政策变革 70 年回顾与反思 [J]. 现代教育管理，2020（4）：74−81.

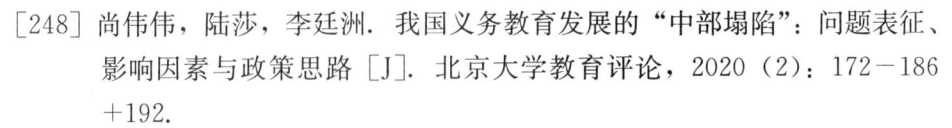

［248］尚伟伟，陆莎，李廷洲．我国义务教育发展的"中部塌陷"：问题表征、影响因素与政策思路［J］．北京大学教育评论，2020（2）：172－186＋192．

［249］王洛忠，徐敬杰，闫倩倩．流动人口随迁子女义务教育阶段就学政策研究——基于18个城市政策文本的分析［J］．学习与探索，2020（3）：23－31＋174．

［250］李凌艳，陈慧娟．推进我国基础教育质量监测制度建设的基本战略与体系保障［J］．中国教育学刊，2020（3）：68－73．

［251］马焕灵，景琛琛．新中国成立70年城乡义务教育师资配置政策的回顾与反思［J］．中国教育科学（中英文），2020（2）：103－113．

［252］林小英，陆一．分层与自主：重整中国基础教育事业评价体系的纵横逻辑［J］．全球教育展望，2020（3）：3－26．

［253］张荣馨．中央政府推进义务教育财政公平的政策影响研究［J］．清华大学教育研究，2020（1）：44－54．

［254］杨银付．全党全社会协同努力，提高义务教育质量［J］．中国教育学刊，2020（2）：3．

［255］熊杨敬．义务教育国家课程校本化实施评价标准的建构［J］．中国教育学刊，2020（2）：53－58．

［256］尹玉玲．面向2035义务教育优质均衡发展指标体系构建——北京的探索［J］．首都师范大学学报（社会科学版），2020（1）：178－188．

［257］韩方廷．深耕质量监测数据，推进区域教育优质均衡发展——国家义务教育质量监测结果应用的福田经验［J］．中小学管理，2020（1）：45－47．

［258］吕玉刚．着力深化教育教学改革　全面提高基础教育质量［J］．中小学管理，2020（1）：25－29．

［259］王帅锋，杜晓利．义务教育从基本均衡走向优质均衡：一个政策调适案例［J］．教育发展研究，2019（21）：34－40．

［260］刘云华．德国柏林基础教育质量保障体系改革探析［J］．比较教育研究，2019（10）：75－82．

［261］薛二勇，李健，单成蔚，樊晓旭．实现基本公共教育服务均等化——《中国教育现代化2035》的战略与政策［J］．中国电化教育，2019（10）：1－7．

［262］杨光富．美国近年来基础教育政策述评［J］．全球教育展望，2019

(9)：12—23.

[263] 赵垣可，刘善槐. 新中国 70 年基础教育学校布局调整政策的演变逻辑——基于 1949—2019 年国家政策文本的分析［J］. 教育与经济，2019 (4)：3—11.

[264] 樊慧玲. 我国义务教育资源配置的绩效评估体系构建［J］. 教育科学研究，2019 (8)：12—16.

[265] 丁学森，邬志辉. 我国大城市义务教育资源承载力的理论内涵与指标体系研究［J］. 教育科学研究，2019 (8)：5—11.

[266] 李凌艳，苏怡，陈慧娟. 区域运用基础教育质量监测结果的策略与方法［J］. 中小学管理，2019 (8)：48—51.

[267] 刘燕丽，姚继军，周世科. 义务教育学校标准化建设改善了学业成绩吗？——基于 A 省域内监测数据的实证分析［J］. 教育学术月刊，2019 (5)：87—95.

[268] 李虎林. 民族地区义务教育均衡发展的问题与监测指标的构建［J］. 西北师大学报（社会科学版），2019 (3)：76—83.

[269] 李健，于泽元，谢姗姗，赵秋红，辛涛，宋乃庆. 基础教育质量监测本土化与现代化——第四届中国基础教育质量监测与评价学术年会述评［J］. 中国考试，2019 (5)：73—77.

[270] 司成勇，李雨霜. 基础教育质量观"三问"［J］. 教育科学研究，2019 (4)：5—9.

[271] 陈坤，秦玉友. 农村义务教育投入体制 70 年：价值路向与前瞻——基于新中国成立以来政策文本的分析［J］. 教育学报，2019（1）：56—66.

[272] 孙霄兵，徐玉玲. 中国基础教育 70 年：成就与政策［J］. 课程. 教材. 教法，2019 (2)：4—10.

[273] 宗晓华，杨素红，秦玉友. 追求公平而有质量的教育：新时期城乡义务教育质量差距的影响因素与均衡策略［J］. 清华大学教育研究，2018 (6)：47—57.

[274] 祁占勇，杨宁宁. 改革开放四十年我国义务教育政策的发展演变与未来展望［J］. 教育科学研究，2018 (12)：17—23.

[275] 郝盼盼，彭安莉. 义务教育法治四十年：让每个孩子享有公平而有质量的教育［J］. 全球教育展望，2018 (12)：107—117.

[276] 刘天，程建坤. 改革开放 40 年我国义务教育均衡发展的政策变迁、动

因和经验[J]. 基础教育, 2018 (6): 22-31.

[277] 辛涛, 姜宇. 基于核心素养的基础教育评价改革[J]. 中国教育学刊, 2017 (4): 12-15.

[278] 邬志辉, 李静美. 农民工随迁子女在城市接受义务教育的现实困境与政策选择[J]. 教育研究, 2016 (9): 19-31.

[279] 薛二勇. 区域内义务教育均衡发展指标体系的构建——当前我国深入推进义务教育均衡发展的政策评估指标[J]. 北京师范大学学报（社会科学版）, 2013 (4): 21-32.

[280] 阮成武. 我国义务教育均衡发展政策的演进逻辑与未来走向[J]. 教育研究, 2013 (7): 37-45.

[281] 滕珺, 朱晓玲. 学生应该学什么？——联合国教科文组织最新基础教育学习指标体系述评[J]. 比较教育研究, 2013 (7): 103-109.

[282] 杨向东. 基础教育学业质量标准的研制[J]. 全球教育展望, 2012 (5): 32-41.

[283] 佛朝晖. 县域义务教育师资均衡配置政策执行现状、问题及建议——基于县市教育局长的调查分析[J]. 教育发展研究, 2011 (11): 13-18.

[284] 董世华, 范先佐. 我国县域义务教育均衡发展监测指标体系的构建——基于教育学理论的视角[J]. 教育发展研究, 2011 (9): 25-29+34.

[285] 陈书全. 论义务教育公共服务均等化政策取向——以山东省为例[J]. 山东社会科学, 2011 (5): 170-1735

[286] 于发友, 赵慧玲, 赵承福. 县域义务教育均衡发展的指标体系和标准建构[J]. 教育研究, 2011 (4): 50-54.

[287] 李继星. 关于义务教育均衡发展指标体系的初步思考[J]. 人民教育, 2010 (11): 9-12.

[288] 孙志军, 杜育红. 中国义务教育财政制度改革：进展、问题与建议[J]. 华中师范大学学报（人文社会科学版）, 2010 (1): 113-119.

[289] 袁连生. 农民工子女义务教育经费负担政策的理论、实践与改革[J]. 教育与经济, 2010 (1): 8-13.

[290] 田娟, 孙振东. 改革开放40年我国基础教育质量观的演进与反思——基于国家教育政策文本的分析[J]. 现代教育管理, 2018 (11): 19-25.

[291] 孙百才, 邓峰, 者卉, 王远达. 民族地区义务教育质量的影响因素研究——基于西藏和四省藏区调查数据的实证分析[J]. 民族研究, 2018 (5): 43-55+124-125.

[292]. 我国首份《中国义务教育质量监测报告》发布[J]. 教育学报, 2018 (4): 46.

[293] 方芳. 义务教育学校治理变革的逻辑辨识与推进策略——基于"观念·利益·制度"的分析框架[J]. 基础教育, 2018 (4): 50-57.

[294] 檀慧玲. 新时代我国基础教育质量监测的向度转变[J]. 教育研究, 2018 (6): 98-104.

[295] 白亮. 城乡义务教育学校布局统筹政策三十年: 价值路向与定位[J]. 社会科学战线, 2018 (6): 237-245.

[296]. 区域基础教育发展水平评价研究[J]. 现代教育管理, 2018 (5): 2.

[297] 赵丹, 陈遇春, Bilal Barakat. 基于空间公正的县域义务教育质量均衡评估指标体系构建[J]. 教育与经济, 2018 (2): 27-34.

[298] 王树涛, 毛亚庆. 我国义务教育阶段公平有质量学校教育的区域均衡研究[J]. 现代教育管理, 2018 (2): 51-55.

[299] 文少保. 改革开放以来我国义务教育政策变迁的特征、问题及其改进思路[J]. 中国教育学刊, 2018 (2): 29-33.

[300] 檀慧玲, 李文燕, 罗良. 关于利用质量监测促进基础教育精准扶贫的思考[J]. 教育研究, 2018 (1): 99-107.

[301] 李勉, 刘春晖. 国家义务教育质量监测: 素质教育实施的制度突破口[J]. 中国教育学刊, 2016 (12): 19-22+28.

后 记

2015年秋季，我在学校攻读博士研究生期间参与了国家社会科学基金重大招标项目"城乡基本公共服务均等化的实现机制与监测体系研究"（项目批准号：14ZDA030）。在课题组老师指导下，我广泛收集、整理和阅读了国内外关于公共服务质量的相关研究成果，形成了研究框架和思路。参加工作后，我调整并拓展了实地调研、访谈、问卷调查等数据资料，反复修改与打磨，使得该书日趋完善。

鉴于目前国家义务教育改革的目标已经由"基本均衡"转到"优质均衡"，基本公共教育服务质量的理论内涵和评价体系得到了理论界和政府部门的关注和探讨。本书仅对我国西部地区基本公共教育服务质量如何评价的问题进行了研究，希望能够抛砖引玉，引发学界对基础教育评价问题的关注和讨论。

本书之所以能够面世，得益于四川省重点出版项目专项补助对本书的资助，得益于四川大学出版社哲经法编辑部主任蒋姗姗老师对学术著作的支持，得益于中共甘孜州委宣传部出版科陈金平同志对本书部分章节的修改及资料补充调查，也得益于我的爱人和亲友的大力支持。在此致以诚挚的谢意！

本书只是我对我国西部地区基本公共教育服务质量评价指标体系的思考，由于自身水平有限，在结构、体系和观点上尚存诸多不足和偏颇，诚恳专家指正！

谢星全
2022 年 9 月